웨스트민스터 예배모범 스터디

교회에 속한 모든 경건한 성도들이 반드시 읽어야 할
「웨스트민스터 예배모범(1645)」

장대선 지음

고백과문답

이 책(교재)의 사용을 위한 간단한 지침.

이 책은, 장로교회의 독특한 성격이 반영된 예배모범(directory for worship)의 특징이 무엇인지, 그리고 그러한 예배모범에서 제시하는 예배와 신앙의 삶(생활)이 어떤 것인지 그 중심(core)을 잡아주는 교재입니다.

사실 대한민국의 개신교회 분포 가운데 아주 큰 비중을 차지하는 교단이 바로 장로교단임에도 불구하고, 장로교회에 출석하는 교인들 상당수는 장로교인(presbyterians)으로서의 정체성이나 특성을 모르는 채로 단순히 기독교인으로서만 장로교회에 출석하고 있다시피 한 실정입니다. 더구나 그런 현실 가운데 모인 교인들로 구성된 장로교회들도 점차 장로교회로서의 특성이 나타나 있는 예배와 신앙의 틀을 잃어버리고, 심지어는 로마 가톨릭교회로부터 개혁하여 회복했던 개신교회의 독특한 특성마저도 점차 모호해져 버리는 형편 가운데 있습니다. 그러므로 이 교재는, 개혁파(reformed) 교회로서의 장로교회의 신학에 바탕을 둔 예배와 신앙(생활)이 무엇인지 그 기초적인 부분을 점검하고 확립해 볼 수 있도록 의도된 것입니다.

이 교재는 웨스트민스터 예배모범(1645)의 내용과 순서를 그대로 따르고 있으며, 다만 설교와 관련해서는 두 주의 분량으로 나누어 상세히 살펴볼 수 있도록 했습니다. 아울러 부록으로 첨부된 공중 예배를 위한 때와 장소에 관한 모범은, 주일 성수에 대한 모범과 긴밀히 연관된다고 보기 때문에 주일 성수에 대한 모범에서 함께 살펴볼 수 있도록 했습니다. 그리고 예배모범의 본문을 다루기에 앞서 로마 가톨릭교회와 성공회, 그리고 웨스트민스터 예배모범에서 제시하는 장로교회의 예배 순서가 어떤 특징과 차이를 지니고 있는지를 간략하게 살펴보도록 했습니다. 그러므로 총 16주(4개월) 과정에 걸쳐서 장로교회의 기본적인 예배와 신앙 실천의 방식을 다함께 상고하여 정립해 나갈 수 있도록 했습니다. 뿐만 아니라 각 주제와 관련된 교리문답과 신앙고백의 내용도 함께 대조해 볼 수 있도록 본문을 편집해 놓았으며, 무엇보다 이 예배모범이 1919년에 조선예수교장로회에 들어왔을 때에 어떤 내용으로 들어왔었는지 까지도 파악해 볼 수 있도록 바뀐 조선어법에 맞게 다소간 개정된 1934년판 예배모범을 첨부하여 대조해 볼 수 있도록 했습니다.

한편 이 교재의 매 회마다의 구성을 보면, 기본적으로 내 부분(본문, 분석, 해설, 적용)으로 나뉘어 있으며, '분석'의 과정을 통해 웨스트민스터 예배모범 본문을 4개의 질문을 바탕으로 상세히 살펴볼 수 있도록(인도자의 재량에 따라서는 그보다 많은 부분들로 나누어 살펴볼 수도 있을 것입니다) 했습니다.

또한 '해설'에서는 예배모범의 본문과 관련한 여러 배경과 맥락 등에 관한 간략한 해설을 더하여, 본문에 대한 이해를 더욱 풍성히 할 수 있도록 했습니다. 그리고 '적용'의 부분에서도 기본적으로 4개의 질문(이 또한 인도자의 재량에 따라서는 더욱 다양한 질문과 답변으로 나누어 볼 수 있을 것입니다)을 통해 공부한 내용들을 실제적으로 실천해 볼 수 있도록 했습니다. 그러므로 이 교재는 이제 장로교회의 신앙을 접한 입문자(초신자)에서부터 교회의 중요한 역할을 감당할 직분자들에 이르기까지, 진정한 장로교회의 성도(saint)로서 생활하려는 모든 예배자들에게 유익한 도구가 될 것이라 믿습니다. 아울러 필자가 저술한 스코틀랜드 가정예배모범에 관한 해설서인 『교회를 세우는 가정예배』를 함께 참고한다면, 신자 개인과 가정, 그리고 공적인 교회의 예배에 이르는 일련의 장로교회 예배에 관해 기본적인 맥락과 의미들을 파악해 볼 수가 있을 것입니다. 그리고 이를 통해 장로교회의 목회에 대한 개괄적이면서도 실제적인 개념 또한 파악해 볼 수가 있을 것이라 확신합니다. 아무쪼록 이 교재를 통해 적잖은 유익이 한국의 장로교회들에 끼쳐지기를 간절히 원하며 적극 추천하는 바입니다.

『웨스트민스터 예배모범』이 작성된
간략한 배경

현대의 개신교(Protestant) 교회들의 특징들 가운데 가장 눈에 띄는 것이 바로 예배형식의 자율성(Autonomy)일 것입니다. 즉 교파(religious sect)마다, 혹은 교단(Religious order)이나 심지어 교회마다 조금씩 다른 것을 흔히 볼 수가 있는 것입니다. 그러나 개신교회들의 그러한 자율성은, 로마 가톨릭교회나 영국의 성공회(Anglicanism)의 입장에서 볼 때 상당히 생소하고 부정적인 모습으로 비칠 것입니다. 기본적으로 로마 가톨릭교회와 성공회의 예배에 있어서는 "예식서"(Rituale) 혹은 "기도서"(Book of common Prayer)를 통한 예배의식의 일치를 지향하고 있어서, 교회들마다 일치된 형식과 틀 가운데 있기 때문입니다.

한편, 개신교 진영 가운데 장로교회(Presbyterian Church)의 경우에는 로마 가톨릭교회나 성공회와 같은 통일성을 지향하지 않으면서도, 그렇다고 재세례파(Anabaptist) 계통의 교회들이나 기타 자유파 교회(free Church)와 같이 정해진 예배 형식이나 틀을 전혀 간과하는 것도 아닌 독특한 특성을 보입니다. 정해진 형식을 고정하여 제시하지 않으면서도, 그렇다고 아무런 형식에도 묶이지 않으려고 하는 방식이 아닌 독특한 원리적(신학적) 통일성을 내포하는 것입니다. 그러므로 장로교회에는 예배에 있어서의 독특한 원리적 통일성을 꾀하려는 "예배모범"(Directory)을 교회의 헌법에 포함하고 있습니다.

하지만 안타깝게도 현대의 대부분의 장로교회들 가운데서 교회 헌법(Church order) 뿐 아니라 예배모범에 관해 바르게 숙지하고 있는 경우를 보기가 어려운 것이 현실입니다. 직분을 받을 때에 행해지는 교육과정에서 잠시 배우게 되는 경우가 있을지라도, 실제 교회의 운영과 행정에서 예배모범과 헌법이 뒷받침 되는 경우가 아주 드뭅니다. 그러므로 웨스트민스터 예배모범(The Directory for The Publick Worship of God)과 같은 실제적인 예배의 원칙을 제대로 숙지하지 못하고 있는 경우가 대부분인 것입니다. 따라서 장로교단의 교회들에서도 마치 재세례파나 자유파 교회들의 양상과 같이 회중주의(Congregationalism) 적인 특성을 드러내어, 예배의 원리에 있어 교회마다 제각각일 뿐 아니라 장로교회의 교파적인 특성조차도 갖지 않은 모호한 형태로 되어 있는 것을 쉽게 볼 수가 있습니다.

사실 장로교회 신앙 가운데서의 교회의 정의는, '회중'(Congregation)에 의한 자치나 '조직체'의 운영을 핵심으로 하는 것이 아니라 '성경'에 얼마만큼 충실하게 운영되느냐를 핵심으로 하고 있습니다. 즉 하나님의 택하심을 입은 백성들이 이 세상 가운데서 모인 것이 교회이지만, 그런 교회는 항상 하나님의 말씀인 성경을 신앙과 생활의 표준이요 규범으로 하여서 모일 수 있다고 보는 것이 바로 장로교회의 교회관인 것입니다.

뿐만 아니라 그런 교회 안에서 실질적으로 교회를 운영하는 당회(Session)와, 그런 당회에 의해 운영되는 장로교회들이 함께 연합하는 노회(the Presbytery), 그리고 총회(General Assembly)에 있어서도, 실질적인 운영의 원리는 특정한 사람이나 자리에 있지 않고 '회'(會) 자체로써, 그리고 더욱 본질적으로는 그 회 자체가 성경에 얼마만큼 충실하게 따르느냐가 핵심입니다. 바로 그 점에서 현대의 많은 장로교회들이 운영 원리에 있어서부터 개선되고 개혁되어야만 하는 실정에 있습니다.

그런데 영국에서의 독특한 역사를 배경으로 소집된 웨스트민스터 총회(Westminster Assembly of Divines, 1643-1649)의 역사를 보면, 우선적으로 정치규범(1645)과 예배모범(1645)을 신앙고백서(1646)보다 앞서 작성한 것을 볼 수 있습니다. 즉 5년 6개월의 긴 총회기간 가운데서 가장 먼저 완성하여 작성한 것이 바로 교회정치와 예배에 관한 모범이었던 것입니다. 그리고 그처럼 교회정치와 예배의모범을 가장 먼저 완결한 배경에는, 스코틀랜드와 잉글랜드 그리고 아일랜드의 신앙, 각각 장로교회와 국교회(성공회)와 로마 가톨릭교회로 나뉘어 있는 세 나라가 하나의 원리에 따른 신앙으로 통일되도록 할 정치적 필요성이 담겨 있었습니다. 특별히 잉글랜드 내전의 상황 가운데서 왕당파가 아니라 의회 파를 지지했던 스코틀랜드의 입장에서는, 장기의회(Long Parliament, 1640-1653)에 의해 소집되었던 웨스트민스터 총회에서 성경에 충실한 스코틀랜드의 장로교회 신앙을 통한 영국의 통일을 호소할 필요가 절실했었던 것입니다. 무엇보다 웨스트민스터 예배모범은 단순히 예배에 국한해서만이 아니라, 장로교인의 신앙 전반에 걸쳐 장로교회의 성도들의 성화(sanctification)와 관련된 실제적 모범을 제시하고 있다는 점에서 중요한 표준문서입니다.

목 차

이 책(교재)의 사용을 위한 간단한 지침 _ 02

『웨스트민스터 예배모범』이 작성된 간략한 배경 _ 05

Ⅰ. 로마 가톨릭교회와 성공회, 그리고 장로교회의 예배 _ 11

　　쉼(休)글 : 왜 웨스트민스터 예배모범인가? _ 23

Ⅱ. 하나님의 공중 예배를 위한 회집과 자세에 관하여 _ 29

Ⅲ. 성경의 공적인 낭독에 관하여 _ 43

Ⅳ. 설교 전의 공중 기도에 관하여 _ 57

Ⅴ. 말씀의 설교(Ⅰ) _ 77

Ⅵ. 말씀의 설교(Ⅱ) _ 95

Ⅶ. 설교 뒤의 기도에 관하여 _ 109

Ⅷ. 성례의 집례에 관하여: 세례에 관하여 _ 123

Ⅸ. 성찬 혹은 주의 만찬의 시행에 관하여 _ 141

Ⅹ. 주일을 거룩하게 함에 대하여 _ 165

　　쉼(休)글 : 예배모범에 왜 헌금에 대한 언급이 없을까? _ 181

ⅩⅠ. 결혼 예식 _ 185

ⅩⅡ. 병자의 방문에 관하여 _ 203

ⅩⅢ. 죽은 자의 매장에 관련하여 _ 219

ⅩⅣ. 공적인 금식에 관하여 _ 235

ⅩⅤ. 공적인 감사의 날에 관한 모범 _ 251

ⅩⅥ. 시편을 노래하는 것에 관하여 _ 265

　　쉼(休)글 : 예배와 신앙생활의 중심에는 무엇이 있을까? _ 279

부록: 웨스트민스터 예배모범 영문 _ 285

해답지 _ 343

Ⅰ.
로마 가톨릭교회와 성공회, 그리고 장로교회의 예배

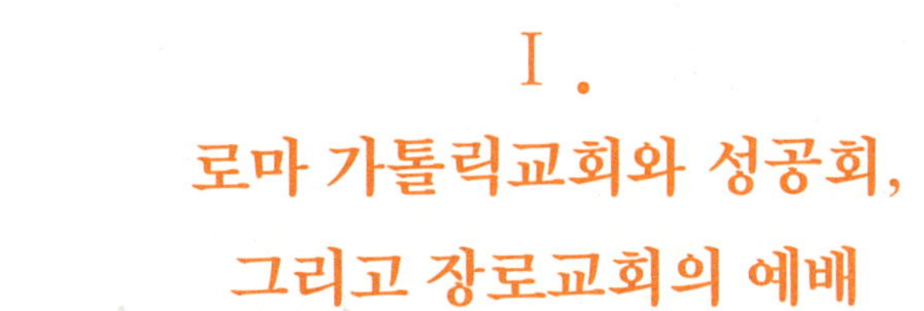

로마 가톨릭 미사:

고유문(Proprium)

　　　통상문(Ordinarium)

　　　　고유문(Proprium)

　　　　　통상문(Ordinarium)

1. 입당송(Introitus)

　　2. 구긍경(Kyrie)

　　3. 영광송(Gloria)

　　　　4. 본기도(Collectio)

　　　　5. 구약성서(Lectio)

6. 증계송(Graduale)

　　7. 사도서간(Lectio)

8. 알렐루야 혹은 연경(Alleiuia or Tract)

　　　　9. 복음서(Evangelium)

　　10. 니케아 신조(Credo)

11. 봉헌송(Offertorium)

　　　　12. 봉헌기도(Offertory Prayers)

　　　　13. 묵도축문(Secreta)

　　　　14. 감사경(Praefatio)

　　　15. 거룩송(Sanctus)

　　16. 성찬기도(Canon)

　　17. 주의 기도(Pater Noster)

　　18. 하나님의 어린양(Agnus Dei)

19. 분배송(Communion)

　　　　20. 분배 후 기도문(Post-Communion)

21. 해산(Dismissal)

1. 기도(Prayer) * Reader's Service
2. 구 · 신약 성경낭독(Lessons from both Testaments)
3. 시편(Psalm)
4. 기도(Prayer) * Minister's Service
5. 시편 및 아침기도(Prayer in morning)
6. 설교(Sermon)
7. 기도(Prayer)
8. 주기도문(Lord's Prayer)
9. 사도신경(Creed)
10.시편(Psalm)
11.축도(Benediction)

웨스트민스터 예배모범(1645):

1. 인도자가 예배로 부름(Call to Worship by minister)
2. 부름에 응답하는 기도(Prayer of Approach)
3. 구약성경 낭독(O · T Reading)
   신약성경 낭독(N · T Reading)
4. 시편 찬송(Metrical Psalm)
5. 고백과 도고의 기도(Prayer of Confession / Intercession)
6. 설교(Sermon)
7. 감사 및 복음전파를 위한 기도
   (Prayer of Thanksgiving & for Progress of the Gospel)
8. 주기도문(Lord's Prayer) ※권장
9. 시편 찬송(Metrical Psalm) ※상황에 따라
10. 축도(Benediction)

웨스트민스터 예배모범(1645)의 구체적인 항목들을 살펴보기에 앞서 로마 가톨릭교회와 성공회, 그리고 웨스트민스터 예배모범에 근거한 예배순서를 대조해 보았습니다. 이를 통해 로마 가톨릭교회와 성공회의 미사, 혹은 예배와 웨스트민스터 예배모범에 바탕을 둔 장로교회의 예배의 차이를 확연히 인식할 수 있을 것입니다.

✚ 로마 가톨릭교회의 미사와 성공회의 일반예식서 사이의 가장 큰 차이점 두 가지를 찾아봅니다.[1]

로마 가톨릭교회의 미사(missa)는 기본적으로 '희생 제사'의 성격입니다. 그러므로 미사는 일련의 의식들이 나열되어 있는 형태이며, 각 의식의 순서마다 노래와 음악들로 연결되어 있는 구조를 이루고 있는 특성을 지니고 있습니다. 아울러 로마 가톨릭교회의 미사에서는 회중인 평신도(layman)와 교회의 제사장으로서 역할을 하는 사제(Priest)로 엄격히 구분되어, 실질적인 미사의 전반이 사제에 의해 수행되고 회중은 노래(주로 Kyrie, gloria, Credo, Sanctus, Agnus dei로서, 이것은 어떤 종류의 미사에서나 항상 사용되는 노래들이다)와 음악들 가운데 사제의 선창에 화답하는 형식으로 참여토록 되어 있습니다. 아울러 로마 가톨릭교회의 미사와 성공회의 예배의식은 공히 성경본문과 기도문이 정해져 있는 가운데 시행되며, 의식적 측면(상징적 측면)을 다분히 지니는 행동이나 건축물, 예복 등의 사용을 견지하고 있다는 점에서도 상당히 비슷한 측면을 지닙니다. 그러나 성공회의 일반예식서는 로마 가톨릭교회의 미사와 달리 음악적인 요소가 상당히 배제되어 있으며, 순서 또한 대폭 간소하게 되어 있습니다.

➕ 일반예식서의 예배 순서상의 가장 큰 특징이 무엇인지 찾아봅니다. [2]

성공회는 일반적으로 '예배'(Worship)라는 말보다는 '감사성찬례'(Eucharist)라는 말을 더욱 선호합니다. 그러므로 말씀과 관련해서도 기본적으로 로마 가톨릭교회와 같은 전례(liturgy)의 성격으로 되어 있습니다. 그러므로 성공회의 말씀의 전례는 세부적으로 "본기도 → 구약낭독 → 시편교송 → 서신낭독 → 층계성가 → 복음낭독 → 설교"의 순으로 이뤄집니다. 아울러 로마 가톨릭교회와 같은 직제 개념 가운데서 사제와 부제(deacon)의 구별이 있으며, 성공회 주교와 사제의 감사성찬례를 보조하여 복음낭독과 같은 부분을 담당합니다. 따라서 일반 예식서의 기도와 성경낭독의 순서는 대부분 부제에게 할당하는 순서인 것입니다. 물론 부제라고 하더라도 경우에 따라 설교사역이나 기타 감사성찬례의 제반을 담당하기도 하지만, 보편적으로는 복음낭독과 같은 일부 순서를 보조적으로 담당하는 직제라 할 수 있는 것입니다.

➕ 웨스트민스터 예배모범상의 예배 순서의 특징은 무엇입니까? [3]

오늘날 장로교회에서는 성공회의 예식과 같이 성경(혹은 본문) 낭독자와 설교자를 각각 따로 세우는 경우를 볼 수가 있습니다. 그러나 원래의 장로교회 예배는 말씀과 기도에 관련한 모든 사역이 목사에게 할당되어 있고 회중찬송인 시편찬송과 주기도문을 온 회중 가운데서 하도록 되어 있습니다. 이는 사도행전 6장에서 헬라파 유대인들이 자기의 과부들이 매일의 구제에 빠지므로 히브리파 사람들을 원망하는 가운데서, 모든 제자를 불러 "우리가 하나님의 말씀을 제쳐 놓고 접대(재정 출납)를 일삼는 것이 마땅ㄴ하지 아니"(2절)함을 말하며, "우리는 오로지 기도하는 일과 말씀 사역(말씀의 봉사 즉 예배 중 설교하는 일)에 힘쓰리라"(4절)고 했던 것과 같은 맥락이라 하겠습니다. 그러므로 이후로 행 6:7절 말씀은 사도 교회의 부흥과 성장에 대해 이르기를 "하나님의 말씀이 점점 왕성하여 예루살렘에 있는 제자의 수가 더 심히 많아지고 허다한 제사장의 무리도 이 도(믿음)에 복종하니라."고 했습니다. 이러한 성경의 교훈을 따라 장로교회들에서 목사는 예배에 있어서 뿐 아니라 목회에 있어서도 "기도하는 일과 말씀 사역"에 힘쓰는 것이 가장 우선적이며 전력해야 할 역할이라는 사실을 이러한 예배의 순서를 통해서도 파악해 볼 수가 있는 것입니다.

➕ 예배에 사용되는 노래(혹은 음악)에 있어 로마 가톨릭교회와 성공회 일반예식서, 그리고 웨스트민스터 예배모범의 가장 큰 차이는 무엇입니까?[4]

칼뱅의 제네바 시편찬송을 비롯하여 장로교회의 예배에서는 공히 시편찬송을 부르는 것이 보편적이었습니다. 그러므로 웨스트민스터 예배모범에서 언급하는 예배음악과 관련한 언급은 시편찬송에 관한 언급 외에 찾아볼 수가 없는데 특별히 일체의 음악에 관한 언급이나 지침을 포함하고 있지 않아서, 시편찬송을 부름에 있어 주된 관심이 음악적인 요소가 아니라 시편 자체에 있었다는 사실을 알 수 있도록 하고 있습니다. 마치 구약의 시편에서 시편의 말씀들 외에 음악적인 것과 관련한 용어들(깃딧, 마스길, 믹담, 셀라 등)의 의미와 구체적인 내용이 무엇인지 전혀 알 수 없는 것처럼, 예배모범에서 언급하는 시편찬송에 관해서도 음악적인 요소에 대한 일체의 언급이 배제되어 있는 것입니다.

■ 해설

로마 가톨릭의 미사는 기본적으로 집례자(사제)가 말이나 노래로 담당하는 부분과 성가대가 노래로 부르거나 성가대가 없을 때에 회중이 말이나 노래로 대신하는 부분으로 크게 나뉜다. 미사순서의 왼편의 'Proprium'(고유문)과 'Ordinarium'(통상문)이 성가대나 회중이 담당하는 순서고, 순서 오른편의 고유문과 통상문이 집례자가 담당하는 부분이다. 여기서 '고유문'이란 교회력에 따라 그 내용이 변하는 부분을 말하며, '통상문'은 연중 변함이 없이 항상 사용되는 부분이다. 로마 가톨릭 교회의 공식적인 예전 음악은 그레고리안 찬트이며, 회중과 성가대, 그리고 집례자인 사제의 역할이 분명하게 구별되어 주로 음악과 노래를 중심으로 일련의 장황한 예전(예식)들로 채워져 있다.

한편 웨스트민스터 예배모범에서의 예배순서는 성경 낭독과 설교를 중심으로 시편 찬송과 주기도문 등 상당히 간략한 순서들로 채워져 있다. 스코틀랜드 공동 예배 예식서(1564)도 웨스트민스터 예배모범과 상당히 유사한 예배 순서로 되어 있으나, 예배의 앞부분에서 1시간 가량의 성경 강해(Interpretation of the Scriptures)가 이뤄지고 주기도문과 더불어 사도신경을 고백한다는 점에서 차이를 보일 뿐이다.

로마 가톨릭의 공식적인 예배는 '미사'(missa)라고 불리는 것에서 알 수 있듯이 기본적으로 사제에 의해 치러지는 '희생 제사'의 개념을 바탕으로 한다. 바로 그러한 희생 제사가 로마 가톨릭 예배의 중심이며, 성경 낭독이나 설교에 의한 복음의 전파와 가르침은 그들 예배의 부차적인 부분이다. 그러므로 로마 가톨릭의 예배인 미사에서 희생 제사인 '고유의 미사'(the mass proper)는 예배당 앞에 있는 곳에서 사제들에 의해서만 빵과 포도주를 나누는 것으로 시행되는데 반해, 나머지 소위 '평신도'(laicos)라 불리는 회중들은 '거룩한 교제'(holy communion)라 하여 빵만을 취하고 포도주는 취하지 못할 뿐 아니라 전체 순서에도 능동적으로 참여할 수 없다. 다만 성가대의 노래와 음악, 그리고 일부 회중들이 부르는 노래 가운데서 철저히 의식적으로 이뤄지는 것이 바로 로마 가톨릭의 예배인 미사다.

로마 가톨릭이 사제에 의한 희생 제사인 '고유의 미사'를 중심으로 하는 데에는 하나의 중요한 신학적 원리가 담겨 있는데, 그것은 바로 '실체 변화'(De transsubstantiatione)이다. 로마 가톨릭의 트렌트 종교회의 제13차 회기(1551년 10월 11일)의 "지극히 거룩한 성체성사(성찬)에 관한 교령" 제4장에서 언급하는바 "우리 구세주 그리스도께서 빵의 형상으로 당신께서 내어 놓으시는 것이 진정으로 당신의 몸이라고 말씀하셨기 때문에, 하느님의 교회에는 항상 이에 대한 확신이 있었다. 이제 본 거룩한 공의회는 빵과 포도주의 축성과 함께 빵의 전 실체가 우리 주 그리스도의 몸의 실체로, 그리고 포도주의 실체가 그분의 피의 실체로 변한다는 것을 다시 한 번 밝히는 바이다. 그리고 거룩한 가톨릭교회는 이 변화를 타당하고 적합하게 '실체 변화'라고 부른다."[1]고 한 것에서 단적으로 확인할 수 있듯이, 로마 가톨릭의 예배는 근본적으로 미사를 통해 예수 그리스도의 몸과 피의 실체를 나누며 체험하는 형식인 것이다.

그러나 로마 가톨릭의 미사와 근본적으로 구별된 종교개혁에 바탕을 두는 웨스트민스터 예배모범이 제시하는 예배순서는 로마 가톨릭과 정반대로, 예배의 중심이 그리스도의 몸과 피를 나누며 체험하는 것으로서의 성례(성찬)에 있는 것이 아니라 진리의 말씀(성경)을 들음에 있다. 그러므로 성찬을 시행하더라도 성찬의 빵과 포도주가 실체로써 예수 그리스도의 몸과 피가 되는 것이 아니라, 영적인 의미로 나타내는 것이다. 아울러 영적이라는 의미는 신비적으로 경험한다는 것이 아니라 성경을 통해 깨닫게 되는 의미에 가까우니, "말씀(Logos)이 육신이 되"시며 "은혜와 진리가 충만"(요 1:14)하신 예수 그리스도를 은혜와 진리 가운데서 비로소 알며, 그러한 은혜와 진리 가운데서 성찬의 빵과 포도주 또한 예수 그리스도의 몸

---

1) G. Alberigo, J.A. Dossetti, P.-P. Joannou, C. Leonardi, and P. Prodi, in consultation with H. Jedin, Conciliorum Oecumenicorum Decreta Ⅲ(Istituto per le scienze religiose-Bologna, 1972), 김영국, 손희송, 이경상 역,『보편 공의회 문헌집』

과 피의 희생에 대한 분명한 기념이 되는 것이다. 따라서 웨스트민스터 예배모범의 예배순서는 성경 낭독과 말씀 설교에 중심이 있는 것이다.

사실 성경을 보면 모든 예배의 중심에는 항상 하나님의 말씀(성경)과 그 진리가 자리하고 있다. 구약의 성막과 성전은 제사를 위한 구조를 취하고 있었지만, 그 중심에는 항상 언약궤(증거궤)가 위치해 있었으며, 그 언약이 바로 율법(Tora)으로 함축되어 있는 하나님의 말씀(성경)이었던 것이다. 바로 그러한 사실이 바벨론 포수기(Barbylonian Captivity, B.C 587/586~515년 추정) 이후의 '회당'(Synagogue)에서의 예배 가운데 분명하게 드러났다. 그리고 그러한 회당 예배의 형식과 원리는 예수님 당시의 신약시대와 사도들의 시대에 이르기까지 일관된 교회의 예배 형식을 이루었으니, 성경은 항상 일관되게 예배의 중심에 하나님의 말씀인 성경과 그 성경의 진리(복음)가 위치해 있었다는 사실을 나타내고 있고, 바로 그러한 성경의 원리에 부합하는 예배로써 웨스트민스터 예배모범에서와 같은 말씀(성경의 진리) 중심의 예배 형식이 일관되게 계승되어 있는 것이다.

한마디로 참된 예배는 성경이 나타내주는 말씀 중심의 예배이지, 결코 신비적으로 혹은 실체로 경험하는 체험이 아니다. 오직 성경의 진리를 들으며 그 나타내는 바를 확실하게 깨닫고 화답하여 경배하는 것이 바로 참된 예배의 바탕이다. 바로 그러한 바탕 가운데 있는 예배야말로 "영이신 하나님"께 "영(Pneuma)과 진리(aletheia)로 예배"(요 4:24)하는 참된 예배다.

　　로마 가톨릭교회의 미사나 성공회의 예배, 그리고 웨스트민스터 예배모범이 제시하는 장로교회의 예배 사이에 있는 상이함과 특징이, 여러분들이 속한 교회의 예배와 어떤 차이 혹은 일치가 있는지 점검해보도록 합니다.

➕ 여러분이 속한 교회의 예배 순서는 로마 가톨릭교회와 성공회, 그리고 장로교회의 예배 순서 중 어디에 가깝습니까?

➕ 여러분이 속한 교회의 예배 순서가 갖는 특징이 무엇인지 파악해 봅니다.

➕ 여러분의 교회의 예배 순서와 웨스트민스터 예배모범의 순서 사이의 일치점이 무엇인지 살펴보고 정리해보도록 합니다.

제3권』, (서울: 가톨릭출판사, 2005), 695.

쉼(休)글 :
왜 웨스트민스터 예배모범인가?

웨스트민스터 예배모범이 작성된 것은 1645년으로, 현대와는 300년이 훨씬 넘는 시대적 간격이 있는 문서다. 그러므로 얼핏 생각하기에 너무 고루(固陋)한 문서가 아닐까? 하는 생각을 가질 수도 있을 것이다. 실제로 그 내용들을 구체적으로 살펴보면, 현대의 예배나 생활과는 상당히 동떨어진 듯 보이는 부분들도 발견할 수가 있다.

그러나 웨스트민스터 예배모범이 작성되기 이전까지, 주로 중세시대 로마 가톨릭교회의 예배 형태였던 '미사'(Missa)와 국가교회로서의 성공회의 예배 형태와 구별되는 웨스트민스터 예배모범의 예배 형태, 그리고 그러한 예배모범에 연계되어 있는 신앙의 실천에 있어서의 면면을 하나하나 살펴보면, 오히려 우리가 왜 지금도 웨스트민스터 예배모범의 내용을 살피고 지향해야 하는지를 깨달을 수 있다. 따라서 이 글을 통해, 간략하게나마 웨스트민스터 예배모범의 실제적인 가치를 다루어보고자 한다.

우선 진화론(theory of Evolution)적이기도 한 현대적 사고 가운데서는 예배 뿐 아니라 모든 신학과 사상들에 있어서 발전적인 양상을 추구한다. 그러므로 항상 과거보다는 현대에 이를수록 더 나은 발전을 이룬 것이며, 현대보다는 다가올 미래가 더욱 나은 발전을 이룰 것이라는 암묵적인 조망을 하게 되는 것이다. 바로 그러한 조망 가운데서 이뤄지는 것이 발전사(Evolution)로서의 역사관이다. 그러한 역사관 가운데서 볼 때에 지나간 과거의 예배 방식과 신앙은 결코 모범이 아니며, 오히려 그러한 방식에서 발전한 현대에 맞는 예배 방식이 새롭게 수립되어야 마땅한 것이다.

하지만 개신교(Protestant)로서의 개혁된 신앙의 원리 가운데 중심을 이루는 "오직 성경"(Sola Scriptura)의 원리에 따르면, 예배뿐 아니라 신학과 사상 등 모든 영역에서 진정한 개혁은 얼마나 성경에 부합하며 충실하냐에 따라 판단할 수 있을 뿐, 현대성의 문제는 전혀 판단의 근거가 되지 못한다. 오직 성경에 기록되어 있는 바에 근거해서만 바른 신학과 사상, 그리고 그 가운데서의 예배를 바르게 판가름 할 수가 있는 것이다.

사실 성경은 구약과 신약의 경륜(dispensation)이 각각 다르기 때문에, 얼핏 구약의 경륜에 비해 신약의 경륜은 훨씬 단순하며 발전적인 것이라고 이해하기가 쉽다. 그러나 이와 관련하여 웨스트민스터 신앙고백(1647) 제7장 6항은 "인간과 맺은 하나님의 언약에 대하여" 다루면서 구약과 신약의 경륜적 차이를 분명하게 언급하면서도, 아울러 이르기를 "본질에 차이가 있는 두 종류의 은혜 언약이 있는 것이 아니고, 다양한 경륜 아래 하나의 동일한 언약(구약과 신약)이 있을 뿐이다."라고 했다. 이는 "하나님의 영원한(초시간적인) 작정"에 관하여 다루는 제3장 1항에서 언급한바 "하나님께서는 영원한 때부터, 그 자신의 뜻의 가장 지혜롭고 거룩하신 의논(삼위격의 의논)에 의하여, 자유로이, 그리고 불변하게 발생하는 것은 무엇이든지 정하셨다."는 작정의 교리와도 같은 맥락을 이루는 것이다. 따라서 하나님께서는 창조 이후의 모든 역사에 있어서 항상 이미 창세 전에 작정하신 그대로의 맥락을 구약에서나 신약에서나 다양하지만 동일한 진리로서 나타내셨던 것이다. 이에 따라 항상 불변하며 항구적인 것이라는 점이 "진리"의 특성임을 알 수가 있다. 이에 따라 요 4:20절에서 "우리 조상들은 이 산(그리심 산)에서 예배하였는데 당신들(유대인들)의 말은 예배할 곳이 예루살렘에 있다 하더이다."라고 말한 사마리아 여인에게, "하나님은 영이시니 예배하는 자가 영(靈)과 진리(眞理)로 예배할지니라."(24절)고 말씀하신 것이다. 한마디로 예배의 본질은 오래된 예루살렘 산이나 나중된 그리심 산(Tel erRas)에서 자기들 나름대로 복잡하고 그럴싸하게 만든 온갖 제사 형식과 예법들이 아니라, "아는 것"(22절) 곧 "진리"에 근거하여 항상 단순하고 불변하게 있어온 것이다. 그러므로 구약시대의 성전의 규례나 바벨론 포로기 이후의 회당의 규례나, 그리고 신약시대와 주후 1세기 교회의 예배나 그 본질에 있어서는 항상 "영과 진리"의 예배로서 단순하면서도 일관되게 추구되어 왔다.

그러나 그러한 예배의 본질은 주후 313년에 로마 제국의 황제 콘스탄티누스 1세(Sanctus Constantinus Magna, 272-337)가 밀라노 칙령(Edict of Milan)을 통해 기독교를 공인한 후, 기독교와 이교문화가 접목되어 토착화 하는 가운데 형성된 로마 가톨릭교회에 의해 다시 부수적이고 복잡한 형태로 변모하게 되었으니, 로마 가톨릭교회의 미사(missa)가 보여주는 예식(ceremony)과 음악이 뒤섞인 복잡한 형태야말로 그러한 변모의 단적인 모습이다.

그런데 로마 가톨릭교회의 미사를 반대하여 형성한 개신교의 예배는 미사를 단순하게 하여 발전한 것이 아니라, 단순하면서도 일관된 "영과 진리"의 예배로서의 1세기 교회의 예배와 신약시대 예배의 모습으로 돌아가는 것으로서 개혁한(Reformed) 것이다. 그리고 웨스트민스터 예배모범은, 신약시대의 교회들과 주후 1세기 교회들에서 행해진 단순하면서도 일관된 예배로서의 개혁된 예배에 있어 가장 성경적인 원리와 요소로 간추린 예배의 모범이다. 그러므로 개혁된 신앙을 추구하는 개혁파 교회들과, 그 가운데서도 장로교회들은 웨스트민스터 예배모범을 기초로 예배의 틀을 형성해 왔던 것이다.

하지만 단순하면서도 일관된 성경적 예배로서의 예배모범이 개신교회들, 그 가운데서도 장로교회들 가운데서 항상 전수되어 왔던 것은 아니다. 오히려 웨스트민스터 총회가 있었던 잉글랜드에서는 크롬웰(Oliver Cromwell, 1599-1658)이 회중주의(Congregationalism)의 독립교회파(Independents)를 지지하면서 웨스트민스터 총회의 유산인 네 표준문서를 폐기해버렸고, 스코틀랜드 장로교회에서 예배모범과 신앙고백이 채택되었다. 그리고 이후의 역사에서도 웨스트민스터 예배모범을 비롯한 표준문서들이 항구적으로 전수되지는 못했었으며, 특히 미국의 장로교회들에서는 여러 차례 수정과 증보를 통해서 원래의 내용들이 퇴색하고 변질되는 역사가 있어왔다. 그러므로 조선에 장로교회가 전파되었을 무렵에는 이미 원래의 장로교회의 신학이 퇴색한 이후였으며, 1919년에는 예배모범이 소개되었어도 원래의 예배모범의 문안과는 다르게 상당히 축약되고 변형된 형태로 소개되었다. 심지어 그마저도 1948년에 조선예수교장로회 총회가 신사참배를 가결한 뒤로 거의 사장되어버렸다. 바로 그러한 역사 가운데 한국의 장로교회의 예배가 현제의 모습과 같이 교회마다 제각각으로 드려지고 있는 것이다.

사실 현대의 대부분의 예배들, 심지어 장로교회의 예배조차도 주님께서 말씀하신 "영과 진리"로서의 예배와 상관이 없는 인본주의적인 모습으로 이미 완연히 변모되어 있는 실정이다. 음악과 장식들과 사람의 감정이 중심이 되는 예배의 형태들은, 장로교회들을 포함한 현대의 거의 모든 교회들의 일반적인 모습이 되어 버렸다. 그러므로 웨스트민스터 예배모범이 규정하고 있는 내용들이 현대의 교회들에서는 거의 실효성이 없어 보이기까지 할 것이다.

그러나 음악과 예식이 중심을 이루는 로마 가톨릭교회의 미사를 거부하고 원래의 순수한 교회의 예배형태로 개혁된 교회들의 예배모범인 웨스트민스터 예배모범이 보여주는 영과 진리의 예배는, 하나님의 말씀인 성경이 중심을 이루는 단순하면서도 일관된 모습이다. 바로 그러한 모범을 바탕으로 하는 장로교회의 예배를 회복하는 것에서부터 현대의 종교개혁(교회개혁)이 실천될 수 있는 것이다.

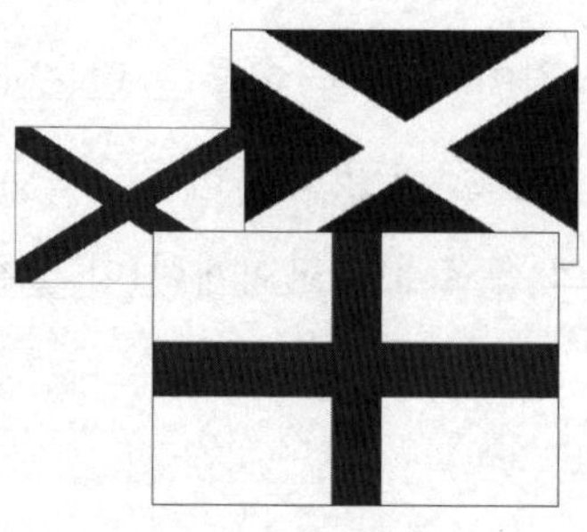

II.
하나님의 공중 예배를 위한 회집과 자세에 관하여

웨스트민스터 예배모범(1645): 하나님의 공중 예배를 위한 회집과 자세에 관하여

공중 예배를 위해 회중이 모일 때, 사람들은 (그들의 마음을 미리 예비하고)모두 나아와 참석한다. 게으름이나 여타한 개인적인 모임들을 구실로 공중 예식에 빠지지 않도록 한다.

모든 사람들이 전부 회집에 참여하되, 불경하지 말고, 그러나 조심스럽고 담대한 태도로, 어떤 곳에 경배하지 말고 곧장 자리를 잡고서, 앉도록 한다.

회중이 모두 회집하면, 목사는, 위대하신 하나님의 이름을 경배하자고 엄숙히 부른 후, 다음과 같은 취지의 기도로서 예배를 시작한다.

"모든 경외와 겸손으로 주님의 한없는 위엄과 영광을 인정하며, (그의 임재 앞에 특별히 구별된 모습으로 나아가야 마땅할 것이다) 저희의 악함으로 그토록 큰 사역을 감당할 수 없으며, 그럴 만한 가치가 없는 전적으로 무능력한 자인 것을 인정한다. 아울러 이제부터 드리는 모든 예배에 주께서 용서하시고, 도움주시며, 용납해 주시기를 간구한다. 그리고 그의 말씀 가운데 그날 낭독하기로 정해진 말씀에 축복해 주실 것을 겸손하게 간구한다. 이 모든 것들을 주 예수 그리스도의 이름과 중보 가운데 기도한다."

공중 예배가 시행되는 동안, 모든 사람들은 예배에만 전적으로 집중하여, 인도하는 목사가 낭독하거나 인용하는 것 외에 다른 것을 읽지 않도록 한다. 귓속말이나, 의논, 인사, 혹은 다른 사람이나 이제 막 들어선 사람에게 인사하는 행위를 더욱 자제한다. 또한 멍하게 다른 곳을 바라본다거나, 졸거나, 혹 눈에 거슬리는 행동을 하는 등 하나님의 예배에서 목사나 회중들에게 방해가 되거나, 자신이나 다른 사람들에게 지장을 초래하는 행위들을 자제하도록 한다.

만일 누군가, 부득이하게, 예배의 시작부터 참석하지 못했다면, 그들은 뒤늦게 회중에 참여하게 됐을 때, 예배당에 들어와서 개인 기도를 하지 말며, 곧바로 회집에 참여하여 마음을 가다듬도록 한다.

분석

　　오늘날의 예배에 있어서 기본적으로 무한(無限)히 완전하신 하나님을 공경하고 영화롭게 하는 것보다는 이를 통해 얻는 우리들의 기쁨과 유익, 그리고 그러한 예배 가운데서 서로 간에 화목하게 되는 것에 중점을 두고 있음을 부인하기 어려울 것입니다. 그러므로 현대의 교회들에서는 흔히 '공동체'(community)라는 말을 통해 서로 간의 화목과 친목을 강조하는 것입니다.

---

2) 1922년 조선예수교장로회 헌법 부록에 첨부되었던 것. 1919년 예배모범을 국한문 혼용과 일부 조선어 어법의 변경에 맞춰 1934년에 새로이 수정하여 작성한 것이다.

그러나 웨스트민스터 예배모범(1647)에서는 기본적으로 예배를 통해 우리들이 얻게 되는 기쁨과 유익, 서로 간에 화목하게 되는 것에 대한 일체의 언급이 생략되어 있는 것을 볼 수 있습니다. 즉 예배의 기본적인 전제가 회중이 아니라 무한히 완전하신 하나님을 공경하고 영화롭게 하는 것 자체에 집중되어 있는 것입니다. 물론 장로교회에서도 성도 간의 화목과 친목이 이뤄지기는 하지만 그것은 어디까지나 예배 이후의 일이며, 모든 예배의 순서가 폐한 다음에야 얼마든지 서로 간에 나눌 수 있도록 되어 있는 것입니다. 무엇보다 '안식일'(Sabbatum)이 안식 후 첫날인 '주일'(Lord's day)로 대치된 것에는, 그리스도의 '속죄'가 아니라 '부활'이후의 영광스런 '승귀'(높아지심)에 대한 찬양의 의미가 담겨 있어, 더욱 공경과 영화롭게 함에 무게가 실리는 것입니다.

➕ 웨스트민스터 예배모범에서는 회중들의 모임과 공중 예배를 위한 자세에 있어서 가장 먼저 어떤 태도를 강조하고 있습니까? [5]

현대의 예배가 기본적으로 예배를 통해 우리가 얻게 되는 기쁨과 유익, 그리고 서로 간에 나누는 화목과 유대에 중점을 두는 사실은 곧장 예배를 대하는 우리의 태도에 반영되어 드러납니다. 그러므로 예배에 앞서 마음의 준비를 하고 예배 장소에 미리 참석하는 태도에 대한 이해가 상당히 부족한 것을 찾아볼 수 있습니다. 특별히 마음의 준비를 하더라도 서로 간에 먼저 인사를 나누면서 찬송을 부르거나 복음송을 다 함께 부르는 것으로써 행해지곤 하는데, 웨스트민스터 예배모범에서 언급하는 '준비'란 그런 것이 아니라 조용히 기도하며 무한히 완전하신 하나님을 공경하고 영화롭게 하는 데에 마음을 집중하도록 하는 것을 말합니다. 따라서 예배에 앞서 서로 간에 인사를 나눌 이유가 없으며 오히려 공손하고 엄숙하고 정숙한 태도로 조용히 앉아 있는 것이 기본적으로 요구되는 예배를 준비하는 태도인 것입니다.

➕ 웨스트민스터 예배모범에서 어떤 곳에 경배하지 말라는 문구는 구체적으로 어떤 것을 금하는 것일까요? [6]

    예배에 앞서서 마음을 준비한다는 것은 사실 외적인 태도보다는 마음의 준비에 중심이 있습니다. 그러므로 어떤 행위가 예배를 준비하는 요소가 되는 것이 아니며, 오히려 태만이나 사적인 모임 등의 일체의 일상적인 행실들을 멈추고서 예배 장소에 미리 참석하여 앉아 있는 것으로 족합니다. 우리의 예배에 있어서 항상 염두에 두어야 하는 것은 기본적으로 성경에서 그 근거를 명확히 찾을 수 있어야 한다는 점이며, 그러므로 성경에서 행하도록 분명히 기록되어 있거나 유추할 수 있도록 하는 요소 외에 일체의 부가적인 예식이나 순서를 덧붙이지 않는 것이 중요합니다. 우리의 예배는 기본적으로 "영과 진리로 예배"(요 4:24)하는 것이기 때문에, 예배를 위한 부수적인 요소들은 전혀 필요치 않은 것입니다.

➕ 웨스트민스터 예배모범의 짧은 첫 기도문에 깔려있는 기본적인 정서
는 무엇입니까? [7]

현대의 기독교 신앙 가운데에는 죄의 문제, 곧 죄가 얼마나 심각
하며 뿌리 깊은 것인지에 대한 자각과 참회의 태도가 거의 부재하
다시피 한 실정입니다. 물론 대부분의 장로교회들의 예배가 통회의
기도(죄의 고백)로 시작하지만, 잠시 형식적으로 고백하거나 오히
려 감사하는 기도를 하는 경우도 흔하게 볼 수가 있는 것입니다. 하
지만 예수 그리스도의 중보로 말미암아 하나님께 담대히 나아가는
성도들이라 할지라도, 예배 가운데 하나님의 임재하심이 있음을 확
신하며 믿는다고 한다면 당연히 죄(특히 자범죄)에 대한 통회와 사
죄의 고백이 요구되는 것입니다. 그러므로 예배에 미리 참석하여
조용하게 기도하는 가운데 스스로의 죄 된 모습을 바라보며 돌이키
는 마음을 가져야지, 사담을 하거나 소곤거리며 옆 사람과 인사를
나누는 등의 태도를 보여서는 안 되는 것입니다.

➕ 예배 중, 특히 '회중' 가운데에 있을 때에 하지 말아야 할 행동들의
공통점은 무엇입니까? [8]

예배가 시작됨과 동시에 예배에 참여하는 모든 회중들에게 공통
적으로 요구되는 원칙은 온전히 예배에만 집중해야 한다는 점입니
다. 특히 예배를 인도하며 설교하는 목사에 의해 진행되는 전체적
인 예배의 진행에 온전히 집중하기 위해, 옆에 앉은 회중에게 방해

가 될 만한 행동을 일체 하지 말아야 하는 것입니다. 바로 그러한 의미에서 예배모범은 부득이하게 예배에 늦을 때는 예배당에 들어와서 개인 기도를 하지 말고 경건하게 진행 중인 하나님의 예식에 즉시 참여하도록 했습니다. 따라서 부득이하게 예배에 늦게 참석하는 경우라도 당사자는 혼자서 기도에 몰두하지 말고 진행되는 예배에 최대한 집중하여야 하며, 아울러 회중들의 이목이 집중되지 않도록 개인 기도나 여타의 불거지는 행동을 하지 말고 곧장 예배순서에 동참하도록 해야 하는 것입니다.

▬ 해설 ▬

1645년에 잉글랜드와 스코틀랜드, 그리고 아일랜드의 공중 예배에 관한 예배모범(An ACT of the PARLIAMENT of the KINGDOM of SCOTLAND, approving and establishing the DIRECTORY for Publick Worship)이 일반 기도서(BOOK OF COMMON-PRAYER)를 대체하여 의회의 법령에 따라 제정되었을 때에 예배(the publick worship)란, 기본적으로 장로교회의 교회정치 원리를 바탕으로 하는 것이었다. 아울러 그러한 장로교회의 교회정치 원리는 철저히 성경에 근거하는 것으로서, 웨스트민스터 신앙고백 제1장 성경에 관한 2번째 항목에서 말한 "이 모든 책들(구약 39권과 신약 27권)은 하나님의 영감에 의해서, 신앙과 생활의 법칙이 되도록 주어진 것이다"[3]라고 하는 고백을 따르는 원리 가운데 시행되는 것이다. 딤후 3:16에서 명시적으로 언급하는 것처럼 "모든 성경은 하나님의 감동으로 된 것으로 교훈과 책망과 바르게 함과 의로 교육하기에 유익하니" 예배를 비롯하여 교회에서 시행되는 모든 것들에 있어서도 그 바탕과 근거는 오직 성경을 따르는 것이어야 하기 때문이다.

그러나 부패하고 타락한 로마 가톨릭의 신앙원리를 개혁하여, 성경에 따라 바른 교회로서의 신앙과 교회정치, 그리고 예배의 원리들을 도출시킨 웨스트민스터 총회의 역사 가운데에도 이미 회중주의자(congregationalism) 혹은 독립파(independency)라 불리는 자들의 영향이 자리하고 있었다. 일반적으로 장로교회에서 하나님의 신적작정과 선택의 관점에서 교회를 정의하는 것과 달리, 회중주의자들은 예수 그리스도의 부르심을 입은 가운데서 그리스도와 서로에 대해 언약을 맺은 사람들로 구성되는 것으로서 정의한다. 즉 1658년에 회중교회들이 채택한 사보이 선언(Savoy Declaration) 제26조 2항의 "복음을 믿는 신앙을 고백하고, 복음에 따라 그리스도로 말미암아 하나님께 순종하면서 믿음의 토대를 뒤집는 어떤 과오나 거룩하지 못한 담화로 그들 자신의 고백을 파괴하지 않는 온 세계에 있는 사람들 전체"[4]라는 문구에서 알 수 있듯이, 회중주의자들은 '신자들의 회(會)'인 회중을 중심으로 교회를 정의하는 성향이 강하다. 따라서 그리스도와 연합한 제자로서의 언약과 서로에 대한 언약의 관계를 중심으로 하는 회중교회의 예배가 기본적으로 회중(congregation)들의 회합과 화목에 치중하는 성향이 강한데 반해, 장로교회의 예배는 하나님의 주권적 선택에 근거하는 성경의 원리에 중점을 둔다. 왜냐하면 요 4:24절이 말하는바 "하나

---

3) 문원호,『성경과 함께 하는 신앙고백』, (의정부: 도서출판 개혁과 고백, 2012), 7.
4) 김영재,『기독교 신앙고백』, (수원: 영음사, 2011), 756.

님은 영이시니 예배하는 자가 영과 진리로 예배"하여야 하기 때문이다.

한편, 웨스트민스터 총회의 배경 가운데서 작성된 예배모범이 어떤 원리 가운데서 제정되었는지에 관해서는 기본적으로 웨스트민스터 신앙고백 제21장의 경건한 예배와 안식일에 대한 문구들 가운데서 살펴볼 수가 있다. 그 가운데 제21장 1항의 후반부에 기록되어 있는 "……참되신 하나님을 예배하는 합당한 방법은 그 자신에 의해 제정되었으며, 그리고 그 자신의 계시된 뜻에 의해 제한되어, 어떤 보이는 표상이나, 성경에 묘사되지 않은 어떤 다른 방법 아래서, 인간의 상상과 고안, 혹은 사탄의 제안들에 따라, 하나님이 예배되지 않도록 하신다."[5]는 문구를 따라, 웨스트민스터 예배모범이 기본적으로 하나님의 관점에서(혹은 지향하여) 예배를 규정하고 있는 것이다. 골 2:22-23절에서 사도 바울은 "사람의 명령과 가르침을 따르느냐 이런 것들은 자의적 숭배와 겸손과 몸을 괴롭게 하는 데에 지혜 있는 모양이나 오직 육체 따르는 것을 금하는 데는 조금도 유익이 없느니라."고 했다. 즉 인간이 만든 규례를 하나님의 지지를 얻는 수단으로 강요했던 금욕주의(禁慾主義)는 성도들에게 아무런 유익이 없으며, 오히려 성도들을 가식적인 존재로 만들 뿐이기에 이를 배척하도록 권했다. 그러므로 웨스트민스터 신앙고백 제21장 1항에서도 "성경에 묘사되지 않은 어떤 다른 방법 아래서, 인간의 상상과 고안, 혹은 사탄의 제안들에 따라, 하나님이 예배되지 않도록" 한 것이다.

---

5) 문원호,『성경과 함께 하는 신앙고백』, 140.

한마디로 웨스트민스터 예배모범의 "회중들의 모임과 예배를 위한 자세"에 대한 언급들은, 웨스트민스터 신앙고백 제21장 1항에서 고백하는 "……그(하나님) 자신에 의해 제정되었으며, 그리고 그 자신의 계시된 뜻에 의해 제한되어, 어떤 보이는 표상이나, 성경에 묘사되지 않은 어떤 다른 방법 아래서, 인간의 상상과 고안, 혹은 사탄의 제안들에 따라, 하나님이 예배되지 않도록 하신다."는 문구를 따라, 예배를 드리는 회중에 중심이 있는 것이 아니라 하나님께 중심을 두어 작성된 것임을 알 수가 있다.

사실 웨스트민스터 신앙고백 제21장 1항의 예배에 관한 고백들의 중심축을 가장 간결하게 정의하고 있는 것은, 웨스트민스터 대·소교리문답 제1문 "사람의 제일 되며 가장 높은 최고의 목적이 무엇인가?"에 대한 "하나님을 영화롭게 하는 것과 그분을 영원토록 마음을 다하여 즐거워하는 것"[6]이라는 답변이다. 계 4:11절에서 창 1:1절 말씀을 인용하여 기록한 바와 같이 "만물이 주의 뜻(의지)대로 있었고 또 지으심을 받았"으니 우리 주 하나님께서 "영광과 존귀와 권능을 받으시는 것이 합당"한 것이다. 이에 따라 모든 피조물인 인간은 마땅히 하나님께 영광과 존귀와 권능을 돌리는 자, 곧 예배자가 되는 것이 마땅하다. 바로 그것이 예배의 가장 핵심적인 바탕인 것이다. 그러므로 "예배란 무한히 완전하신 하나님을 공경하고 영화롭게 하는 것"[7]인데, 그러한 예배는 내적인 측면에서는 "우리가 하나님께 마땅히 드려야 할 내적 공경심을 표현하는 것으로, 사

---

6) 김영재, 『기독교 신앙고백』, 661.
7) Robert Shaw, An Exposition of The Confession of Faith – Westminster Assembly of Divines(London: R. Groombridge & Sons, 1845), 조계광 역,『웨스트민스터 신앙고백 해설』, (서울: 생명의 말씀사, 2014), 418.

랑과 믿음과 경외심과 신뢰를 비롯해 마음속에서 이루어지는 모든 행위”로, 외적인 측면에서는 “하나님이 제정하신 법령을 준수함으로써 그 공경심을 외적으로 표현하는 것”으로 나타난다. 따라서 예배는 기본적으로 하나님을 지향하는 것이며, 회중들과의 교제는 부차적인 것일 뿐이다. 특별히 하나님만을 예배의 유일한 대상으로 삼아 하나님께서 규정하신 예배의 방법이 무엇인지를 충분히 고려하고 숙고하는 가운데서의 예배에는, 예배를 드리는 우리들 자신의 유익과 요구는 기본적으로 고려될 여지가 없는 부차(副次)적인 것이다.

■ 적용

    기독교의 역사 가운데서 웨스트민스터 예배모범은 결코 간단하게 도출된 것이 아닙니다. 오히려 예배모범이 작성되어 공표되기까지 스코틀랜드의 장로교도들과 잉글랜드의 국교도, 그리고 아일랜드의 신앙인들은 치열한 고민과 논의를 통해 그야말로 영국 전체의 신앙에 있어 모범이 되도록 예배에 관한 전반을 잘 정리한 것이기 때문입니다. 그러므로 현대의 교회들에도 그대로 적용할 만하며, 오히려 웨스트민스터 예배모범에 훨씬 못 미치는 태도 가운데 있는 것이 현대 교회들에서의 예배의 모습이라 하겠습니다.

➕ 예배에 앞서 미리 예배당에 앉아 준비하는 태도에 대해 우리가 속한 교회, 혹은 당신의 태도는 어떠하며, 앞으로 어떻게 교정되어야 하겠습니까?

✚ 오늘날 특정 장소를 향해 기도하거나 경의를 표하지 않도록 한 예배 모범의 권면은 잘 지켜지고 있습니까? 혹 예배당에서 기도하는 것만이 온전한 기도처럼 생각하거나, 소위 '기도빨'이 좋은 곳이라는 무심결의 표현도 예배모범이 경계하고 있는 잘못에 해당하지 않습니까?

✚ 매 주일마다, 혹은 매 예배마다 반복되는 죄에 대한 고백과 겸손의 태도가 식상한 요식행위가 되지 않도록 하기 위해서 개인적으로나 교회적으로 할 수 있는 방지책은 어떤 것이 있을까요?

✚ 예배에 있어 여러분이 속한 교회, 혹은 여러분 자신은 최대한 예배에 집중하고 있습니까? 만일 그렇지 못하다면, 앞으로 어떤 부분들을 시정하고 보완해야 할지 구체적으로 생각하고 정리하여 발표해보도록 합시다.

Ⅲ.
성경의 공적인 낭독에 관하여

웨스트민스터 예배모범(1645):
성경의 공적인 낭독에 관하여

하나님의 공중 예배의 한 부분으로, 회중 가운데 말씀을 낭독하는 것은, (우리가 그에게 의존하고 속해 있는 것을 인정하는 것으로,) 그의 백성을 세우기 위하여 거룩하게 하시는 방편이니, 목사와 교사(교수)들이 행하도록 한다.

그럼에도 불구하고, 장차 목회를 하려고 준비하고 있는 자가, 노회의 허락 가운데서, 회중 가운데 성경을 낭독하거나, 그들의 은사 가운데서 설교를 시연할 수도 있다.

구약과 신약의 모든 정경적인 책들을(그러나 외경이라 불리는 문서들은 전혀 해당되지 않는다) 모두가 듣고 이해할 수 있도록, 가장 잘 번역된 언어로, 뚜렷하게, 낭독하도록 한다.

한 번에 얼마나 읽을 것인지는, 목사가 지혜롭게 결정할 것이다. 보통은, 매 회집 때마다 구·신약 한 장씩을 읽도록 한다. 때때로 장수가 짧다거나, 내용상 연결이 필요할 때에는, 더 읽을 수도 있다.

회중이 전체적인 성경 말씀을 더욱 잘 알 수 있도록, 정경에 있는 모든 책들을 순서대로 읽도록 하며, 보통은 한 주일에 낭독한 성경의 그 다음 부분부터, 다음에 이어서 낭독하도록 한다.

우리는 성경 낭독자가 말씀을 듣는 회중을 가르치는데 필요하다고 생각되면, 시편 같은 책을 더욱 자주 읽도록 권고한다.

성경을 낭독한 목사가 낭독한 말씀 중 어떤 부분을 상세히 강해하여 설명할 필요가 있다고 판단될 때에는, 한 장 또는 시편 한 편을 모두 읽은 후에 할 수 있다. 그럴 때에 항상 주의할 것은, 설교 또는 다른 순서를 급박하도록 만들거나, 지루해지지 않도록 시간을 잘 고려해야 한다. 이러한 규칙은 다른 모든 공중 행사에서도 지켜야 한다.

공중 예배에서 성경을 낭독하는 경우 외에도, 글을 읽을 수 있는 모든 사람들은 개인적으로도 성경을 읽도록 권하는 바이며, (또한 연령이나 그 밖의 이유로 성경을 읽지 못하는 사람을 제외하고 모두가 글 읽기를 배우도록 권고한다.) 개인적으로도 성경을 소지할 수 있도록 한다.

웨스트민스터 대교리문답(1647) :

156문: 하나님의 말씀을 누구나 읽을 수 있습니까?

답: 비록 모든 사람이 다 회중 앞에서 공적으로 말씀을 읽도록 허용되어 있지는 않으나, 다만 사람들은 누구나 혼자서, 혹은 그들의 가족들과 더불어 말씀을 읽어야 합니다. 그러한 목적으로 원어 성경을 일상의 언어로 번역한 것입니다.

157문: 어떻게 하나님의 말씀을 읽어야 합니까?

답: 성경 말씀을 읽을 때에는 높이 경외함으로 읽어야 합니다. 성경은 곧 하나님의 말씀이라는 사실과, 하나님께서만이 우리로 성경을 이해하게 하실 수 있다는 굳은 믿음으로, 그 가운데 계시되어 있는 하나님의 뜻을 알고, 믿고, 순종하려는 간절한 마음으로 부지런히 합니다. 또한 성경의 내용 및 범위에 주의하여, 묵상과, 적용, 자기부인, 기도함으로 읽어야 합니다.

조선예수교장로회 예배모범(1934) :
예배 시 성경배독(拜讀)하는 일

예배 시에 성경 배독(拜讀)하는 것은 공식 예배 보는 일부분이니 반드시 목사나 다른 허락을 받은 사람이 인도할 것이니라.

신·구약 성경을 조금씩 차이 있게 번역한 것 각종이 있는 경우에는 공식 배독 시에 아무쪼록 널리 쓰는 본국어로 번역한 것을 읽어 듣는 자로 다 알아듣게 함이 가하니라.

성경을 얼마나 보는 것을 목사의 의향대로 작정할지니 유익할 줄로 생각할 때는 그 읽는 것 중에 어떤 부분을 해석함도 가하나, 성경을 읽던지, 찬송하던지, 기도하던지, 강도하던지, 각 절차의 시간이 서로 적당하게 하고, 결코 모든 것이 합하여 너무 짧던지 너무 지루하게 하지 말지니라.

구약시대 이스라엘 종교는 '성막'(회막)과 '성전'(Temple)이라는 곳을 중심으로 형성되어 있었습니다. 즉 성막과 성전에서 제사를 드리는 형태로 된 것이 구약시대 이스라엘 종교의 모습이었던 것입니다. 그러다가 바벨론 포수기로 인해 성전에 모일 수 없게 되면서 제사장이나 레위인들이 아닌 서기관들을 중심으로 기도하며 율법을 가르치던 모임인 회당을 중심으로 하는 형태로 변모하게 되었습니다. 일반적으로 회당에서는 율법을 읽고 해설하여 가르치는 것이 모임의 핵심이었는데, 눅 4:16-20절의 말씀은 바로 그처럼 구약 율법(Tora)을 읽고 강해하던 회당 모임의 전형적인 패턴을 묘사해주고 있습니다.

그런데 눅 4:16절에서의 주님의 행동을 보면 "회당에 들어가사 성경을 읽으려고 서시매"라고 기록하고 있습니다. 그리고 그 일은 "늘 하시던" 일이었다고도 했습니다. 그러므로 예수께서는 안식일마다 회당에 들어가 서서 성경을 소리 내어 읽으셨음을 알 수가 있습니다. 아울러 21절은 "회당에 있는 자들이 다 주목하여 보더라"고 기록하여, 성경을 읽고서 이를 강해하는 예수께 집중하는 태도를 나타내주고 있습니다.

이처럼 예배 가운데서 성경을 읽는 일은 서기관(Secretary), 즉 율법 교사들이 담당하여 수행한 것이었음을 알 수가 있으며, 특별히 그 가운데서 특정 본문을 강해하는 형식으로 설교가 이뤄진 것도 확인해 볼 수가 있습니다.

➕ 웨스트민스터 예배모범에서는 공중 예배의 한 순서인 성경 낭독(봉독)을 목사와 교사가 진행하는 것은 어떤 배경에서라고 언급합니까? [9]

행 13:13-15절을 보면, 사도 바울의 행적 가운데 안식일에 회당에 들어가 앉았던 일이 짧게 기록되어 있는데, 대략적으로 눅 4:16절에 기록되어 있는 예수 그리스도의 회당에서의 행적과 일치되는 것을 볼 수 있습니다. 즉 예수님 당시 뿐 아니라 사도들의 시대에 아직 회당 예배와 완전히 분리되기 전까지도 성경을 읽는 것과 이를 풀어 설교하는 일이 예배의 중심적인 형식이었던 것을 알 수가 있는 것입니다. 아울러 회당장은 예수님 당시에나 사도시대에나 동일하게 성경을 낭독할 사람을 세워 낭독하게 하고 이를 설교할 사람을 택했던 것을 볼 수 있는데, 누가복음 4장에서 그 일이 성경에 대한 지식을 풍성하게 지닌 서기관들과 같은 자들이 수행하도록 했던 것과 마찬가지로, 사도들의 시대에도 성경에 대한 해박한 지식을 지닌 자들을 따로 세워 설교하도록 했던 것입니다. 바로 이러한 배경 가운데서 웨스트민스터 예배모범은 성경 낭독에 대하여 공중 예배의 한 순서인 성경 낭독은 하나님께 대한 우리의 의지와 순종을 고백하는 시간이며, 하나님의 백성들을 훈육하기 위해 하나님께서 거룩하게 하신 것이라고 했으며, 목사와 교사(교수)가 진행하도록 한 것입니다.

➕ 웨스트민스터 예배모범은 예배 중에 낭독하는 성경 공인 번역본에 관해 어떤 언어로 낭독되어야 한다고 했습니까? [10]

유대인들의 역사 가운데서도 이미 오래 전부터 성경 본문이 번역되어 온 것을 볼 수 있는데, 이민족의 지배와 흩어진 디아스포라(diaspora) 유대인들이 점차 히브리어를 잊어버리게 됨에 따라, 아람어 번역본(Targum)이 사용되었습니다. 뿐만 아니라 신약 시대에는 구약성경 전체가 헬라어로 번역되기도 했으니, 이미 고대로부터 성경은 여러 언어들로 번역된 것을 볼 수 있습니다. 그런데 성경이 그처럼 고대에서부터 여러 언어로 번역된 것은 누구나 읽을 수 있고 이해할 수 있도록 하고자 함이었습니다. 반면에 중세시대 이후로 로마 가톨릭에서는 라틴어 번역본만을 공인 본문으로 여겼으나, 점차 라틴어가 대중적인 언어가 아닌 죽은 언어(대중적으로 사용하지 않는 언어)가 되자 예배 때에 읽는 성경 본문을 대부분의 신자들이 전혀 알아들을 수 없게 되었습니다. 그러므로 예배모범에서는 그와 같이 되지 않도록 하고자 하는 것입니다.

➕ 웨스트민스터 예배모범에서 성경은 반드시 순서대로 읽어야 한다고 언급하는 것은, 어떤 이유에서라고 했습니까? [11]

성경은 약 1,500년가량의 기간에 걸쳐서 작성된 것이며, 한 가지 문학형태가 아니라 여러 다양한 문학형태로 작성된 것들입니다. 그런데 이미 구약시대 때부터 그처럼 다양한 시대와 문학형태를 바탕으로 작성된 문서들을 수집하여 정경(Canon)으로 묶여지게 되었는데, 그러한 구약성경들은 대부분이 두루마리(Scroll) 형태로 만들어진 것이었습니다. 그러한 성경의 형태는 신약시대에도 오랫동안 마찬가지였으며, 특별히 안식일에 회당에 모여 율법서를 윤독하는 '파라샤'(parashah)라는 순서를 진행했던 것에서 알 수 있듯이, 두루마리의 앞에서부터 순서대로 읽어나갔습니다. 즉 성경의 전체적인 맥락과 흐름을 파악하고 익히도록 중점을 둔 것입니다. 물론 예배 중에 낭독(봉독)하는 본문은 설교하는 자가 선택할 수 있었지만, 기본적으로는 두루마리의 앞에서부터 펼쳐 읽어나가는 방식이었던 것입니다. 마찬가지로 웨스트민스터 예배모범에서도 예배 중에 성경 본문을 산발적으로 취하여 읽도록 하지 않고, 순서대로 읽도록 하고 있습니다.

종교개혁과 관련하여 우리들이 간과하지 말아야 할 것이 있는데, 그것은 로마 가톨릭의 모든 신앙 형태를 배제하는 것이 종교개혁이 아니라는 사실입니다. 재세례파(anabaptist)들조차도 그처럼 로마 가톨릭과 유사한 모든 형태들을 배제하지 않았습니다. 오직 성경에 근거하지 않은 잘못되고 미신적인 로마 가톨릭의 전통과 신앙을 개혁한 것일 뿐으로, 구약시대에서 신약시대, 그리고 3세기 이후 로마 가톨릭의 교회에서도 '봉독직'(lector)[8]이라고 하는 특정한 직분이 구별되게 이어져 왔고, 종교개혁자들도 그러한 직분을 인정하여 예배 때에 중요한 직무를 담당하도록 했었습니다. 웨스트민스터 예배모범에서도 그러한 직무의 수행을 바탕으로 하여 성경 낭독에 대해 서술하고 있는 것입니다. 그러므로 목사가 아니라도 예배 때에 성경을 낭독하도록 세울 수 있지만, 최소한 특정 업무를 담당하는 자로서의 "교사"나 "장차 목회를 하려고 준비하는 사람"을 노회의 허락[9] 가운데서 세우도록 한 것입니다.

■ 해설

앞서 언급한 것처럼, 웨스트민스터 총회에 있어서 중요한 논쟁의 배경에는 잉글랜드의 국교회(성공회)주의자들 뿐 아니라 독립교회(회중주의)파가 중요한 쟁점을 대두시켰었다. 특히 독립교회파는 예배에 있어서도 회중이 적극적으로 참여하는 방식을 주장했었는데 반해, 주로 스코틀랜드 교회인 장로교파에서는 성경 낭독을 목회적 요소에 포함시켜 목사에 속한 직무라고 생각했다.[10] 잉글랜드에서는 감독 시대나 종교개혁 시대에 이르기까지 대독자 제도가 있었으나, 스코틀랜드의 장로교회들은 예배의 시작부분을 맡기기 위해 성도들 중에서 낭독자를 세웠다. 그러나 1640년에 이르러서부터 예배 중에 성경을 낭독하는 일은 목사 후보생이 담당하는 직무가 되었다. 그러므로 웨스트민스터 대교리문답 제156문답에서도 이르기를 "비록 모든 사람이 다 회중 앞에서 공적으로 말씀을 읽도록 허용되어 있지는 않다"고 하여, 공적으로 성경을 낭독하는 일을 행하기에

---

8) 또 다른 용어로 '독경사'라 칭하기도 한다.
9) 화란의 개혁파 교회들의 경우에는 이를 당회의 허락사항으로 두고 있다. Karel Deddens, Where Everything Points to Him(Michigan: Inheritance Publications, 1993), 김철규 역,『예배, 하나님만을 향하게 하라』, (서울: SFC출판사, 2014), 81.
10) Richard A. Muller, Rowland S. Ward, Westminster Assembly and the Reformed Faith Serise 3(Phillipsburg: P&R, 2007), 곽계일 역,『웨스트민스터 총회의 실천』, (서울: 개혁주의신학사, 2014), 219.

합당한 자로 택함을 입은 사람이 행해야 함을 언급하고 있다. 즉 사적으로는 누구나 다 성경을 읽어야 하지만, 공적인 예배에서는 반드시 부르심을 입은 합당한 사역자인 목사가, 그러한 목사가 부재 시에는 목사 후보생이 감당하도록 하고 있다.

사실 예배 시에 성경을 낭독하는 것과 관련해서는 기본적으로 설교권과 연계하여 이해해야 하는데, 1643년 11월에 소집되었던 교회 정치와 관련한 총회에서 성경을 읽는 것이 목회적인 기능이라고 보는 입장을 취한 자들은 성경 읽기가 항상 강해와 곁들여 실행되어야만 한다는 전제를 바탕으로 한 것이었다.[11] 즉 설교할 자격이 있는 사람들만이 성경을 읽어야 하고 그들이 성경을 해석해야 한다는 것이 웨스트민스터 총회에 참석한 장로교도들의 견해였던 것이다. 그러한 입장 가운데서 볼 때에, 목사는 성경을 해석하고 적용하는 자이나 박사들은 성경을 해석만 하고 적용하지는 않으며, 대독자의 경우에는 성경을 해석한다거나 적용하는 일을 전혀 하지 않는다는 점에서 스코틀랜드의 장로교도들은 대독자 제도를 장려하지 않았던 것이다.[12] 이 점에 있어서 사무엘 루터포드(Samuel Rutherford, 1600-1661)는 "목사란 대체로 거의 모든 예배에서 설교하도록 기대하고 주장하는 사람"이라고 한데 반해, 알렉산더 헨더슨 (Alexander Henderson, 1583-1646)은 "목사 후보생의 설교와 목사의 설교 사이에는 차이점이 있으니, 가장 큰 차이점은 목사 후

---

11) Richard A. Muller, Rowland S. Ward, Westminster Assembly and the Reformed Faith Serise 3(Phillipsburg: P&R, 2007), 곽계일 역,『웨스트민스터 총회의 실천』, (서울: 개혁주의신학사, 2014), 219.
12) 앞의 책, 93.
13) 앞의 책, 95.

 웨스트민스터 예배모범 스터디

보생은 '말씀의 적용'(application)을 하지 않는 것이다."라고 말했다[13]고 하니, 그처럼 예배에서 성경을 낭독하는 것과 관련해서 설교권이 중요한 의미를 가지는 것이었음을 알 수가 있다. 아울러 설교권과 관련한 성경 낭독자의 문제에 있어서 파악해야 할 것 가운데에는 '성서 일과'(Lectionary)가 있는데, 성서일과란 '독서'(Lectio)에서 유래한 말로써 공적인 예배에서 읽히도록 성경의 일부분들을 발췌하여 '교회력'(Annus Ecclesiasticus)에 맞추어 정리한 성구집을 말한다. 이는 로마 가톨릭과 국교회 전통에서 중요하게 사용되어 왔던 것인데, 종교개혁의 신학 가운데서 점차 배제되었다. 왜냐하면 교회력에 따른 성서 일과 전통은 모든 설교자들이 성서 일과에 맞추어 설교하게 되어 있어서, 설교자가 설교할 본문을 선정하는 권한을 제한하기 때문이다. 아울러 예배의 형식에 있어서도 제약이 따르게 되는데, 그러한 전반적인 문제들이 바로 설교권과 예배의 자율성이라는 개신교적 맥락에 상충한다고 보는 것이다. 일반적으로 로마 가톨릭과 국교회에서는 예배(예전)의 일치와 통일을 위한 예식서(Rituale)의 사용이 권장되었으나, 종교개혁에 따른 개신교의 신학과 실천에 있어서는 그러한 것들이 설교권을 제한하며 예배의 자율성을 해치는 것으로 보아 점차로 거부되었던 것이다.

한편 "회중이 전체적인 성경 말씀에 더욱 익숙해지도록 성경은 반드시 순서대로 읽어야 하고, 일반적으로 이번 주일에 성경 낭독이 끝난 곳부터 다음 주일에 계속해서 읽어 나간다."라는 예배모범의 문구에서 알 수 있듯이 성경을 낭독하는 것은 순서대로 읽어나가는 것으로서, 꼭 설교와 연관된 본문을 읽는 것을 말하지 않음을 알 수가 있다. 그런데 낭독된 성경 본문에 대해서는 약간의 설명과 강해가 첨부되었는데, 점차로 낭독한 성경 본문에 대한 장시간의 강해 및 강론으로 이어지게 되었고, 나중에는 강해에 묻혀 성경을 낭독하는 순서가 예배에서 사라지게 되었다.[14] 그러나 눅 4:16-20절의 말씀에서 예수께서는 당시 회당에서 행하던 전통을 따라 정해진 성경본문을 서서 낭독하셨고, 행 13:14-15절은 사도들 또한 당시의 전통대로 안식일에 회당장이 인도하는 대로 율법과 선지자의 글을 읽고 강독한 것을 보건데, 성경을 낭독하는 일은 예배의 중요한 순서였음을 알 수가 있다. 그러므로 그러한 성경의 모범을 따라 예배 때에 순서대로 성경 본문을 낭독하는 것은 중요한 예배 전통이었음을 알 수 있다. 일반적으로 회당장들이 하는 중요한 역할은 성경을 낭독하여 읽을 사람과 설교할 사람을 정해 주는 것이었던 것을 볼 때에, 성경을 낭독하여 읽는 일과 설교하는 일을 아무나 수행했던 것이 아니었음을 알 수가 있다.

　일반적으로 예배 가운데서 성경을 낭독하는 일과 관련한 전반적인 맥락에 관해서는 웨스트민스터 신앙고백 제21장의 "경건한 예배와 안식일에 관하여" 다루는 가운데 파악해 볼 수가 있는데, 특별히 5항에 이르기를 "경외함으로 성경을 읽는 것"을 언급함으로 시작하고 있다. 그런데 예배에서 그처럼 경외함으로 성경을 읽도록 한 것은, 1항에 언급한 "참되신 하나님을 예배하는 합당한 방법은 그 자신(하나님)에 의해 제정되었고, 그리고 그 자신의 계시된 뜻에 의해 제한되어"라는 문구에 따라 제안되는 것이다. 또한 그러한 1항의 문구는 웨스트민스터 신앙고백 제1장의 "성경에 대하여"라는 고

---

14) Richard A. Muller, Rowland S. Ward, 『웨스트민스터 총회의 실천』, 220.

백 2항의 "이 모든 책들(구약과 신약 66권)은 하나님의 영감에 의해서, 신앙과 생활의 법칙이 되도록 주어진 것이다."라는 문구를 따른 것이다. 그러므로 예배 때에 경외함으로 성경을 읽는 것은, 하나님의 영감에 의해 신앙과 생활의 법칙이 되도록 주어진 66권의 성경에 의해 제정되고 계시된 대로 시행하는 목회의 중요한 요소라고 보는 것이 웨스트민스터 예배모범이 말하는 공적인 성경 낭독의 취지라 하겠다.

■ 적용

이미 살펴본 바와 같이, 장로교회의 예배는 신비적인 체험을 지향하는 것이 아니라 하나님의 말씀인 성경과 그 가운데 담긴 진리를 지향하는 형태로 드리는 것입니다. 그리고 그러한 예배는 구약시대나 신약시대, 그리고 종교개혁을 거쳐 역사적인 장로교회들에서도 항상 견지되었던 입장이었습니다. 그러므로 조선에 장로교회가 들어온 뒤에도 웨스트민스터 예배모범을 따라 예배 시에 성경 배독하는 것은 공식 예배 보는 일부분이니 반드시 목사나 다른 허락을 받은 사람이 인도할 것이니라고 명시한 예배모범을 채택했던 것입니다. 따라서 오늘날 우리들의 예배(특히 장로교회라고 한다면)에서도 그처럼 성경적으로 타당한 전통에 대해서는 회복하여 전수함이 마땅한 것입니다.

➕ 여러분이 속한 교회 혹은 부서에서는 예배 때에 성경을 낭독할 수 있도록 따로 직분을 세우고 있습니까

✚ '봉독자'와 같이 구별된 직무를 수행하는 예배가 되도록 하기 위해 여러분이 속한 교회가 할 수 있는 일은 무엇이겠습니까? 그렇게 하기 어렵다면 차선책으로는 어떤 것이 있을까요?

✚ 여러분이 개인적으로(또한 정기적으로) 성경을 읽지 못한다면 그것이 무엇 때문인지 파악해 보고 그에 대한 대책을 함께 다짐해 봅시다.

IV.
설교 전의 공중 기도에 관하여

웨스트민스터 예배모범(1645): 설교 전의 공중 기도에 관하여

말씀 낭독 후, (그리고 시편 찬송 후,) 설교할 목사는 자신과 회중의 마음의 죄들을 힘써 깨달아, 다 함께 주님 앞에 참회하는 심령으로 더욱 간절히 죄를 고백하고, 통회하기를 힘쓰며, 예수 그리스도 안에서 하나님의 은총을 사모하는 갈급함과 목마름으로 인도하여, 얼굴에 부끄러움과 거룩한 혼란이 드러날 정도로 더욱 완전한 죄의 고백으로 나아가며, 주님을 부르며 다음과 같이 기도한다:

"우리의 극심한 죄성을 인정하오며, 첫째로, (우리에게 임할 영원한 형벌의 근거를 이루는) 원죄를 인정하나이다. 이 원죄는 다른 모든 죄악의 씨앗이요, 영혼과 육신의 기능과 능력을 타락시키고 중독시키며, 우리가 할 수 있는 가장 선한 행위마저도 더럽히고, (고삐를 매지 않거나, 우리 마음이 은혜로 새로워지지 않으면) 헤아릴 수 없는 범죄로 터져 나와, 주님을 대적하여 사람의 자식들 가운데 가장 악한 자조차 아직 저지르지 않은 거대한 반역을 일으키나이다. 다음으로, 고의적으로 범하는 자범죄를 위하여 기도하오니, 우리들 자신이 지은 죄, 공직자들이 지은 죄, 목사들이 지은 죄, 그리고 모든 나라의 죄 등을 위해 기도합니다. 우리들은 여러 면에서 그러한 죄에 관여했으며, 그 죄들은 무섭게 악화되었으니, 거룩하고, 공의로우며, 선한 하나님의 법을, 깨뜨리고, 하지 말도록 명하신 것들은 하고, 하라 명하신 것들은 하지 않았나이다. 이 모든 죄들은 무지함이나 연약함으로 말미암은 것이 아니라, 오히려 우리 마음의 빛을 거스르고, 양심의 가책을 짓누르며, 성령께서 행하시는 것에 역행하여 지은 죄이기에, 어떤 것으로도 그 죄들을 가릴 수가 없습니다. 진실로, 하나님의 선하심과, 인내하심, 그리고 오래 참으심의 풍성한 것을 거스렸을 뿐 아니라, 복음 안에서 수없이 베푸신 초청과 은혜마저 거절했습니다. 우리 마음속에 그리스도를 믿음으로 영접하고, 삶을 통해 주께 합당히 행하여야 함에도 불구하고, 그렇게 하지 않았나이다."

"아울러 우리의 마음이 눈먼 것과, 딱딱하게 굳은 마음, 불신, 뉘우치지 않음, 육신의 안일과, 미지근한 것과, 메마른 것으로 인하여 심히 애통하나이다. 또한 옛 사람을 죽이고 새 생명으로 거듭나기 위해 노력하지 않았으며, 경건의 능력으로 경건을 연습하지 않았습니다. 그리고 우리 중에 가장 탁월한 자라도 신실히 하나님과 동행하지 않는 것과, 우리를 흠 없게 지켜내지 못한 것과, 하나님의 영광과 다른 이들의 유익을 위해 마땅히 해야 할 것에 열심을 내지 못한 것으로 인해 애통하나이다. 그리고 우리 하나님의 크고 풍성하신 긍휼과, 그리스도의 사랑과 복음의 빛, 그리고 종교개혁과, 우리에게 주신 목적들, 약속들, 서원들, 엄숙한 언약, 그리고 여타의 특별한 의무들에 반하는 특정한 죄들로 말미암아 참으로 애통하나이다."

"뿐만 아니라 우리는 최소한의 은혜도 받을만하지 않으며, 오히려 하나님의 극심한 진노를 받기에 마땅할 뿐 아니라, 율법의 모든 저주와, 가장 패역한 죄인에게 내려지는 중벌을 받아 마땅하다는 것을, 우리의 죄를 확실히 아는 만큼 통회함으로 인정하고 고백하는 바입니다. 아울러 우리에게서 하나님의 나라와 복음을 거두어 가시고, 이 세상에서 영육 간에 우리의 온갖 죄목들을 심판하시며, 우리를 바깥 어두운 대로 내던져, 불과 유황이 타오르는 연못에서, 영원히 슬피 울며 이를 갈게 하시기에 마땅함을 인정하며 고백하나이다."

"그럼에도, 은혜의 보좌로 가까이 나아가게 하시고, 구주 예수 그리스도의 아버지이시자 우리의 아버지 오른편에서 드리는 구주 예수 그리스도의 속죄와 중보의, 부요하고 충족할 뿐 아니라 유일하며 전적인 봉헌으로 말미암아, 아버지께서 우리의 기도를 응답하시리라는 복된 소망을 갖도록 힘주시기를 기도합니다. 아울러 그러한 중보를 통하여 새 언약 가운데 풍성한 은혜와 긍휼의 약속을 주셔서, 우리의 능력으로는 피할 수도 감당할 수도 없는 하나님의 무거운 진노와 저주를 거둬주시기를 원합니다. 그리고 우리의 유일한 구주 예수 그리스도의 극한 고난과 그 귀한 공로만을 보시어, 우리의 모든 죄를 온전하게 씻어주시는 긍휼을 베푸시기를 겸손하고도 간절한 마음으로 구하나이다."

"주께서는 성령님으로 우리 마음에 그의 사랑을 쏟아 부어 주시나이다. 동일한 양자의 영으로 용서와 화해의 확신을 주시어 우리를 인치십니다. 시온의 슬퍼하는 모든 자를 평안케 하시고, 마음이 상한 자를 싸매시며, 병들고 상한 심령에 평화를 전하시옵소서. 또한 안일하고 염치없는 죄인들에게, 저희의 눈을 열어 주시고, 저들의 양심이 죄를 깨달으며, 저들이 어둠에서 빛으로, 사탄의 권세에서 하나님께로 돌아섬으로, 죄 사함을 받으며, 예수 그리스도를 믿어 거룩하게 된 자들 가운데서 기업 얻게 하시기를 구하나이다."

"그리스도의 피로 죄 사함과 더불어, 성령님으로 거룩하게 하시기를 기도합니다. 우리 안에 거하여 빈번하게 우리를 주장하는 죄를 죽이시오며, 우리의 죽은 심령을 그리스도 안의 하나님의 생명으로 일으켜 주실 뿐 아니라, 은혜를 주시어 우리의 모든 의무들과 하나님과 사람에 대한 소명을 감당하게 하시며, 유혹들을 이길 강함 힘을 주시고, 십자가와 축복을 거룩히 사용케 하시며, 믿음과 순종으로 끝까지 견인하게 하옵소서."

"또한 그리스도의 나라와 복음이 모든 나라들에 전파되기를 위해 기도하나이다. 유대인들이 돌아오고, 이방인들의 수가 차며, 적그리스도가 무너지며, 우리 주님의 재림이 속히 이뤄지기를 기도하나이다. 적그리스도 세력의 폭압과 터키(오스만트루크)의 잔혹한 압제와 신성모독 아래서 고통당하는 교회를 구하시옵소서. 개혁된 교회들을 축복하시고, 특별히 현재 엄숙동맹 가운데서 신앙적으로 굳게 연합된 스코틀랜드와 잉글랜드, 그리고 아일랜드의 교회들을 위해 기도하나이다. 뿐만 아니라 저 멀리 해외의 식민지들을 위해서도 기도합니다. 더욱이 우리가 속한 왕국과 교회를 위해 기도하오니, 거기에 평화와 진리가 서고, 하나님께서 주신 모든 규례들의 순수함과, 경건의 능력이 확보되며, 이단과 분파, 신성 모독, 미신, 안일함, 그리고 은혜의 수단들이 무력해짐을 물리쳐주시기를 구하나이다. 우리의 나누어짐과 분열됨을 싸매어 주시고, 우리의 엄숙동

맹이 깨지지 않도록 보호하소서."

"모든 권세자들, 특별히 국왕 폐하를 위해 기도하오니, 그의 정부와 관료들에게 은총을 풍성하게 베푸시며, 그의 보좌를 신앙과 정의로 세워주시며, 악한 궤계에서 지켜주시고, 복음을 수호하고 전파하는 복되고 영광스러운 도구가 되게 하시며, 선을 행하는 자들에게는 용기와 보호를, 악을 행하는 자들에게는 공포를, 그리고 모든 교회와 그의 모든 왕국의 큰 유익을 위하여 기도하오며, 아울러 여왕 폐하의 회심과, 왕자를 비롯한 모든 왕족들의 신앙 교육을 위해 기도하며, 고난에 처한 우리 국왕의 여동생인, 보헤미아 왕비를 위로하시오며, 그리고 저명한 찰스 왕자가 라인 지방의 선제후로서 그의 영토와 위엄을 되찾아 확립할 수 있도록 도우시옵소서. (어느 왕국을 대표하는 자리에 있든지 간에) 모든 상원의 의원들을 축복하시며, 귀족들, 예하 판사들과 관리들, 지식인, 그리고 모든 평민들을 위하여 기도하나이다. 뿐만 아니라 모든 목사들과 교사들을 성령으로 충만케 하시오며, 저들로 거룩, 절제, 공의, 화평, 그리고 은혜에 있어 모범이 되는 삶을 살게 하시며, 그들의 목회에 온전하고 신실하며 능력 있게 하시오며, 저희의 모든 수고에 성공과 축복이 따르게 하시며, 하나님의 모든 백성에게 하나님 마음에 합한 목사를 주시기를 구하나이다. 교회와 사회의 대학들, 모든 학교들과 신학교들을 위해 기도하오니, 저들의 학문과 경건이 융성하기를 기도하나이다. 각 도시와 회중들을 위하여 기도하오니, 하나님께서 말씀 사역과, 성례, 그리고 치리 위에 축복하시고, 시 정부, 그리고 그 관할에 속한 모든 가정과 가족들에게도 축복하시오며, 내적으로나 외적으로 괴로워하는 자들에게 자비를 베푸시옵소서. 또한 계절에 맞는 날씨와 결실의 때를 필요한 만큼 허락해 주시기를 기도하나이다. 기근과 전염병(흑사병)과 전쟁과 같이 현재 겪거나 두려워하며, 또한 직면한 심판을 막아주시기를 간구하나이다."

"계속해서 기도하옵기는, 모든 하나님의 교회에 대한 하나님의 자비와, 우리의 대제사장이신 구주 예수의 공로와 중보로 말미암아 우리들을 받아 주시는 것을 확신하오며, 하나님의 거룩한 예식을 경외함으로 신실하게 시행함으로, 우리의 심령이 하나님과 교통하기를 원하며 고백하나이다. 그리고 이를 위해 진실로 기도하오니, 은혜와 효과적인 도우심으로 말미암아 하나님의 거룩한 안식일인 주일을 거룩하게 하시어, 공적으로나 사적으로나, 우리의 모든 의무를 준행하게 하시고, 복음의 풍성함과 탁월함을 따라서, 우리 자신과 하나님의 백성이 속한 모든 회중들이 이 날을 누리며 즐거워할 수 있기를 기도하나이다.”

“또한 지금까지도 우리들은 들어도 깨닫지 못하는 자들이며, 그리고 지금 마땅히 받을 바, 하나님의 깊으신 것들과, 예수 그리스도의 신비를 알 수 없기에 영적인 분별력이 필요하나이다. 이에 기도하오니, 우리에게 유익한 것들을 가르치시는 주님께서, 외적인 은혜의 방편과 함께 은혜의 성령님을 부어 주시어, 우리 주 예수 그리스도를 아는 지식과, 우리들의 평안에 관련된 일들을 아는 지식이 그리스도 안에서 탁월함에 이르도록 자라기를 구하나이다. 그리하여, 장차 드릴 영광의 첫 열매를 맛봄으로, 우리로 그와의 더욱 충만하고 온전한 교제를 사모하게 하시며, 그가 계시는 곳에 우리도 있게 하시고, 하나님 우편에 있는 충만한 기쁨과 즐거움을 우리로 영원토록 즐거워하기를 기도하나이다.”

“더욱 특별히, 하나님께서 보내주신 주의 종들(하나님께 속한 백성들에게 생명의 양식을 나누어 주도록 부르신)에게, 지혜와 믿음과 열심과 말씀을 공급해 주시어, 그들이 하나님의 말씀을 올바르게 해석하여, 성령과 능력의 증거와 선포를 통해, 백성들에게 각자 속한 몫을 나눠주기를 기도하나이다. 그리고 주께서 듣는 자들의 마음과 귀에 할례를 행하시어, 저희 영혼을 능히 구원하도록 심어지는 하나님의 말씀을 온유함으로 듣고, 사랑하며, 받기를 구하나이다. 저희로 말씀의 좋은 씨앗이 뿌려지는 좋은 밭이 되게 하시고, 사탄의 유혹과, 세상의 염려, 저희 마음의 완악함, 그리고 저희가 들을 때에 유익과 구원을 얻지 못하도록 방해하는 것들을 무엇이든지 이겨낼 수 있도록 힘주시기를 구하나이다. 그리하여 그리스도께서 저희 안에 거하시며, 사시게 하시고, 저희 모든 생각이 그리스도께 붙잡혀 복종하게 하시며, 저희 마음으로 모든 선한 말과 행실가운데 영원토록 서게 하시옵소서."

우리는 이와 같이 간단한 규정들이 일반적인 공중 기도에 적절하다고 판단한다. 하지만, 목사가 (신중하게 생각해 보아) 괜찮다고 한다면, 이 기도문 중 어떤 부분을 설교 후에 하거나, 감사 기도의 어떤 부분을 설교 전에 하는 기도에서 하나님께 올려 드릴 수도 있다.

웨스트민스터 대교리문답(1647):

178문: 기도가 무엇입니까?

답: 기도는 우리의 소원을 그리스도의 이름으로, 그분의 영의 도움을 받아서, 하나님께 아뢰는 것입니다. 기도를 통해 우리는 죄를 고백하고, 하나님의 자비에 감사합니다.

83문: 누구를 위해 기도해야 합니까?

답: 우리는 땅 위에 있는 모든 그리스도의 교회를 위하여, 공직자들과 목사들을 위하여 기도해야 하며, 우리 자신과 형제들, 원수들을 위해서도 기도해야 할 뿐 아니라, 살아 있는 모든 사람과 앞으로 살게 될 모든 사람들을 위하여 기도해야 합니다. 그러나 죽은 자를 위해서나, 죽음에 이를 죄를 범한 것으로 알려진 자들을 위해서는 기도하지 말아야 합니다.

184문: 무엇을 위하여 기도해야 합니까?

답: 우리는 하나님께 영광이 되는 모든 것들을 위하여 기도해야 합니다. 교회가 흥왕하도록, 우리 자신과 이웃들의 안녕을 위해 기도해야 합니다. 하지만 불법적인 것을 위해 기도해서는 안 됩니다.

185문: 어떻게 기도해야 합니까?

답: 우리는 하나님의 위대하심에 대해 경외심을 가지고 기도해야 하며, 우리 자신이 무가치함, 궁핍함, 죄인임을 깊이 인식함으로 기도해야 합니다. 그리고 회개, 감사, 열린 마음, 바른 이해, 믿음, 진실, 열정, 사랑과 인내로 하나님을 바라며, 그의 뜻에 겸손히 순종함으로 기도해야 합니다.

신령한 공식예배를 시작할 때에는 반드시 간단한 기도로 시작함이 가하니 겸비한 덕모로 영생하신 하나님의 무한하신 권위를 숭배하며 우리가 육정을 인하여 하나님께 멀리 떠났던 것과 죄인 되어 공로 없는 것을 고하고 그의 은혜롭게 임하심을 겸손한 마음으로 간구하며 예배드리는 일에 대하여 성신의 도우심과 우리 주 예수 그리스도의 공로로 우리의 구함을 허락하실 이 모든 것을 구할지니라.

시(시편송)나 찬송을 부른 후 강도하기 전에 보통으로 완전한 기도를 할지니

1. 하나님께 영광돌림: 하나님께서 세상을 창조하시고 세상을 거느리시는 중 나타내시는 것과 성경말씀 가운데 분명하고 완전하게 나타내신 영광과 완전하심을 숭배할 것.

2. 감사할 것: 하나님의 주신 각양 은혜를 사례할지니 보통 은혜와 특별 은혜와 신령적 은혜와 육신적 은혜와 모든 사람의 받는 은혜와 개인으로 받는 은혜를 감사하되 모든 은혜 위에 드러나는 은혜는 말할 수 없는 선물로 예수 그리스도를 주신 것과 그로 말미암아 영생의 소망을 얻은 것과 성신을 보내주심과 성신의 역사하시는 것을 크게 감사할 것.

3. 자복(自服): 원죄와 우리의 범한 죄를 자복하되 죄를 깨달아 자복하고 기도하며 함께 예배 보는 모든 사람으로 하여금 죄라는 것은 그 성질이 하나님에게서 떠나는 것이니 심히 악한 것으로 깨달아 알게 하여 보며 또 하나 되는 죄 뿌리에서 나는 각 죄를 말할 것이니 하나님을 거역하는 것과 이웃사람과 상관되는 죄와 자기에게 상관되는 죄와 생각과 말과 행실에 범하는 죄와 은밀한 죄와 참람한 죄와 우연히 범하는 죄와 습관으로 범하는 죄를 깨달을 것이오, 또 죄상첨죄하는 것도 말할지니 가령 보고도 범하는 죄와 분변할 도리가 있는데 범하는 죄와 자비함을 오해하는 죄와 특권을 받은 후 범한 죄와 맹세한 후 범한 죄들이니라.

4. 간구(懇求): 여러 가지 간절히 간구할 것이 있으니 곧 구속하신 피

의 공로로 죄 사함과 하나님으로 더불어 화평을 얻는 것과 따라나는 중대하고 쾌락한 범과를 위하여 간구할 것이오. 사람을 성결케 하시는 성신과 우리의 책임을 성취하기 위하여 만족한 능력주심과 인종(人種)이요 죄인인즉 마땅히 받으시는 중에서 권고하시며 안위하심과 이 슬픈 세상을 지나가기 위하여 지당한 자비를 베푸시기 위하여 기도할 것이니 이 모든 일…… 마땅히 기억할 것은 이 은혜는 하나님의 언약하신 사랑으로 말미암는 것이오. 오제(吾儕)의 신령한 생활을 보호하며 진보케 하시기를 위하여 주시는 것이니라.

5. 의지할 공로: 기도할 때에 우리의 간구하는 바를 응낙하실 연고는 온 신·구약에 있는 모든 허락과 우리의 부족함과 하나님의 풍성하심과 예수의 공로와 우리를 위하여 간구하심과 자기백성의 위로와 기쁨에서 나타낸 하나님의 영광을 의지할 것이니라.

6. 다른 사람을 위하여 기도: 다른 사람 곧 온 세계 모든 인류를 위하여 기도할 것이니 모든 인류에게 성신 부어주실 것과 하나님의 교회의 화평과 청결과 흥왕함을 위하여 기도하며 여러 목사와 외지에 가있는 선교사를 위하여 기도하며 의를 인하여 해(害)받는 모든 사람과 본교회와 및 우리와 연합하는 각 교회와 병인(病人)과 죽게 된 사람과 비참한 일 당한 사람과 빈한하고 궁핍한 자와 나그네와 옥에 갇힌 이와 늙은이와 젊은이와 수륙(水陸)에 여행하는 사람과 본교회 있는 동리와 나라 관리와 기타 필요한 일을 위하여 기도할지니 이상에 기록한 제목 중에 어느 것을 더 말하고 덜 말할 것은 주장하는 목사가 긴히 생각하여 작정할 것이니라.

■ 분석

웨스트민스터 예배모범(1645)이 기본적으로 "기도문"의 성격으로 설교 전의 공중 기도를 언급하고 있는 것과 다르게, 조선예수교장로회 예배모범(1934)의 공식 기도에 관한 언급은 기도할 주제들에 대한 간단한 요약의 형식으로 되어 있는 것을 볼 수 있습니다. 그러므로 그 분량에 있어서도 웨스트민스터 예배모범과 조선예수교장로회 예배모범 사이에 큰 차이를 보이고 있습니다.

그러나 두 예배모범은 각각 기도에 관하여 다르게 제시하고 있는 예배모범이 아니라 같은 맥락의 예배모범입니다. 즉 로마 가톨릭의 기도문이나 영국 국교회의 예식서에서와 같이 언제나 정해진 문구대로 기도하는 것을 지양하고, 각자의 신앙에 따라 특정한 문구에 매이지 않고 자유로이 기도하는 것이라는 점에서 두 예배모범은 공통적 맥락으로 작성되어 있는 것입니다. 그러므로 웨스트민스터 예배모범에서 소개하는 긴 기도의 문장들은, 예식문(기도문)이 아니라 기도의 모범으로서 작성되어 있는 것입니다. 다만 조선예수교장로회의 예배모범이 소개하는 기도의 모범에 비하여 훨씬 상세하게 권고하고 있는 것이 웨스트민스터 예배모범의 설교 전 공중 기도입니다.

➕ 웨스트민스터 예배모범이 제시하는 기도의 모범에서는 가장 먼저 무엇을 고백하는 기도로 되어 있습니까? [13]

조선예수교장로회 예배모범이 소개하는 공식 기도의 모범은 "하나님께 영광을 돌림"으로 시작하고 있습니다. 물론 예배모범이 소개하는 공식 기도의 순서는 실제적인 기도의 순서를 그대로 작성했다고 볼 것은 아니겠지만, 가장 먼저 하나님께 대한 영광을 소개하고 있다는 큰 특징을 보이고 있습니다. 반면에 웨스트민스터 예배 모범이 제시하고 있는 설교 전의 공중 기도는 가장 먼저 죄에 대한 실제적인 고백으로서 시작하고 있는데, 특별히 "원죄"에 대한 고백 (인정)에서부터 시작하고 있습니다. 그런데 웨스트민스터 예배모범 이 작성되기 전까지 잉글랜드에서 통용되었던 예식서가 죄의 고백 에 있어 원죄 교리를 인정하지 않는 내용으로 되어 있다는 이유로 반대해왔습니다. 그만큼 원죄에 대한 고백을 모든 죄의 뿌리라는 점에서 중요하게 고백하여 이를 반드시 고백하고 사죄하도록 한 것 입니다.

➕ 웨스트민스터 예배모범의 첫 기도의 내용 가운데서 두 번째로 고백 하고 있는 것은 어떤 기도의 내용입니까? [14]

시 32:5절에서 다윗은 이르기를 "주께 내 죄를 아뢰고 내 죄악을 숨기지 아니하였"다고 했습니다. 즉 다윗은 주께 그의 모든 마음을 쏟아 놓은 것입니다. 그러므로 그 때에 주 앞에 쏟아진 다윗의 고백 가운데에는 그가 범한 모든 죄상들이 낱낱이 포함되어 있었을 것은 당연한 것입니다. 또한 6절에서 다윗은 "이로 말미암아 모든 경건 한 자는 주를 만날 기회를 얻어서 주께 기도할지라"고 했습니다. 특 별히 "주를 만날 기회를 얻어서"라는 문구를 어떤 사본에서는 "죄를 깨달을 때에"라고, 칠십인역(LXX)에서는 "은혜를 입을 때에"라고 표현하고 있어서 은혜 가운데 죄를 깨닫는 때임을 드러내고 있습니 다. 그러므로 그 같이 죄를 깨달을 때에, 우리는 원죄를 포함한 모든 죄상을 낱낱이 고백함으로 하나님께 사함을 받아 나아갈 수가 있는 것입니다. 따라서 우리의 죄를 낱낱이 자복하는 것은, 하나님 앞에 나아갈 수 있도록 하는 최소한의 조건이나 공로가 아니라 은혜 가운데서 깨달으므로 말미암을 뿐이라는 사실을 또한 알 수가 있는 것입니다. "우리는 최소한의 은혜도 받을만하지 않으며, 오히려 하나님의 극심한 진노를 받기에 마땅할 뿐 아니라, 율법의 모든 저주와, 가장 패역한 죄인에게 내려지는 중벌을 받아 마땅하다"는 기도의 문구는 바로 그러한 의미의 고백입니다.

➕ 그처럼 온갖 죄를 범하는 자임에도 불구하고 "은혜의 보좌로 가까이 나아가게" 되는 것은 무엇으로 말미암아서라고 웨스트민스터 예배 모범의 기도문은 말하고 있습니까? [15]

➕ 그처럼 "은혜의 보좌로 가까이 나아가게" 되는 근거(위의 질문의 답) 가운데서 우리들은 또한 무엇을 가질 수 있습니까? [16]

우리들의 죄에 대한 고백은 곧장 예수 그리스도의 공로와 "중보"(Mediation)로 향하도록 합니다. 그리고 그 가운데서 우리들은 하나님 아버지께로 담대히 나아가게 됨과 아울러 하나님 아버지께로부터 소망을 얻게 되니, "구주 예수 그리스도의 아버지이시자 우리의 아버지 오른편에서 드리는 구주 예수 그리스도의 속죄와 중보의, 부요하고 충족할 뿐 아니라 유일하며 전적인 봉헌으로 말미암아, 아버지께서 우리의 기도를 응답하시리라는 복된 소망을 갖도록 힘주시기를" 기도하게 되는 것입니다. 이처럼 우리들의 죄에 대한 철저한 고백(원죄와 그로 말미암는 자범죄들에 대한 구체적인 고백)은 우리를 비참에 잠기게 하는 것이 아니라 오히려 복된 소망을 바라보게 하는 것입니다.

➕ "우리의 모든 의무들과 하나님과 사람에 대한 소명을 감당하게 하시며, 유혹들을 이길 강한 힘을 주시고, 십자가와 축복을 거룩히 사용케 하시며, 믿음과 순종으로 끝까지 견인하게 하옵소서."라는 기도는 우리가 기도하는 것과 그 기도를 실천하는 것에 관해 무엇을 가르쳐 줍니까? [17]

웨스트민스터 예배모범이 보여주는 기도의 모범은 죄 많은 우리의 심령이 하나님께 담대히 나아갈 수 있도록 된 것에 머무르지 않고, 오히려 복된 소망 가운데서 하나님과 사람에 대한 의무들과 소명을 감당하도록 이끕니다. 우리의 심령이 곧장 하나님께로 향하여 천상을 지향할 뿐 아니라, 이 땅 가운데서 우리에게 부여하신 의무와 소명 가운데 모든 유혹들을 이길 강한 힘을 주시는 것입니다. 그러므로 참된 믿음의 기도에는 반드시 그 믿음의 실천이 연계된다는 사실을 웨스트민스터 예배모범이 보여주는 기도의 모범 가운데서 확인할 수가 있는 것입니다.

그런데 웨스트민스터 예배모범이 보여주는 기도의 모범 가운데 있는 믿음의 실천은 결코 우리들 자신에만 머무르는 것이 아닙니다. 오늘날 흔히 볼 수 있는 것처럼 개인적인 안심입명(安心立命)에 머무르는 것이 아니라 "그리스도의 나라와 복음이 모든 나라들에 전파되기를 위해", 그리고 "모든 권세자들"과 교회들을 위해서도 적극적으로 기도하는 데에까지 이르는데, 그것은 참된 믿음의 백성들이 갖는 믿음의 실천이 실질적으로 이르는 모든 지경을 아우르는 내용들인 것입니다. 그러므로 이러한 기도의 모범 가운데서 더욱, 우리들의 믿음과 신앙이 결코 그 실천을 등한히 하는 것이 아니라는 사실을 생생히 확인할 수가 있습니다.

■ 해설

로마 가톨릭과 잉글랜드 국교회(성공회)는 공통적으로 성문화된 예식서와 기도문(formula prayers)을 예배에서 사용했는데, 그처럼 기도문을 사용하는 기도란 정형화된 것일 뿐 아니라 인위적으로 반복하여 사용된다는 점에서 웨스트민스터 총회에 참석한 독립파 총회원들에 의해 배척되었다.[15]

일반적으로 로마 가톨릭의 신앙은 기도에 있어 형식주의(legalism)로 대표된다. 로마 가톨릭의 '성무일도'(혹은 성무일과, Officium Divinum)는 그 대표적인 예로서, 이는 A·D 1세기경에 유대교에서 행한 셰마 기도문(신 6:4-9절의 내용을 그대로 인용한 것)을 하루 3회(아침, 점심, 저녁) 낭독하던 것을 참조하여 기독교회에서 주기도문을 하루 3회 낭독한 것이 변형되어 작성된 것으로 알려져 있다. 성공회(Anglican church)에서도 이와 유사한 전통을 따르는데, 캔터베리의 대주교 토마스 크랜머(Thomas Cranmer,

---

15) Richard A. Muller, Rowland S. Ward, 『웨스트민스터 총회의 실천』, 223-4.

1489-1556)에 의해 당시에 로마 가톨릭의 사제들과 수도사들이 시행되던 성무일도를 개정하여 '공동 기도문'(the book of common prayer, 1549)으로 작성된 것을 따라 시행한다.[16] 즉 로마 가톨릭과 성공회의 공중 기도는 성무일도 혹은 공동 기도문과 같이 정형화된 기도문을 따라 소리 내어 읽는 방식으로 시행되는 것이다. 반면에 종교개혁을 배경으로 형성된 일부 자유파(열광주의자 및 방종주의자들)에서는 그 어떤 정해진 틀이나 규정 없이 순전히 자유롭고 내적인 기도만이 참된 기도라고 보아, 일체의 기도문이나 형식 등을 거부했다. 심지어 그들은 예배의 틀이나 순서 뿐 아니라 교회의 틀과 직분들까지 철저히 배제하고자 하는 시도까지 했었는데, 기도문과 같이 정해져 있는 형식을 배제하고자 하는 것은 웨스트민스터 총회에 참석했던 일부 독립파(또는 회중주의, Independents & Congregationalism)의 경우에도 마찬가지였다. 그러나 개혁자들에 의해 작성된 웨스트민스터 예배모범의 기도문은 로마 가톨릭이나 성공회의 기도문과 같이 정해진 문구가 아니며, 그렇다고 아무런 기도의 형식이나 틀도 원하지 않는 자유파의 입장에 있는 것도 아니다. 웨스트민스터 예배모범의 공중 기도의 문구가 조선예수교장로회 예배모범에서 축약되어, 기도할 제목 혹은 항목들에 대한 간략한 설명으로 되어 있는 것은 바로 그러한 개혁자들의 입장과 취

---

16) 물론 크랜머의 공동 기도문이 원형 그대로 시행되어 온 것은 아니고, 1552년까지 시행되다가 개혁자들에 의해 거의 폐기되다시피 했다. 그러나 1553년에 왕위에 오른 메리(Mary Tudor, 1516-1558)에 의해 1552년에 개혁자들에 의해 개정된 기도문의 사용은 금지되고 헨리 8세(Henry VIII, 1491-1547) 때의 로마 가톨릭 예식이 다시 시행되다가, 1559년에 엘리자베스 1세(Elizabeth I, 1533-1603)에 의해 다시 1552년의 기도문이 복권되는 등 여러 차례의 변동이 있었으며, 1662년에 약간의 개정을 통해 지금까지 영국 성공회의 공동 기도문으로 사용되고 있다

지를 따른 것이다.

그러나 공중 기도에서조차 아무런 기도의 형식이나 틀도 원하지 않는 자유파의 입장은, 17세기 유럽을 무대로 형성된 경건주의(Pietism)에 전수되어 18세기 이후 개신교회에 급속히 확산되었다. 아브라함 카이퍼(Abraham Kuyper, 1837-1920)는 그처럼 기도에 있어 형식이나 틀에 제한을 두지 않고 자유롭기를 원하는 자들에 관해 "이러한 부분은 이 사상에 의해 지배된 사람들에 의해 너무나 강하게 강조되었기 때문에 심지어 주기도문조차 거의 사용되지 않았다."[17]고 했는데, 워드(Rowland S. Ward)에 따르면 스코틀랜드 장로교에서조차 많은 이들이 주기도문을 고교회(High Church)[18]가 남긴 잉여물로 여겼을 정도라고 한다.[19] 그러나 그처럼 주기도문이나 일체의 기도문 자체를 거부하는 가운데 '자유로운 기도'를 선호하던 것으로 말미암아 점차 설교 전의 기도[20]는 길어지고 설교 후의 기도[21]는 짧아지게 되었는데, 많은 사람들에게 즉흥적으로 길게 기도하는 모습이 참된 경건의 표시처럼 여겨져 나중에는 죄를 고백하는 기도와 하나님의 말씀을 여는 짧은 기도가 점차 줄어들게 되어 예배 순서에까지 변화를 초래했다.[22] 그러므로 공적인 기도의 순서는 너무 길지 않으면서도 자신의 마음에서 우러나는 진실한 고백이 되도록 해야 하는데, 웨스트민스터 예배모범이 제시하는 기도

---

17) Karel Deddens, 『예배, 하나님만을 향하게 하라』, (서울: SFC, 2014), 131 재인용.
18) 영국의 성공회를 비롯하여 루터교회의 로마 가톨릭주의 전통(전례)을 고수하는 신학파.
19) Richard A. Muller, Rowland S. Ward, 『웨스트민스터 총회의 실천』, 223, 각주 26 참조.
20) 일반적으로 설교 전에는 예배모범에서 보는 바와 같이 광범위한 도고(Mediation)가 이뤄진다.
21) 설교 후에는 주로 감사의 기도가 이뤄진다.
22) Karel Deddens, 『예배, 하나님만을 향하게 하라』, 133.

의 내용들은 바로 그러한 의도에서 작성된 기도의 모범인 것이다.

사실 웨스트민스터 총회에 참석했었던 필립 나이(Philip Nye, 1595-1672)는 "(기도문을 사용하는) 고정된 기도나 (기도문을 사용하지 않는) 즉흥적인 기도나 준비된 기도를 지지한다."[23]고 했는데, 그러한 언급의 취지는 비스터벨트(P. Biesterveld)가 말한바 "기도의 형태로 대충 생기 없는 말들을 내뱉는 것은 회중에게는 지루한 일이고 하나님께는 혐오스러운 일이다. 우리가 기도 안에 교리의 조각들만을 쏟아 붓고 있을 때, 이것은 바르게 기도하는 것이 아니다."[24]는 말과 함께 이해되어야 할 것이다. 즉 참된 기도는 잘 준비된 신앙 가운데 진지하고도 감사하는 태도 가운데서 드려져야 하는 것이다.

▬ 적용

신자들의 기도란 아무런 소망이 없는 막연한 것들에 대한 기대나 바람으로 고하는 것이 아니라, 당연히 행해야 함에도 불구하고 우리 스스로는 행할 수 없는 것들에 대한 의뢰요 요청일 경우가 많습니다. 그런 점에서 "주기도문"(Lord's Prayer)은 그러한 신자의 기도에 대한 가장 근본적인 모범이라 할 것입니다. 즉 "아버지의 뜻이 하늘에서와 같이 땅에서도 이루어지게" 기도하는 자는, 막연히 아버지의 뜻을 구하는 자가 아니라 하나님의 뜻을 따라 행하는 자, 곧 그의 계명을 마땅히 준수하며 기도하는 자들인 것입니다.

---

23) Richard A. Muller, Rowland S. Ward,『웨스트민스터 총회의 실천』, 224.
24) Karel Deddens,『예배, 하나님만을 향하게 하라』, 137 재인용.

➕ 여러분들의 기도에 있어 죄의 고백은 "원죄"에 대한 고백을 바탕으로 하고 있습니까?

➕ 하나님의 나라가 임하시기를 위하여 여러분은 구체적으로 어떤 기도를 하십니까?

➕ 모든 권세자들과 나라의 관료들과 사람들을 위하여 여러분은 어떻게 기도하고 있습니까?

➕ 특별히 여러분이 속한 교회를 위해 어떻게 기도하고 있습니까?

V.
말씀의 설교(Ⅰ)

웨스트민스터 예배모범(1645) : 말씀의 설교(Ⅰ)

말씀의 설교는, 구원에 이르도록 하는 하나님의 능력이요, 복음의 사역에 있어 가장 위대하고 탁월한 직무이기에, 이 직무를 맡은 자는 수줍어 할 필요가 없으며, 오히려 자신과 듣는 이들을 구원에 이르도록 힘써야 한다.

이는 (안수를 위한 규정에 따라) 시행되어야 하는데, 그리스도의 목회자는 엄중한 예배를 위한 은사를 갖추도록 성경 원어에 대한 능력과, 신학을 뒷받침할 만한 예술과 과학에 대한 총체적인 지식을 갖추되, 무엇보다 일반 신자들보다 뛰어나게 모든 거룩한 성경에 대한 감각과 적용의 핵심적 역량을 갖추도록 해야 한다. 그리고 성령의 조명 가운데서, 하나님께서 깨닫게 하시고자 하시면 언제든지 아직 이르지 못한 진리를 인정하고 받아들이는 준비를 하되, 그 밖의 가르치는 은사들을, (말씀을 읽고 연구하는 것과 함께) 지속적으로 기도와 겸손한 마음으로 구해야 한다. 목회자는 회중에게 준비한 것(설교)을 전하기 전에, 개인적인 설교의 준비를 통해 이 모든 것들을 활용하여 발전하도록 해야 한다.

일반적으로, 주로 다뤄야 하는 설교의 소재는, 신앙의 원리나 주제를 전하는 성경의 본문이어야 하며, 혹 당시에 처한 특별한 상황에 적합한 본문이거나, 설교자가 적당하다고 판단되는 대로 시편, 또는 성경의 다른 본문에서 몇 장씩 연속하여 설교할 수도 있다.

도입부는 간단하고 명료해야 하며, 본문 자체나 문맥, 또는 평행 본문, 혹은 일반적인 성경의 문장에서 도출하여야 한다.

만일 본문이 (역사서나 비유에서와 같이) 길다면, 설교자가 그것에 대한 간단한 개요를 전해주는 것이 좋으며, 만일 짧다면, 필요에 따라 다른 말로 바꾸어 전하도록 한다. 만일 필요하다면, 본문의 의도를 부지런히 살펴, 본문의 의도에 근거하여 전달하고자 하는 주요 교리의 주제와 중요한 핵심을 밝히도록 한다.

본문을 분석하여 나눌 때에는, 단어들보다는 논리에 유의하도록 하고, 처음부터 너무 많은 대지로 분류하여 청중의 기억에 부담을 주지 말며, 애매한 용어로 인해 청중들의 마음에 혼란을 초래하지 말아야 한다.

본문에서 교리를 도출할 때에, 유의할 것은, 첫째로, 그것이 하나님의 진리여야 한다는 것이다. 둘째로, 진리가 본문에 기초하거나 본문 안에 포함되어 있어서, 회중이 해당 본문을 통해 하나님께서 어떻게 가르치시는지를 분별할 수 있어야 한다. 셋째로, 해당 본문이 주로 가르치는 교리를 강조함으로써 회중의 신앙성숙에 크게 유익하도록 해야 한다.

교리는 쉬운 용어로 표현하도록 하고, 만일 설명이 필요한 어떤 것이 있으면 터놓고 설명하도록 하며, 본문에 근거하여 명확히 결론을 내려 주어야 한다. 교리의 뒷받침이 되는 성경의 병행 구절을 인용할 때에는, 분량이 많기보다 오히려 교리와 명백히 관련이 있어야 하며, 그리고 (필요할 경우라도) 해당 교리의 목적에 어느 정도 부합하는 적절한 말씀이어야 한다.

논증이나 논거는 견고해야 하며, 설득력이 있어야 한다. 예화는, 어떤 종류를 막론하고, 진리의 빛으로 충만하여, 듣는 회중의 마음에 영적인 기쁨과 진리를 전달해 주는 것이어야 한다.

만일 듣는 회중들 가운데, 성경에 대해 분명하게 의심스러울 때나, 궁금증 혹은 편견이 생길 때에는, 상충되는 부분들을 조정하고, 궁금한 것은 풀어주며, 편견이나 오류의 원인을 규명하여 불식시킴으로, 반드시 해결이 되도록 해야 한다. 그렇게 하지 않고 듣는 회중이 헛되고 위험스런 반론을 제기하도록 해서, 끝도 없이 논쟁을 하도록 내버려 두는 것은, 신앙의 성숙을 돕는 대신에 오히려 방해만 되므로 적절하지 못하다.

설교자는 명백히 밝혀지고 확증된 교리라 할지라도, 일반적인 설명의 수준에 머무르지 말고, 듣는 회중들이 선포된 말씀을 스스로 적용하여 가정에서 실천할 수 있도록 해야 한다. 이것은 설교자에게 그것이 엄청난 신중함과 열정, 묵상을 요구하는 어려운 사역임을 입증해 주며, 또한 이것은 본성적으로 타락한 사람들에게 매우 불편한 일일 테지만, 그렇게 함으로써 설교자는 회중이 하나님의 말씀이 살았고 운동력이 있어 마음의 생각과 뜻을 감찰하는 것을 느낄 수 있도록 하고, 혹 회중 가운데 불신자나 무지한 자가 있더라도 마음속의 비밀을 해당 교리에서 도출되는 진리를 알기 위해 자료와 정보를 사용할 때에, 설교자는 (적당히) 해당 본문과 다른 성경 본문에서, 혹은 그 진리가 신학의 체계 가운데 위치하는 분야의 원리를 바탕으로 확증하도록 한다.

거짓된 교리를 논박할 때에, 설교자는 옛 이단설을 무덤에서 꺼내 놓거나, 불경한 언급을 불필요하게 인용하지 말도록 한다. 그러나 만일 사람들이 그러한 오류(거짓된 교리가 범한 오류)에 빠질 위험이 있다면, 설교자는 그런 모든 이의(異議)제기에 맞서 철저히 논박하되, 저희 판단과 양심으로 인정할 수 있도록 힘써야 한다.

웨스트민스터 대교리문답(1647):

158문: 하나님의 말씀은 누가 설교할 수 있습니까?

답: 하나님의 말씀의 설교는 그 일을 위해 충분한 은사를 받은 자로서, 정식으로 인정을 받고 부름을 받은 사람들이 하는 것입니다.

159문: 하나님의 말씀을 설교하도록 부르심을 받은 자들은 어떻게 설교해야 합니까?

답: 말씀 사역을 위해 부르심을 받은 자들은 때를 얻든지 못 얻든지 부지런히 바른 교리를 설교해야 합니다. 분명한 말로, 사람의 지혜로 사람을 끌려고 하기보다 성령의 능력이 나타나도록 해야 합니다. 하나님께서 하고자 하시는 말씀을 낱낱이 충성스럽게 알게 하며, 청중이 무엇을 필요로 하며, 받아들일 것인지를 파악하여 적응하도록 노력해야 합니다. 하나님과 사람들의 영혼에 대한 불붙는 사랑을 가지고 열심을 다하며, 하나님의 영광을 목적으로 삼음과 동시에 사람들이 거듭나고, 교화를 받아 구원에 이르도록 열심을 다해야 합니다.

강도(講道)는 사람을 구원하는 하나님의 방침이니 반드시 크게 주의하여 행할지니라. 목사는 반드시 진심진력(盡心盡力)하여 자기가 부끄럽지 아니한 일꾼이 될 만하게 힘써 진리의 말을 올케 분해(分解)할지니라.

강도의 본문은 어떤 성경 한 절이나 혹 몇 절을 택할 것이오, 강도의 목적은 하나님의 진리범위 중 일부분을 해석하고 반대하는 자 있으면 그 말을 막고 그 진리를 적용할 것을 가르치며 그렇지 아니하면 마땅히 행할 본문의 성질과 한정(限定)을 설명하는 것이니라. 강도할 본문은 반드시 그 문제의 확실한 뜻에 있는 것을 택할지니라. 어떤 때는 많은 성경을 해석하여 교우로 하여금 성경의 뜻과 사용할 것을 가르치는 것이 가하니라.

강도하는 방법은 어느 것이 좋은지 반드시 연구하고 묵상하며 기도할지니 목사는 반드시 조심하여 강도를 예비함이 가하고 결코 주의 없고 예비 아니한 연설을 하지 말며 힘들이지 아니한 말씀으로 하나님을 섬기지 말아야 하느니라(삼하 24:24). 복음은 알아듣기 쉬운 것이니 목사가 반드시 성경에 적합하고 듣는 사람 중 무식한 자에게 알아듣기 쉽게 말할 것이오 자기의 학문이나 재주를 자랑하지 말고 자기의 행실로 자기의 가르치는 도리를 빛나게 하고 자기의 생활을 합하여 말과 행실과 사랑과 뜻과 믿음과 청결함으로 모든 신자의 본이 되게 할지니라.

공식예배에 가장 요긴한 것은 가장 높으신 하나님께 향하여 경의를 표하는 것이니 목사는 반드시 강도를 너무 길게 하여 요긴한 기도와 찬송을 못하거나 부족하게 하지 말고 적당한 비례로 시간을 사용하여 예배를 온전케 함이 가하니라.

강도를 필한 후에는 목사가 기도하여 전능하신 하나님께 감사를 돌리고 그 다음에는 시나 찬미나 부르고 사도(使徒)의 축복기도로 폐회함이 가하니라.

성경에 분명히 가르친 대로 교회의 비용(費用)을 유지하기 위하며 내

지(內地)와 외지(外地)에 복음을 전하며 빈궁한 자를 구제하기 위하여
규칙적으로 감심연보(甘心捐補)하는 것을 힘쓰되 은혜 받을 목적과 예
배의 한 부분으로 알고 행할 것이니 이와 같은 일하는 시간은 당회에서
의정(議定)하여 예배시간 중 한 편리한 때를 택하여 행함이 가하니라.
　　우리 관할 아래에 있는 어느 지교회에서든지 노회(老會)에서 보낸 사
람 외에는 아무를 물론하고 당회나 목사의 허락 없이는 강도함을 허락
지 말지니라.

■ 분석

　　로마 가톨릭교회에서 뿐 아니라 개혁진영의 교회들 가운데서도
웨스트민스터 총회가 소집될 무렵까지 한동안 설교를 중요하게 생
각하지 않는 분위기가 상당히 자리하고 있었다고 합니다. 그러나
그러한 실정에도 불구하고 웨스트민스터 예배모범에서는 기도에 관
한 모범 다음으로 긴 분량에 걸쳐서 설교와 관련한 모범을 제시하고
있습니다. 그러한 예배모범의 특징은 곧장 장로교회의 예배에서 설
교가 얼마나 중요하게 생각되는지를 반증하는 것인데, "말씀의 설
교는, 구원에 이르도록 하는 하나님의 능력이요, 복음의 사역에 있
어 가장 위대하고 탁월한 직무"라고 한 예배모범의 첫 문장이 이를
단적으로 나타내고 있는 것입니다. 아울러 예배모범에서 다루는 설
교에 관한 지침들에 있어 가장 중요하게 다루는 것이 성경 본문에
대한 것이니, 바로 그처럼 성경의 중요성에 근거하여 설교 또한 중
요한 예배의 순서로 자리하게 된 것임을 알 수가 있습니다

➕ 웨스트민스터 예배모범의 초반부에서 언급하고 있는 설교자의 요건
은 기본적으로 어떤 자로서의 이미지입니까? [18]

　오늘날 회중들은 설교에 대해 그리 큰 기대를 갖지 않는 것 같습
니다. 얼핏 예배 때에 설교듣기를 원하는 듯 보이지만, 보편적으로
회중들은 재미있거나 희망을 주는 메시지로서의 설교를 선호하지
성경 본문을 차분히 살피고 분석하여 성경 자체가 전하고 있는 메시
지가 무엇인지를 풀어주는 설교를 어렵게 여기는 경우가 많은 것입
니다. 그러나 웨스트민스터 예배모범은 설교에 관하여 언급하기에
앞서서 설교자에게 요구되는 기본적인 소양을 아주 높게 설정하여
제시하고 있습니다. 아울러 그 말은 회중들이 설교를 듣는 자세가
또한 어떠해야 하는지에 대해서도 암묵적인 제시를 하고 있는 것이
니, 그것은 기본적으로 성경말씀 자체에 대한 깊은 관심과 탐구의
자세라 하겠습니다. 그러므로 예배에서의 설교란, 하나님의 말씀인
성경을 통해 생생한 하나님의 계시를 얻는 것이요, "구원에 이르도
록 하는 하나님의 능력"을 체험할 수 있는 점에서 은혜로운 시간인
것입니다.

➕ 웨스트민스터 예배모범에서의 설교자에 대한 지침은, 통상적으로 본
문 자체에 집중하도록 합니까, 아니면 본문 외에 다른 것들에 집중하
도록 합니까? [19]

현대의 개신교회들에서 드려지는 예배에서의 설교는 마치 웨스트민스터 총회에 참여했었던 일부 독립교회파(회중주의파)에서와 같이 본문 없이 설교하는 것이나 마찬가지인 것 같습니다. 즉 성경본문이 정해져 있더라도 그것은 그야말로 형식을 위한 문구에 지나지 않는 듯 보이며, 나머지 메시지의 대부분을 본문과 상관이 없는 주제들에 대한 사설(私說)로 채우는 경우가 허다한 것입니다. 그러므로 듣는 회중들 또한 각자 자기 나름의 견해로 설교를 이해하고 받아들일 것만 취하는 경우가 많습니다. 한마디로 현대의 많은 설교들이 성경본문 자체에 집중하기보다는, 듣는 회중의 반응이나 태도에 더 집중되어 있는 것을 볼 수가 있는 것입니다.

➕ 웨스트민스터 예배모범의 설교에 대한 지침들은, "교리"란 성경본문과 별개의 사변으로 작성된 것이라는 현대의 일부 비판들이 사실임을 말하고 있습니까? [20]

웨스트민스터 예배모범에서 설교에 관하여 언급하고 있는 지침들을 종합해 보면, 기본적으로 설교가 성경본문에 집중하는 것임을 알 수가 있습니다. 그러므로 교리를 도출하는 모든 근거들 또한 철저히 성경본문에 집중되어 있습니다. 즉 웨스트민스터 예배모범의 설교에 관한 지침들 가운데서는 교리와 성경본문을 별개로 다루고 있지 않고, 오히려 교리가 철저히 성경본문에 충실 하는 가운데서 도출되도록 하고 있는 것입니다. 그러나 예배모범에서 전반적으로 말하고 있는 취지는, 성경본문에서 도출하는 교리가 참으로 그

성경본문에 합당한 것인지의 여부를 확인하기 위한 아웃라인(Out
line)으로서의 정통교리(혹은 신조)에 대해서는 구체적으로 언급하
고 있지 않을 뿐입니다.

➕ 웨스트민스터 예배모범의 교리에 대한 지침들은, 성도들의 신앙생활
　에 별로 유용한 것은 아님을 말하고 있습니까? 21)

오늘날 교리에 대해 비판적인 시각을 지닌 설교자들이 많이 있습
니다. 심지어 어떤 분들은 '교리는 성도들 가운데 분쟁과 분열을 초
래할 뿐이지만, 섬김과 봉사는 성도들을 하나로 연합하도록 한다.'
는 말을 하기도 합니다. 그러나 교리는 신자들의 신앙과 생활이 성
경을 따라 이뤄지도록 하는 하나의 원리와 지침을 제공하는 것이어
서, 성경본문에 충실한 교리는 반드시 신앙과 생활에서의 실천을
유발하도록 합니다. 그러므로 교리에 대한 이해와 열심 없이 섬김
과 봉사에 힘쓰라는 것은, 전쟁에 임하는 병사들에게 아무런 훈련
이나 교육도 없이 총을 주어 전투에 내보내는 것과 같이 무모한 결
과를 초래할 수 있는 발상이라는 사실을 유념해야 할 것입니다.

➕ 웨스트민스터 예배모범의 설교에 대한 지침에서 "이단설"에 대해 특
　별히 어떤 것을 주의하도록 말하고 있습니까? 22)

웨스트민스터 예배모범에서 설교에 관한 지침을 제공할 때에, 얼
핏 정통교리(혹은 신조)에 대한 직접적인 언급을 하지 않으면서 성

경본문 자체에 충실한 교훈으로서의 교리적 성격만을 주로 언급하고 있는데, 그것은 "이단설"에 대한 지나친 언급이나 설명을 배제하도록 하는 측면에서도 의미가 있을 것입니다. 즉 정통교리와 반대되는 입장에 있는 이단설을 대조하는 형식으로서보다는 성경본문 자체에서 도출되는 정통적인 교리에 관해 정리해 줌으로써, 자연스럽게 이단설에 대한 대비와 반론을 듣는 회중이 스스로 예비할 수 있도록 한 것입니다. 또한 그렇게 함으로써 경건한 예배의 때에 불필요하게 불경스런 내용들을 다루거나 언급되지 않도록 회피할 수가 있는 것입니다. 물론 공적인 예배의 때 외에 교리문답 교육과 같은 시간을 통해 잘못된 이단설에 대한 직접적이고 상세한 논박을 할 수도 있을 것이기 때문에, "거짓된 교리를 논박할 때에, 설교자는 옛 이단설을 무덤에서 꺼내 놓"는 결과를 초래하지 말도록 주의를 당부한 것입니다.

<hr>

━ 해설

　웨스트민스터 총회에서 예배모범이 작성될 때에, 상당수의 총대들은 설교에 대한 모범이 작성되는 것에 대해 반대의견을 주장했다. 대표적으로 휘테커(Jeremiah Whitaker, 1599-1654)와 같은 사람들이 긴 논쟁을 벌이며 반대의견을 제시했으나, 루터포드(Samuel Rutherford, 1600-1661)를 비롯한 스코틀랜드 총대들과 다수의 총대들에 의해 예배모범 안에서 다루도록 결정되었다. 그러나 분명한 사실은 웨스트민스터 총회가 소집되었을 때에 이미 설교에 대한 경시(輕視)가 있었다는 점이다.

윌리엄 퍼킨스(William Perkins, 1558-1602)의 기록에 따르면, 당시에 설교는 주해와 교리도출, 그리고 적용으로 이어지는 삼단구조로 되어 있었는데, 1640년대에 이미 설교를 경시하거나 설교를 위해 전문적인 훈련을 받은 목회자의 필요성을 인정하지 않는 목소리가 확산되는 현상이 발생했었다고 한다.[25] 그러한 현상은 "설교 전의 공중 기도"에 관한 지침에 대해 살펴보는 가운데서 언급한 기도문이나 정해진 형식을 취하지 않는 자유로운 즉흥기도의 선호 현상과도 맥을 같이 하는 것이라 할 것이다. 즉 즉흥적으로 자유롭게, 그리고 장황하게 기도하기를 선호하는 경건주의(Pietism)의 풍토가 마찬가지로 설교에 대해서도 영향을 끼친 것이다. 특히 17세기 이후 18세기에 경건주의가 득세했던 때는 설교의 중요성에 대한 인식이 최저점을 찍었던 시기로서, 18세기의 설교는 사람들이 자신의 생각을 분명히 하거나 그들의 개인적 생각에 힘을 싣기 위한 도구에 지나지 않았다고 한다.[26] 기도에 있어 즉흥적으로 자유롭게 기도하기를 선호하던 경건주의적 풍토 가운데서 기도시간이 길어진 것처럼 설교에 있어서도 그러한 영향은 지나치게 긴 설교시간으로 이어졌으니, 두 세 시간을 훌쩍 넘기는 예배가 흔해지게 되었던 것이다.

18세기 네덜란드의 교회들에서 드리는 예배 때의 설교의 길이는 상상을 초월했다고 하는데, 암스테르담 참사회(capitulum)에 의해 어떤 설교자든지 강복선언을 정해진 시간 안에 하지 않았다면 5.5 스투이베(1스투이베가 노동자의 하루 품삯에 해당)의 벌금을, 지정

---

25) Richard A. Muller, Rowland S. Ward,『웨스트민스터 총회의 실천』, 226,
26) Karel Deddens,『예배, 하나님만을 향하게 하라』, 107.

된 시간에도 설교자가 감사기도를 하는 중이었다면 1길더(약 20스
투이베)의 벌금을, 그리고 지정된 시간에 아직도 설교를 마치지 못
했다면 2길더(노동자 한 달치 품삯을 초과하는 금액)의 벌금을 부
과하도록 했을 정도였다고 한다.[27] 그렇다고 그처럼 장황한 설교의
시간이 전적으로 성경에 충실한 설교의 시간이었던 것도 아니어서,
성경본문은 가장 작은 단위로 분류되었는데, 심지어 그보다도 더
작은 소단위로 분류되었으며 각 단위는 장황한 동서고금의 지혜로
설명되었다고 한다. 그리고 때로는 설교가 모든 종류의 수사법을
동원해 만든 도덕적 메시지로 채워질 때도 있어서, 설교 중에 회중
의 다수는 집사에 의해 헌금 수거함에 놓인 벨이 울리기 전까지 깨
어나지 못하기도 했을 정도라고 한다.[28]

그러나 이미 17세기 중반의 웨스트민스터 예배모범에서는 그러
한 폐단들을 미연에 방지할 수 있도록, "도입부는 간단하고 명료해
야 하며, 본문 자체나 문맥, 또는 평행 본문, 혹은 일반적인 성경의
문장에서 도출하여야 한다. 만일 본문이 (역사서나 비유에서와 같
이) 길다면, 설교자가 그것에 대한 간단한 개요를 전해주는 것이 좋
으며, 만일 짧다면, 필요에 따라 다른 말로 바꾸어 전하도록 한다."
는 명백한 지침을 주고 있다. 따라서 이러한 웨스트민스터 예배모
범의 지침을 통해 예배 가운데서 어떻게 함으로 회중을 최대한 배
려하고자 했는지를 파악할 수가 있으니, 설교자들은 철저히 성경에
근거해서만 설교하면서도, 그러한 설교 가운데서 회중이 최대한 집
중할 수 있도록 충실히 배려하고 있음을 알 수가 있는 것이다.

---

27) 앞의 책, 108.
28) 앞의 책, 109.

◆ 엘리자베스 여왕시대의 교회정치 지침서(A Directory of Church-Government)에서 말하는 "설교에 대하여"[29]

설교할 자는 주석하기 위해서 정경화 된 성경의 어떤 구절을 택하고 외경의 구절을 택하지 않도록 하라. 더구나 정규적 목회에 있어서 소위 설교집들(Postils)을 취하지 말고, 건전하게 주석하기 위해서 성경 전체의 부분을 취하되 특별히 신약의 책을 취하도록 하라. 본문의 선택에 있어서 고려되어야 할 것은 목사의 능력과 교회의 건덕에 대해서 고려해야 한다.

설교자는 두 가지 일을 행해야 한다. 첫째로 언변이 부패하지 않아야 한다. 또한 교리에 관련해서 고려되어야 할 것은 그것이 거룩하고 온건하며 건전하고 건덕에 유익하며, 마귀적인 것이거나, 이단적인 것이나, 곰팡이가 피거나, 부패되거나, 우화적이거나 호기심에 찬 것이거나, 언쟁적이지 않도록 하는 것이다. 그리고 그 태도와 관련해서는 다루고 있는 구절에 적당해야 한다. 즉 그 본문에 명백히 내포되어 있든지, 혹은 결론으로 모아지는 것이든지, 적절하고 분명하게 부합하며, 말의 진정성(the Property of Word), 언변의 우아함(Grace of Speech), 내용에 있어서의 호소력(Suit of the Matter)에 바탕을 둔 것이어야 하고, 풍유적이고 이상하며 꼬거나 멀리 우회하는 것이 아니어야 한다. 그러한 것과 더불어 시기와 교회의 사정에 가장 적절한 메시지가 전달되도록 해야 한다. 해석과 확증, 확대와 적용, 그리고 그에 대한 모든 논지와 취급은 자국어로

---

29) 김영규,『엄밀한 개혁주의와 그 신학』, (서울: 도서출판 하나, 1998), 209-211 재인용.

하도록 하라. 모든 확증과 증명을 다만 성경에서 취한 논증들과 증거들 및 예증들에 의해 이루어지도록 하라. 아울러 적절히 그리고 단언되는 그 구절들의 본질적 의미에 따라 적용하도록 하라.

설교자가 행해야 할 두 번째는, 경건한 엄숙성(a reverend Gravity)이다. 이것은 처음 언변의 양식과 양상과 태도에서 고려될 것으로, 영적이고 순수하며, 적절하고 단순하며, 회중의 수준(Capacity of the People)에 적합하게 적용된 것이어야 한다. 인간의 지혜로 가르치듯이 하지 말고, 새로운 유행을 맛보도록 하는 것이 아니어야 하며, 허영과 겉치레에 부합하도록 그렇게 치장하거나, 조심 없고 천박하여 하나님의 말씀사역자가 되기에 적합하지 않도록 되지 말아야 한다. 뿐만 아니라 목소리를 다듬는 일에도 관심을 기울여야 할 것인데, 그 때에 살펴야 할 것은 (단조롭고 무미건조한 음성이 되지 않도록 하면서도) 목소리가 균등하게 들리도록 하고, 억양의 높낮이가 적절하도록 해야 할 것이다. 마찬가지로 몸짓에 있어서는, (몸을 바르게 세우고서) 몸 전체를 주도하고 조절하는 일은 목소리를 따라 이뤄지도록 하며, 품위에 맞지 않는 머릿짓이나 동작이 따로 놀지 않도록 하고, 가끔씩 몸을 여러 방향으로 향하도록 하라. 끝으로 몸짓은 검술 경기에서의 몸짓처럼 무게감 있고 단정하며 품위가 있도록 하되, 아무런 동작도 하지 않는다거나 지나치게 많은 동작을 하는 일이 없도록 하라.

이런 것들이 설교자가 준수해야 할 것들이며, 필요하다면 설교자들에 대해 적합한 훈련과 시험을 할 수도 있다. 설교는 가능하면 매주 두 번씩 하도록 하고, 설교는 되도록 한 시간 안에 끝마칠 수 있도록 자기 자신을 잘 통제하려고 항상 힘쓰되, 특별히 주중에 더욱 그러한 훈련에 힘써야 할 것이다. 장례식에서의 설교는 관례적으로 행해지는 대로 하도록 하라. 이는 어떤 일을 조장하거나 허영과 겉치레로 오용될 수 있는 위험이 있기 때문이다.

웨스트민스터 예배모범의 설교에 관한 지침들은 일차적으로 설교자들이 어떻게 준비되고 어떤 자세로서 설교에 임할 것이며, 또한 어떤 자세로 성경본문과 그 가운데서 도출되는 진리를 정리한 교리를 정립할 것이냐 등의 문제를 다루고 있어서, 표면적으로 '회중'(청중)과는 상관이 없는 지침들처럼 보일 것입니다. 그러나 웨스트민스터 예배모범의 설교에 관한 지침들은 예배 가운데에 설교가 어떤 기능과 역할을 수행하는 것인지를 밝히고 있어서, 이를 근거로 예배 가운데 있는 회중이 어떤 자세로 그 순서에 동참해야 하는지를 이해할 수 있도록 해주기도 합니다. 그러므로 웨스트민스터 예배모범의 설교에 관한 지침들을 통해 회중들도 참된 설교와 설교자에 대한 명백한 지침들을 얻을 수 있으며, 그러한 지침들 가운데서 설교를 듣는 자로서 어떻게 예배해야 하는지에 대한 확실한 지침을 얻을 수가 있는 것입니다.

- ⊕ 웨스트민스터 예배모범의 초반부에서 언급하고 있는 설교자의 요건은 듣는 회중의 관점에서는 어떤 의미로 적용될 수 있을지 생각해 봅시다.

- ⊕ 회중으로서 성경본문에 집중하기 위한 방편으로 어떤 예들이 실천될 수 있을지 생각해 봅니다.

- ⊕ 회중으로서 설교되는 교리의 요지를 잘 이해하기 위해서 개인적으로 혹은 가정에서 어떤 수고와 노력이 있어야 할지 생각해 봅니다.

- ⊕ 우리가 드리는 예배의 설교가 건전하고 은혜롭게 이뤄지도록 회중으로서, 혹은 설교자로서 어떤 수고와 노력이 필요할까요?

VI.
말씀의 설교(II)

웨스트민스터 예배모범(1645): 말씀의 설교(Ⅱ)

성도의 의무에 관하여 가르칠 때에, 필요하다면 의무를 실행하는 데 도움이 되는 방법들도 알려주도록 한다. 그들을 만류하거나 질책하고, 공개적으로 권면을 할 때에는 (각별한 지혜가 필요한데), 반드시 필요하다고 판단되면, 죄의 본질과 엄중함, 그리고 그에 수반되는 비참한 결과를 발견할 수 있도록 하고, 그러나 그로 인해 부지중에 닥치게 될 위험을 청중에게 보여주고, 이를 해결할 방법과, 피할 수 있는 최선의 방법을 알리도록 한다.

누군가에게 위로를 할 때에, 일반적인 유혹에 빠진 경우이거나, 혹은 특정한 어려움이나 경악할 일에 처한 경우이든 간에, 그가 불안한 마음과 고통스런 심령으로 말미암아 내놓는 반론에 대비하여, 신중히 답변해 주도록 한다. 종종 이르게 될 시험에 대해 알려주는 것도 필요한데, (특별히 경험이 많고 노련한 목회자가 신중하고 지혜롭게 확실한 성경적 근거를 들어 수행할 때에 많은 유익이 있으니) 그로 인해 듣는 자들은 자신들이 은혜를 받고 있는지, 권면하는 의무들을 감당했는지, 또는 비난받을 죄에 빠져 임박한 심판의 위험에 처해 있는지, 혹은 위로받을 자에 포함되는지, 자기 자신을 스스로 살펴볼 수가 있다. 이로써 그들은 힘을 얻어 감당할 의무에 열심을 내게 되고, 부족함과 지은 죄로 말미암아 겸손해지고, 위험을 깨닫거나, 위로를 통해 힘을 얻어, 그들의 형편 가운데서 스스로를 살펴보게 될 것이다. 그리고 그의 본문에 있는 모든 교리를 항상 전달할 필요는 없으므로, 맡겨진 회중들과 생활하며 얘기를 나누는 가운데서 가장 필요하고 적절하다고 판단되는 부분을 지혜롭게 선택하여 다루도록 한다. 아울러 그러는 가운데서, 듣는 회중들 대부분의 심령이, 빛, 거룩, 그리고 위로의 원천이신 그리스도께로 이끌어질 것이다.

이 방법은 모든 설교자에게, 혹은 모든 본문에 반드시 적용되도록 규정되는 것은 아니나, 그러나 하나님께서 내리신 많은 축복에 근거한 경험과 사람들의 이해와 기억에 도움을 주는데 아주 유익하기에 추천하는 것이다.

그러나 그리스도의 종은, 방법이 어떻든지 간에, 다음의 자세로 그의 모든 목회를 감당해야 한다.

1. 주님의 일에 소홀하지 말고 전력하도록 한다.

2. 무지한 사람들도 이해할 수 있도록, 분명하게 전하라. 진리를 사람의 지혜가 말미암는 것으로 가르치지 말고, 성령과 권능의 나타남으로 전하여 그리스도의 십자가가 무익해지지 않도록 유의하라. 또한 모르는 방언이나, 어려운 표현, 억양을 바꾸어가며 소리를 내는 것 등을 헛되이 사용치 말라. 교회(ecclesiastical) 또는 다른 인간 작가의 문장은, 고전물이나 현대물이나 간에, 결코 품위 있지 못하니 굳이 인용하려 하지 말라.

3. 신실하게, 그리스도의 존귀를 바라보아, 회심, 배움, 그리고 구원의 백성이 되게 하되, 자기유익이나 영광을 구하지 않는다. 거룩한 목적을 달성하기 위해 아무런 망설임 없이, 사람들에게 전할 바를 전하고, 미천한 자라고 멸시하지 않으며, 높은 자라고 그 죄를 눈감아 주지 않고, 모두를 공평하게 존중하라.

4. 모든 교리들과 권면, 그리고 특별히 책망의 말을 지혜롭게 하여 가장 잘 설득할 수 있는 방법을 취하되, 각 사람의 인품과 처지에 합당한 경의를 표하고, 개인적 감정이나 원한을 섞지 않도록 한다.

5. 하나님의 말씀에 합당하고, 신중하도록 하며, 타락한 죄성으로 인해 설교자와 목회사역을 경멸하게 하는 몸짓이나, 목소리, 그리고 표현들을 삼가라.

6. 사랑을 가지고서, 사람들로 하여금 모든 사역이 그의 거룩한 열심과 저들에게 유익을 갈망하는 간절한 마음에서 우러나오는 것을 볼 수 있게 하라.

7. 하나님에 관해 배운 대로, 그리고 그의 마음에 믿는 바대로 그리스도의 진리를 가르치라. 그리고 그의 양무리에 앞서 걸으므로 본이 되라. 사적으로든 공적으로든 그가 진 수고들에 하나님의 은총을, 진실하게 의뢰하고, 또한 자신을 주의하여 살피며, 주께서 돌보도록 맡기신 양무리를 잘 돌아보라. 그리하면 진리의 교리가 타락하지 않고 보전될 것이며, 많은 영혼들이 회심하고 지어지며, 자기 자신도 이생에서의 그의 수고에 많은 위로를 받을 뿐 아니라, 장차 도래할 세상에서 그를 위하여 예비된 영광의 면류관을 받게 될 것이다.

> 한 회중 가운데에 여러 목사가 있는 경우이면서, 그들의 은사[30]가 각기 다를 경우, 각자 교리 혹은 권면을, 저희 가운데 합의되는 대로, 자기가 더 뛰어난 은사에 따라 사역에 전념토록 하라.
>
> ### 웨스트민스터 대교리문답(1647):
>
> 160문: 말씀을 듣는 자들에게 요구되는 것은 무엇입니까?
> 답: 말씀을 듣는 이들에게 요구되는 것은, 말씀을 듣기 위해 열심을 다하여 준비하고 기도함으로 참여해야 합니다. 그들이 듣는 것을 성경 말씀에 비추어 검토하고, 진리를 믿음과 사랑과 온유함과 열린 마음을 가지고 받아들이며, 하나님의 말씀을 묵상하고 참고하며, 마음에 간직하며, 생활 속에서 열매를 맺도록 해야 합니다.

■ 분석

웨스트민스터 예배모범이 제시하는 설교와 설교자에 대한 지침들은 언뜻 설교 자체나 설교자에게만 관심을 두고 있는 것 같지만, 사실은 철저히 듣는 회중들에게 관심을 두고 있다는 것을 이 지침들 가운데서 알 수가 있습니다. 즉 설교를 듣는 회중에게 어떠한 영향을 끼칠 것인지에 관해 상세하게 언급하고 있는 것입니다. 그러므로 웨스트민스터 예배모범은 설교자가 회중을 전혀 고려하지 않고 일방적으로 메시지를 전하도록 하지 않고, 오히려 가장 학식이 낮은 사람에게라도 메시지가 이해되도록 하라고 설교자에 대해 권장하고 있는 것입니다.

---

30) 소위 은사주의(charismatic & pentecostalist)에서 말하는 은사가 아니라, 목사의 직무(가르침, 권면 등)와 관련한 은사를 말함. 소위 은사주의(charismatic & pentecostalist)에서 말하는 은사가 아니라, 목사의 직무(가르침, 권면 등)와 관련한 은사를 말함

　그러나 그러한 배려에는 한 가지의 제한이 따라붙는데, 그것은 바로 설교로 전달되는 메시지가 철저히 성경의 진리에 근거해야만 한다는 점입니다. 그러므로 설교의 메시지가 회중을 충분히 배려하여 쉽고 정확하게 전달된다 할지라도, 그것은 설교자의 개인적인 의견이나 의사를 전달하는 것이 되어서는 안 되고 오직 성경의 진리를 밝히 드러내어 전달하는 것이어야만 하는 것입니다.

➕ 경험이 많고 노련한 목회자가 신중하고 지혜롭게 확실한 성경적 근거를 들어 수행하는 설교사역은 회중에게 어떤 유익이 있다고 예배모범은 언급하고 있습니까? [23]

　현대의 많은 교회들이 목회자를 청빙할 때에 어떠한 기준을 가지고서 하느냐를 살펴보면, 대게는 소위 대형교회(mega church)에서 사역했던 자를 우선으로 하는 것을 볼 수가 있습니다. 아마도 그처럼 대형교회에서 사역하는 자는 다양하고 큰 틀의 목회경험이 있을 것이라고 생각하거나, 아니면 대형교회가 지니고 있을 것으로 생각하는 일종의 인사 시스템을 신뢰하기 때문일 수 있을 것입니다. 그러나 오늘날 많은 교회들이 웨스트민스터 예배모범이 제시하는 예배와 목회의 틀에서 크게 이탈해 있음을 볼 때에, 웨스트민스터 예배모범이 말하는 "경험이 많고 노련한 목회자"가 대형교회에 속했던 목회자일 것이라는 생각은 전혀 근거가 희박함을 알 수 있을 것입니다. 그러므로 이제라도 모든 교회들이 철저히 성경적 근거가 분명하고 명확한 것을 지향하는 개혁을 선행해야만, 그에 따르는 참된 유익을 얻을 수 있을 것입니다.

➕ 경험이 많고 노련한 목회자가 신중하고 지혜롭게 확실한 성경적 근
   거를 들어 수행하는 설교사역으로 말미암아 회중이 얻는 유익들은,
   설교사역을 감당하는 목회자(설교자)에게는 어떤 유익이 됨을 알 수
   있습니까? [24)]

현대의 목회를 실제적으로 살펴보면, 의외로 많은 목회자와 교회
의 회중들이 암묵적인 갈등과 싸움을 벌이고 있는 것을 볼 수 있습
니다. 마치 목회의 현장도 갑을(甲乙)관계가 있어서, 누가 갑의 위
치를 점유할 것인지를 놓고 암투를 벌이는 형국에 놓인 교회들을 다
수 보게 되는 현실인 것입니다. 그러나 웨스트민스터 예배모범은
설교자가 설교에 어떻게 충실해야만 하는지 구체적인 지침들을 주
고 있어, 그야말로 실질적인 유익이 회중에게 전하여지도록 하고
있습니다. 아울러 그러한 회중의 유익 가운데서 설교자는 비로소
목회로 말미암는 본질적인 유익을 얻게 되니, 그야말로 서로가 상
생(win-win)할 수 있는 복된 일이라 하겠습니다. 바로 그처럼 실
질적이며 본질적인 유익들이야말로 웨스트민스터 예배모범이 지향
하고 있는 위로요 유익입니다.

➕ 웨스트민스터 예배모범은 어떤 이유로 설교 중에 외국어나 전문적인
   용어, 혹은 이상한 방언이나 신비적이고 다양하게 이해될 수 있는 아
   리송한 표현들을 하지 말도록 했습니까? [25)]

성경은 인간의 언어로 하나님의 감추어진 뜻을 드러내시는 '적응' (accommodation)을 통해 계시된 것입니다. 무한하신 하나님의 뜻을 지극히 유한한 인간의 언어로 적응시켜 표현하신 것이지요. 만일에 하나님께서 그처럼 인간에 적응하시어 계시를 주시지 않으셨다면 우리 인간은 결코 하나님의 뜻을 알지 못할 뿐 아니라, 심지어 하나님에 대해서도 전혀 알지 못할 것입니다. 그러므로 하나님의 말씀을 다루는 사역자들도 그에게 맡겨진 회중들에게 알 수 없는 이상한 방언이나 너무 어려운 학술적 용어로밖에는 표현되지 않는다고 하지 말고, 관심을 가지고 들으면 어린 아이라도 이해할 수 있을 정도의 "보편적인 언어"로서 설교의 메시지를 전달하는 것이 마땅함을 예배모범은 제시하고 있습니다.

➕ 설교에 있어서 외적으로 드러나는 것(목소리, 억양, 몸짓, 태도, 행실 등)들은 본질적인 것이 아니니 중요하지 않은 것이라고 볼 수 있습니까? [26]

인간은 정서적인 존재이기 때문에 지극히 사소한 요인들로도 집중력이 흐트러지거나 정보전달이 잘못되는 경우가 있습니다. 마찬가지로 설교자가 아무리 쉬운 언어로 적응하여 회중에게 설교의 메시지를 전달하더라도, 회중의 집중력이 흐트러지거나 무관심하다면 효과를 거두기가 어려울 것입니다. 그러므로 웨스트민스터 예배모범은 가장 먼저 "하나님의 공중 예배를 위한 회집과 자세에 관하여" 다루는 가운데서 그 점을 주의시키고 있습니다. 아울러 설교자 또한 회중에게 전달되는 설교의 메시지가 최대한 효과적으로 전달될 수 있도록 자신의 목소리를 가장 듣기 편안하게 가다듬으며, 억양이나 몸짓 등이 듣는 회중이 설교에 집중하는데 방해가 되지 않도록 조심할 뿐 아니라 행실로도 모범이 되기 위해 애써야 마땅한 것입니다. 그러므로 자신이 할 수 있는 최선의 노력으로 설교함이 요구되는 것입니다.

■ 해설

　말씀의 설교에 관해 언급하고 있는 문장들 가운데에는 그리스도의 종인 목회자가 감당해야 하는 목회의 자세에 대한 몇 가지의 지침이 포함되어 있는데, 그 가운데 2항에 언급되어 있는 문장을 보면 "교회(ecclesiastical) 또는 다른 인간 작가의 문장은, 고전물이나 현대물이나 간에, 결코 품위 있지 못하니 굳이 인용하려 하지 말라."고 한 것을 볼 수 있다. 여기서 "다른 인간 작가의 문장"(other human writers)을 굳이 인용하려고 하지 말라는 지침은 쉽게 이해할 수 있을 것이다. 설교에 있어 인간 작가들의 저술들에서 발견할 수 있는 지혜나 아름다운 문장들을 현대의 설교에서는 얼마든지 쉽게 인용하는 경우를 볼 수 있지만, 하나님의 말씀인 성경에 최고의 권위를 부여하는 웨스트민스터 예배모범의 취지는 성경 본문이 회중들의 자국어로 낭독되는 것을 듣는 것에서부터 설교에 이르기까지, 시종일관 성경에서 얻게 되는 유익이 강조되기에 인간 작가의 문장을 굳이 인용하려고 하지 말라고 한 것이다.

　그러나 언뜻 "교회(ecclesiastical)의 문장을 굳이 인용하려 하지 말라"는 것은 쉽게 이해가 되지 않을 수 있겠는데, 이 문장은 당시 잉글랜드와 스코틀랜드, 그리고 아일랜드에 국교회(성공회) 이전의 감독주의 정치와 장로주의 정치, 그리고 로마 가톨릭의 교황제 정치가 각각 존재하고 있던 상황을 배경으로 이해할 수 있는 문장이다. 즉 잉글랜드의 국교회와 아일랜드의 로마 가톨릭 교황제를 바탕으로 하는 교회들에서 발표한 문서들과 예식서들의 문장을 인용하려고 하지 말라는 것으로 이해할 수가 있는 것이다.

웨스트민스터 총회 기간 중의 신학적 논쟁 가운데에는 예배 모범(The Directory for the Public Worship)과 관련하여 성무일도(divine office)와 같은 로마 가톨릭의 예전과 잉글랜드 국교회의 공동 기도서(Book of Common Prayer)와 같은 것들의 사용을 배제하고, 공적인 예배의 일치를 위한 표준적 모범으로서의 예배모범에 관해 논의하는 것 또한 중요한 논쟁이었다. 바로 그러한 배경이 예배모범의 서문에 잘 나타나 있으니[31], 그와 같이 로마 가톨릭교회와 잉글랜드 교회의 공동 기도서와 같은 발표문이나 예식서를 설교에 인용하는 것을 지양하는 것이 바로 "교회(ecclesiastical)의 문장을 굳이 인용하려 하지 말라"는 문구에 함의되어 있는 것이다.

이처럼 웨스트민스터 예배모범은 성경의 권위를 인정할 뿐 아니라, 그러한 성경의 권위에 근거하여 예배와 모든 신앙의 실천이 이뤄지도록 하려는 구체적인 지침으로서 작성된 것이라는 사실을 사소한 듯 보이는 문장 가운데서도 여실히 확인할 수가 있다. 로마 가톨릭이 교황제와 로마 가톨릭교회의 권위에 근거하여 모든 신앙의

---

31) 이에 대한 자세한 이해는 Richard A. Muller, Rowland S. Ward, 『웨스트민스터 총회의 실천』, 254-58을 참조하라.

실천이 이뤄지는 것이나, 잉글랜드 국교회가 국왕의 권위에 근거하여 모든 신앙의 실천이 세워지도록 하는 것에 반해, 웨스트민스터 예배모범은 오직 성경의 절대적 권위에 근거하여 모든 신앙의 실천이 이뤄지도록 설교에 있어 "교회(ecclesiastical) 또는 다른 인간 작가의 문장은, 고전물이나 현대물이나 간에, 결코 품위 있지 못하니 굳이 인용하려 하지 말라."고 한 것이다.

한편, 예배모범에서 언급하는 설교에 관한 지침 5-7항은 공히 설교자가 모범을 보일 것을 말하고 있다. 특히 설교 시에 나타나는 태도 뿐 아니라 평소의 행실에 있어서도 모범을 보일 것을 말하고 있어서, 평소의 언행이나 태도가 몸에 익숙한 생활이어야만 함을 알 수가 있다. 그러므로 '웨스트민스터 장로교회정치모범'에서 '목사의 시험과 선발규정'을 통해 상세히 언급하고 있다.

◆ 웨스트민스터 장로교회정치모범(The Form of Presbyterial Church Government)의 목사 시험과 선발의 규정(The Rules for Examination are these, 1645).

1. 시험하여 선발할 자에 대해 온유한 심령으로 형제와 같이 대하되, 특별히 신중함, 겸손, 그리고 모든 자질들을 보도록 한다.
2. 그는 성경 원어를 다루는 실력이 있어야 하며, 히브리어와 헬라어를 읽고 작문할 수 있는지 시험하되, 어떤 부분을 라틴어로 번역할 수 있는지 보도록 한다. 그리고 만일 그가 이에 대해 부족하면, 그의 다른 배움에 대해서는 더욱 면밀히 조사하여, 논리학과 철학의 실력을 시험하도록 한다.

3. 어떤 신학 저술들을 읽었으며, 탁월하게 습득했는지, 그리고 신앙의 기반이 되는 지식들을 터득했는지, 그리고 그의 정통 교리에, 특히 현대의 모든 이상하고 잘못된 견해들에 대항할 방어력이 담겨 있는지 시험한다. 그에게 제시된 성경 구절의 뜻과 의미를 제대로 파악할 실력이 있는지, 양심의 유형들과 성경의 연대기, 그리고 교회사에 대해서도 시험한다.

4. 만일 그가 예전에 공적으로 설교했던 것에 대해 허가할 수 있는 판단이 없다면, 그는 노회 앞에서 주어진 성경 본문을 강해할 수 있도록, 상당한 시간을 배정받아야 한다.

5. 그는 주어진 시간에, 그에게 주어진 신학의 공통주제 혹은 논란에 관한 라틴어 논문을 작성하되, 노회에서 그 논문을 취합하여 발표하고, 그에 대해 논증하도록 한다.

6. 그는 회중, 즉 노회 또는 노회가 임명한 일부 말씀 사역자들 앞에서, 설교를 시연하도록 한다.

7. 그가 부름 받은 자리에 관련해서는 그의 은사가 무엇인지를 고려해야 할 것이다.

8. 설교의 은사를 시험하는 것 외에, 그는 이틀에 걸쳐 시험을 치르되, 만일 노회가 필요하다고 판단할 경우에는, 그에 더해서도 시험한다.

9. 이전에 목사로 임직되었다가, 다른 임지로 옮기는 자에 대해서는, 그의 임직 및 능력과 행실에 관한 증명서를 가지고 올 것이며, 그 곳에서 설교를 통해 적임자의 여부를 판단하되, (만일 필요하다 판단되면) 그를 더 시험하도록 한다.

그런데 웨스트민스터 장로교회정치모범은 이러한 시험과 선발을 거친 목사가 또한 지교회의 설교자(목회자)로 파송을 받을 때에도 노회와 지교회의 교인들 가운데서 3일 동안 설교를 하고, 은사를 시험하는 등의 절차를 거쳐서 비로소 노회가 회중에게 서면을 보내어 공적으로 낭독하게 한 후, 교회의 문에 게시하도록 하며, 이후로도 회중이 지명한 사람들이 노회에 참석하여 그 목사를 세울지의 여부에 동의 여부를 표하거나 이의를 제기하도록 하는 등의 엄격한 절차 가운데서 지교회의 설교자인 목사가 세워지도록 하고 있다. 그러므로 장로교회의 예배에 있어서 설교가 얼마나 중요하게 여겨졌는지를 이러한 장로교회정치모범의 지침 가운데서 단적으로 실감할 수가 있는 것이다.

■ 적용

소위 '초대교회'(Early Christianity)라 일컫는 신약시대의 교회에 대한 성경의 언급들을 보면 주님께서는 여러 도시들과 마을들을 다니시면서 천국 복음을 전파하셨고(마 9:35), 그의 제자들인 사도들도 곳곳으로 다니며 복음을 설교하는 사역에 집중했음을 볼 수가 있습니다. 이처럼 신약시대 이후로 교회(congregation)에서는 항상 복음의 설교가 예배의 중요한 자리에 있었습니다.

그러나 순수했던 기독교회가 로마 가톨릭 교회로 변질되기 시작한 주후 4세기 이후로 설교는 점차로 예배의 부수적인 자리에 있게 되고, 미사(성례)가 중심적인 자리에 위치하게 되면서 설교는 급격히 쇠퇴하고 말았습니다. 하지만 16세기부터 큰 영향력을 끼치기 시작한 종교개혁자들에 의해 설교는 다시 회복되어, 17세기 무렵에는 예배의 중심적인 자리로 다시 복구되었습니다. 그러다가 18세기를 중심으로 한 경건주의(Pietism) 풍토와 마찬가지로 주관적인 감정과 체험을 중시하는 현대의 기독교 풍토는 설교의 주제가 복음과 진리에 있지 않고 오히려 현실의 경험적인 주제들과 신비(mystic) 혹은 은사(charismatic)에 대한 추구 가운데 있으므로 설교가 다시 퇴보해 버린 실정입니다.

➕ 여러분이 속한 교회의 설교는 주로 어떤 주제의 설교에 치중합니까?

➕ 여러분은 예배에서 설교를 통해 주로 어떠한 유익을 얻습니까?

➕ 여러분이 속한 교회의 예배에서 가장 어려움을 느끼는 점은 어떤 것입니까?

➕ 여러분이 속한 교회의 설교자에 있어서의 문제점은 어떤 식으로든 보완이 되고 있습니까?

VII.
설교 뒤의 기도에 관하여

웨스트민스터 예배모범(1645): 설교 뒤의 기도에 관하여

설교가 끝나면, 목사는 "하나님의 아들 예수 그리스도를 우리에게 보내주신, 하나님의 그 크신 사랑에 대해 감사를 드리오며, 성령님의 교통하심에 대해, 영광스러운 복음의 빛과 자유에 대해, 그리고 거기에 나타났던 하늘의 풍성함에 부요함, 곧 선택, 부르심, 양자됨, 칭의, 성화, 그리고 영광의 소망에 감사를 드리나이다. 적그리스도의 흑암과 압제에서 이 땅을 자유케 하시는 하나님의 놀라운 선하심에 감사하오며, 또한 모든 나라들을 건져내어 주심에 감사하오며, 종교의 개혁에 대해, 언약에 대해, 그리고 여러 현세의 축복들에 대해 감사를 드립니다.

복음과, 그 안의 모든 규례들이, 순결과, 권능, 그리고 자유 안에서 지속되기를 기도하나이다. 설교에 있어 가장 중요하고 유익한 몇몇을 간구하오니, 그것이 마음에 심기어 열매 맺게 하옵소서.

사망과 심판을 예비하기 위해 기도하오며, 우리 주 예수 그리스도의 오심을 위하여 깨어있게 하옵소서. 우리의 거룩한 것들을 더럽힌 죄를 용서하여 주시옵시며, 우리의 영적 희생을, 우리들의 대제사장이시며 구주 되시는 주 예수 그리스도의 공로와 중보로 인해 받아주시기를 간구하옵나이다." 라고 기도한다.

그리스도께서 제자들에게 가르치신 기도(주기도문)는 기도의 유일한 바탕일 뿐 아니라, 그 자체로 가장 함축적인 기도이기에, 우리는 교회의 기도에 있어 항상 사용하여야 함을 권고한다.

그런가하면, 성례전을 집례할 때, 감사의 날이나 공적인 금식을 실시하거나, 기타 특별한 행사 등 특별한 간구와 감사를 해야 할 경우, 우리의 공중 기도에 다소 표현하여야만 하니, (이 시점에서 웨스트민스터 총회에 은총을 내리시기를 우리가 기도하며, 땅과 바다를 지키고 있는 군인들과, 왕국과, 의회, 왕을 보호해주시도록 기도해야만 한다). 모든 목사들은 설교 전이나 후에 이러한 일들을 위해 간절히 기도해야 한다. 그

■ 분석

웨스트민스터 예배모범은 설교를 전후로 하여 설교자인 목사가 기도하도록 순서를 배정하고 있습니다. 특별히 설교 전의 기도가 공적인 중보적 기도의 제목들을 중심으로 이뤄진 것에 반해, 설교 후의 기도는 주로 감사할 것들에 대한 기도의 제목들로 이뤄졌습니다. 레쉬만(Thomas Leishman, D.D.)에 따르면, 웨스트민스터 총회에 참석했던 토마스 영(Thomas Young, D.D. 1587-1655)은 "주교가 우리에게 명한 대로 강단에서 기도해야 한다는 의무감에 따라" 목사가 설교하기 전에 반드시 기도를 해야 한다고 제안했다고 합니다.[32] 그러나 당시 회중주의적인 독립교회파에서는 그 말을 목사가 아닌 성도들에게도 열어두는 것으로 이해했기에, 논쟁 끝에 타협적으로 정립되었습니다. 하지만 설교 후의 기도에 대해서는 일관되게 설교자에 의한 감사의 기도로 이루어져 왔습니다. 조선예수교장로회의 헌법에 첨부된 예배모범에서는 이러한 엄격한 구별이

---

32) Thomas Leishman,『웨스트민스터 예배모범』, 97.

없이 "시(시편송)나 찬송을 부른 후 강도하기 전에 보통으로 완전한 기도를 할지니"라는 문구로만 명시하고 있어서, 당시(1934년)에 이미 조선에 들어온 장로교회 헌법과 예배모범의 틀이 그리 엄밀하자 못한 가운데 들어왔었다는 사실을 나타내주고 있습니다. 그러므로 우리들은 이 시대에 웨스트민스터 예배모범이 왜 그처럼 설교 전의 기도와 설교 후의 기도를 공히 설교자인 목사가 하도록 했었는지를 연구하고 이해해 볼 필요가 있을 것입니다.

➕ 웨스트민스터 예배모범이 제시하고 있는 설교 후 기도 초반부에 언급된 감사하는 내용들은, 어디로부터 산출되는 제목들입니까? [27]

오늘날 일상적인 기도에 있어서나 공중 기도에 있어서나 감사의 기도에 포함된 내용들을 보면, 당장에 일상 가운데서 소소하게 얻게 된 은혜의 내용들에 관하여 기도하는 경우를 쉽게 볼 수가 있습니다. 물론 예수 그리스도로 말미암은 구원에 관하여 감사하는 기도가 빠지지 않는다고는 하지만, 성경에 근거하는 진리의 확신 가운데서의 감사는 그리 실질적이거나 풍성하지 못한 경우를 볼 수가 있는 것입니다. 그러나 웨스트민스터 예배모범은 성경을 통해 계시된 진리 가운데서의 풍성하고 은혜로운 내용들에 대해 가장 먼저 감사하고 있음을 볼 수가 있습니다. 즉 "하나님의 아들 예수 그리스도를 우리에게 보내주신, 하나님의 그 크신 사랑에 대해 감사를 드리오며, 성령님의 교통하심에 대해, 영광스러운 복음의 빛과 자유에 대해, 그리고 거기에 나타났던 하늘의 풍성함의 부요함, 곧 선택,

부르심, 양자됨, 칭의, 성화, 그리고 영광의 소망에 감사를 드리나 이다.”라고 하는 내용으로 시작하고 있습니다.

➕ 웨스트민스터 예배모범은 설교의 메시지와 관련해서는 어떻게 기도 하도록 가르치고 있습니까? [28]

　우리가 하나님 앞에서 가시적으로 얻는 것들과 관련하여 감사하는 것은, 감사의 범위와 내용에 있어서 지극히 제한적일 뿐이라 할 수 있습니다. 그러나 “하나님의 아들 예수 그리스도를 우리에게 보내주신, 하나님의 그 크신 사랑에 대해 감사를 드리오며”라는 문구로 시작하는 감사의 내용에서 알 수 있듯이, 우리가 결코 갚을 수 없는 지극히 큰 감사의 내용들은 성경을 통해 깨닫게 되는바 구원과 진리의 풍성한 은혜에 대한 것들입니다. 그러므로 말씀(성경)의 일꾼인 설교자가 듣는 회중들을 위해 항상 고려해야 하는 것이 바로 성경의 진리를 온전히 밝히고, 그 밝혀낸 진리의 내용들이 듣는 회중들에게 잘 전달되어 심령 중에 열매 맺도록 하는 것입니다. 마 6:8절에서 주님께서는 이르시기를 “구하기 전에 너희에게 있어야 할 것을 하나님 너희 아버지께서 아시느니라”고 말씀하신 것을 볼 수 있는데, 그 말씀은 곧 우리에게 진정 필요한 것이 무엇인지에 관하여 하나님께서 가장 잘 아신다는 말씀입니다. 그러므로 주님께서는 성경 가운데서 우리에게 무엇을 마땅히 필요로 하며 구해야 하는지를 알려 주셨으니, 그것이 바로 마 6:9-15절에 기록되어 있는 주님께서 가르쳐 주신 기도의 내용(주기도문)입니다.

➕ 웨스트민스터 예배모범이 가르쳐 주는 기도의 지침들은, 결국 왜 설교 전에 하는 기도와 설교 후에 하는 기도를 목사가 해야만 하는지에 관해 어떤 결론을 유추하게 합니까? [29]

행 6:4절에서 사도들은 그리스도의 제자들이 갈수록 많아지는 가운데 헬라파 유대인들이 자기의 과부들이 매일의 구제에 빠지므로 히브리파 사람을 원망하는 일이 발생하자, 자신들의 소임이 그처럼 구제할 사람들을 챙기는 데에 있는 것이 아니라 "기도하는 일과 말씀 사역"에 있다는 사실을 명확히 밝히고 있습니다. 마찬가지로 말씀의 일꾼들인 목사들에 있어서도 가장 중요하고 본질적인 사역이 바로 말씀 사역과 기도하는 것이니, 특별히 예배 가운데서야말로 그러한 본질적인 사역에 가장 앞장서서 모범을 보여야 마땅한 것입니다. 예수님 당시의 유대교 회당에서나 신약 교회에서 사도들이 그랬던 것처럼, 하나님의 일꾼들은 항상 말씀과 기도의 사역에 앞장서는 모범을 보였던 것입니다. 그러므로 웨스트민스터 총회에 참석했던 장로교회의 대표들은 공히 말씀의 설교자인 목사가 설교 전후로 기도하도록 주장했습니다.

➕ 웨스트민스터 예배모범은 우리의 일상 가운데 있는 감사의 제목들과 필요에 대해서는 예배 때에 굳이 기도하지 말도록 하고 있습니까? [30]

빌 4:6절에서 사도는 이르기를 "아무 것도 염려하지 말고 오직 모든 일에 기도와 간구로, 너희 구할 것을 감사함으로 하나님께 아뢰라"고 했습니다. 그런즉 우리가 하나님께 기도할 것은 우리의 "모든 일"들인 것입니다. 또한 그러한 모든 일들에 대한 기도는 "감사함으로 하나님께 아뢰"어 구하는 기도이니, 염려함이 아니라 감사함을 가지고서 구하는 기도에는 하나님의 뜻에 합당함이 전제되어 있는 것입니다. 그런즉 요일 5:14절의 "그를 향하여 우리의 가진바 담대한 것이 이것이니 그의 뜻대로 무엇을 구하면 들으심이라"는 말씀과 같이 하나님의 뜻에 합당하게 구하는 기도 가운데에는, 우리의 모든 필요가 포함되는 것일 뿐 아니라 하나님의 뜻에 합당함으로 말미암는 확신과 감사를 동반하는 것입니다. 즉 성경에 근거하는 진리의 확신과 우리의 모든 필요한 것을 구함에 대해 들어주심에 대한 확신은 합당한 기도의 양면을 이루되, 하나님의 뜻에 근거함에 바탕을 두는 것입니다.

━ 해설 ━

설교 전과 후에 있는 간구와 감사의 기도에 관하여 이미 앞서 언급하여 다룬 것처럼, 웨스트민스터 예배모범은 둘 다 목사에 의해 시행되는 것이 합당하다는 입장이다. 물론 독립교회파의 총대들은 그러한 기도일지라도 목회자 외에 성도들도 시행할 수 있다는 입장이었지만,[33] 대부분의 장로교회파 총대들, 그 가운데서도 스코틀랜드의 총대들은 일관되게 그것이 목사가 감당하는 것이 타당하다는 입장을 분명히 했다.

일반적으로 장로교회의 총대들이 설교자인 목사에 의해 설교 전후의 기도가 이뤄져야 한다고 주장하는 근거에 대해서는 런던의 유명한 목회자요, 웨스트민스터 총회의 총대였던 윌리엄 구지(William Gouge, 1578-1653)가 주일에 관하여 문답식으로 논술한 『The Sabbaths Sanctification, (London 1641)』에서 단적으로 파악해 볼 수가 있다.

윌리엄 구지는 그의 책에서 주일에 관하여 "누구에 의해 공적인 의무들이 수행되는가?"[34]라고 물은 뒤에 목사, 회중들로 각각 나누어 설명하는데, 목사에 의해 행해지는 의무에 대해서는 더욱 구체적으로 "말씀을 읽는 것(성경 낭독), 그 말씀을 설교하는 것, 기도하고 찬양하는 것, 성례의 집례, 성도들을 위해 복을 비는 것"[35]이라고 했다. 또한 회중들에 의해 행해지는 의무에 대해서는 "읽고 설교되는 말씀을 경청하는 것, 기도와 찬양에 동참하는 것, 성례에 참여하는 것, 듣는 모든 것에 "아멘"으로 화답하는 것"이라고 했다.

그런데 구지는 목사에 의해 행해지는 의무에 대해 부연하여 언급하기를 "앞의 두 가지(성경 낭독과 말씀 설교)와 뒤의 두 가지(성례의 집례, 그리고 회중에 축복하기)를 행할 때, 목사는 하나님의 예배당에 서는 것이고, 하나님의 입이다. 반면에 가운데의 의무들(하나님께 기도하는 것과 그를 찬양하는 것)을 행할 때에, 그는 하나님께 향한 회중의 입이다."라고 말한다. 한마디로 목사가 기도하

---

33) Thomas Leishman,『웨스트민스터 예배모범』, 97-8.
34) William Gouge, The Sabbaths Sanctification(London, 1641), 김성봉 역,『주일을 거룩하게』, (서울: 도서출판 나눔과 섬김, 2003), 48.
35) 앞의 책, 52-4.

는 것은 회중을 대표하여 하나님께 고하는 것이라는 말이다. 그러므로 구지는 (목사, 회중) 모두에 의해 행해지는 의무에 관해 언급하는 가운데서도 이르기를 "목사는 그가 서 있는 하나님의 예배당(roome)에서 성도들을 향한 하나님의 입이다. 그리고 이런 이유로 그는 하나님께서 그의 성도들에게 하고자 하시는 말씀을 선포한다. 또한 목사는 회중의 마음을 하나님께 알려드리는 하나님을 향한 성도들의 입이다. 이것은 질서의 목적을 위한 것이다."[36]라고 하면서 더욱 "이미 이러한 의무들은 회중에 의해 즐거이 수행되고 있다. 하지만 구별되게 목사에 의해 수행된다. 그렇지 않으면 목사의 사역은 공허한 것이 될 것이다."라고 말한다.

하지만 이처럼 예배에 있어 목사, 회중, 그리고 목사와 회중을 포함하여 모두가 다 같이 행하는 경건의 공적인 의무들에 관해 설명하는 구지의 설명에 따르면, 그처럼 각자의 의무들을 엄밀히 구별하는 것은 로마 가톨릭의 경우와 같이 각각 다른 방식으로서 이행되는[37] 구분을 말하지 않는다. 오히려 구지는 목사와 회중이 다 같이 함께 수행하는 경건의 공적인 의무에 대해 계속해서 이르기를 "실로 목사가 그의 회중들과 함께 즐거이 수행하는 의무들이 있고, 회중이 목사와 함께 하는 의무들이 있는데, 그 의무를 수행하는 데 있어

---

36) 앞의 책, 50.
37) 로마 가톨릭의 예배인 미사에 있어서는 소위 "고유의 미사"(the mass proper)와 "거룩한 교제"(holy communion)의 구별이 있을 뿐 아니라, 예배당 자체의 구조에 있어서까지 사제들에 의해 고유의 미사가 수행되는 구역과 평신도(회중)가 거룩한 교제에 참여하는 구역의 완전한 구분이 지어져 있다. 그러므로 소위 희생이라 부르는 미사를 실제적으로 집례 하는 사제들만이 빵과 포도주를 먹고, 평신도들은 빵만을 먹도록 하는 구분이 또한 따르는 것이다. Lorraine Boatowner, Roman Catholicism(Presbyterian and Reformed Publishing Company, 1962), 이승훈 역,『로마 가톨릭 사상 평가』(서울: C · L · C, 1992), 238-230 참조

서는 같은 방식으로 수행하는 것이다."라고 언급한다. 그러므로 예배 가운데서 목사, 회중, 그리고 목사와 회중이 다함께 수행하는 경건의 공적인 의무들은 구별되되 결코 다르지 않은 "같은 방식으로" 시행되는 것이다. 한마디로 예배에 있어 경건한 공적인 의무가 목사만이 아니라 회중에 의해, 그리고 모두가 다함께 행함으로써 비로소 온전하고 경건한 예배를 이루게 되는 것이라는 점에서 "그 의무를 수행하는 데 있어서는 같은 방식으로 수행하는 것"이라고 말할 수 있다.

한편, "설교 후에 하는 기도"(Prayer of Thanksgiving & for Progress of the Gospel) 이후에 권장되기도 하는 "주기도문" (Lord's Prayer)이 예배 가운데 포함되어야 하는가 하는 문제는 웨스트민스터 총회에서 설전을 벌인 중요한 주제 가운데 하나였다. 즉 윌리엄 구지(William Gouge, 1578-1653)와 같이 "주기도문은 그 자체로 가장 완전한 기도일 뿐 아니라, 다른 기도를 위한 완전한 모범이다."[38]라고 하면서 "주님께서 가르쳐주신 이 완전한 기도의 모범으로 우리 자신의 기도를 마무리하는 관행은 매우 훌륭하다."고 말하는 사람이 있었는가 하면, 죠지 길레스피(George Gillespie, 1613-1648)의 경우와 같이 주기도문을 예배에 포함하는 것이 감독제도(주교 제도)의 냄새가 나는 부패한 관례로, 혁명의 시기에는 금지되었던 것이라는 입장이 있었다.[39]

---

38) William Gouge, 「A Guide to goe to God, or an explanation of the perfect Patterne of Prayer, the Lord's Prayer」(London, 1626, 1636), 4. Richard A. Muller, Rowland S. Ward, 「웨스트민스터 총회의 실천」, 223, 각주 25 재인용.
39) Thomas Leishman, 「웨스트민스터 예배모범」, 102.

주기도문에 대한 그러한 반대는 사실 중세 시대의 로마 가톨릭교회와 거의 유사한 형식을 그대로 고수하기를 추구하여, 주교(主敎)제를 그대로 유지하며 교회의 가시적인 일치와 전례의 연속성을 강조하는 고교회파(High Church)에 대한 반대 맥락이었다. 성경에 언급되어 있는 주님께서 가르치신 기도일지라도, 그것을 고착된 예전의 기도문으로 삼는 전통은 결코 장로교회의 예배의 원리에 부합하지 않는 것이라고 본 것이다. 그러므로 웨스트민스터 예배모범이 언급하는 기도의 맥락은 결코 고정된 기도문을 외우거나 읽는 식의 예전(liturgy)적인 형식과 정반대의 입장이라는 사실을 명백히 확인할 수가 있다. 그런 면에서 예배 전이나 후에 있는 기도문의 내용들은 명백히 하나의 예시일 뿐, 단어 하나하나가 고정된 문구가 결코 아닌 것이다. 따라서 주기도문을 예배 때에 사용하는 것이 권장되는 바라 할지라도, 주기도문이 예시하는 기도의 모범적인 내용이 구체적으로 어떤 의미들을 담고 있는지에 대한 이해와 숙지가 반드시 필요하다는 점에서 교리문답(Catechism)의 교육과도 연계되는 것이다.

■ 적용

사실 기도에 관한 사항들은 우리의 신앙에 있어 가장 직접적으로 실천되는 영역입니다. 우리에게 있는 신앙의 실천은 기도 가운데서 공적으로나 사적으로 가장 먼저, 그리고 가장 직접적으로 이뤄지는 것입니다.

그런데 기도에 관련해서는 대부분의 신자들이 정서적인 것으로

만 생각하는 것이 현실입니다. 즉 기도란 하나님께 향한 우리의 간절한 마음과 감정의 호소라고만 생각하는 것입니다. 그러므로 예배 때에 하는 기도자의 기도내용에 대해서도 성경에 근거하는 진리의 지식을 고백하며 높이는 것이 하나의 지적(知的)인 교만의 표출이라고 오해하며, 오히려 자기 마음을 털어 놓는 눈물 어린 기도내용이 예배에 합당한 것이라고 생각하는 잘못된 이해가 만연해 있는 것입니다.

✚ 여러분 자신과 교회가 예배 때에 하는 감사의 기도는 주로 어떠한 내용이나 형식 가운데서 이뤄지고 있습니까?

✚ 성경의 진리를 바탕으로 합당한 감사를 돌리기에 가장 적당한 교회의 직분이 무엇입니까?

✚ 여러분의 교회가 시행하는 주일의 공적 예배의 순서 가운데에는 주기도문의 순서가 포함됩니까? 그리고 예배에서 주기도문이 포함되는 경우는 주로 어떤 경우입니까?

✚ 여러분들 자신과 교회가 예배에서의 기도에 관해 어떤 식으로든 개혁하려는 노력을 기울이는 예가 있습니까?

VIII.
성례의 집례에 관하여: 세례에 관하여

웨스트민스터 예배모범(1645) : 성례의 집례에 관하여 : 세례에 관하여

세례는, 이유 없이 늦출 성례가 아닌 것과 아울러, 어떤 경우라도 개인이 사적으로 집례 할 수 없으며, 하나님의 비밀을 맡은 청지기로 부름을 받은 그리스도의 사역자만이 집례 해야 한다.

아울러 사적인 장소에서, 혹은 사적으로 집례 할 것이 아니라, 공중 예배의 장소에서, 그리고 회중 앞에서, 사람들이 가장 잘 보고 들을 수 있는 곳에서 집례토록 한다. 그리고 교황의 때처럼 적절하지도 않고 미신적인 성수반(font)이 있는 장소에서 행해서는 안 된다.

유아에게 세례를 주고자 할 때에는 하루 전에 목사에게 알리도록 하고, 아버지가 참석하여야 하며, 혹 (부득이하게 참석하지 못할 경우에는) 신우 가운데 대신 나와서, 진정으로 아이가 세례를 받기 원하는 의사를 표하도록 한다.

세례에 앞서, 목사는 제정의 말씀을 통해, 이 성례의 제정, 본질, 용도, 그리고 목적에 대해 아래와 같은 설명을 한다.

"세례는 우리의 구주 예수 그리스도께서 제정하신 것입니다. 세례는 은혜 언약의 표식이며, 우리가 그리스도께 접붙임에 대한 표식이자, 우리가 그와 함께 연합함과, 죄 사함, 중생, 양자됨, 그리고 영생의 표식입니다. 세례의 물은, 예수 그리스도의 피를 나타내는 것으로, 모든 원죄와 자범죄를 제거하는 것입니다. 그리고 죄의 지배와, 타락한 우리의 죄악된 본성에, 대항하는 그리스도의 영(성령)의 깨끗케 하는 효력을 나타냅니다. 세례, 즉 물로 씻거나 뿌림은, 그리스도의 피와 공로로 죄를 깨끗케 하는 것을 의미하며, 아울러 죄의 극복과, 그리스도의 죽음과 부활의 효력으로, 죄로부터 새 생명으로 일어나는 것을 의미합니다. 세례는 믿는 자들과 그들의 후손에게 주어진 약속입니다. 그리고 세례는 교회에서 난 믿는 자들의 후손은, 그들의 출생과 더불어, 언약에 참예함으로써, 그리고 그 표식에 참예하는 권리, 그리고 복음 아래서, 교회가 누리는 외적인 권리도 갖는 것으로, 구약의 시대에 아브라함의 자녀들과 다르지 않습니다.

은혜의 언약은, 본질적으로, 마찬가지입니다. 그리고 하나님의 은혜와, 믿는 자들에 대한 위로도, 전보다 더 풍성합니다. 하나님의 아들께서는 어린아이들이 자기 앞에 나오는 것을 용납하시고, 그들을 안고 축복하시되, 하나님의 나라는 이런 자들을 위한 것이라고 하셨습니다. 세례받은 아이는, 세례로 인해 가시적 교회의 품에 들어왔으므로, 세상으로부터 분리되었으며, 그들과 상관이 없이, 믿는 자들과 연합되었습니다. 또한 그리스도의 이름으로 세례를 받은 모두가, 세례를 받은 이후부터는 마귀와, 세상, 그리고 육체를 대적하여 싸우게 되는 것입니다. 그들은 그리스도인으로서, 세례 전에도 언약적으로 거룩하기에, 유아 세례를 받는 것입니다. 내적인 은혜와 세례의 효력은 세례가 집례 되는 그 순간에 국한되지 않습니다. 그리고 세례의 열매와 능력은 우리의 전 생애에 걸쳐 영향을 미칩니다. 그리고 세례의 외적인 것은 필수적이 아니며, 아이가 그것을 못 받았다고, 멸망의 위험에 빠지는 것도 아니며, 혹 받을 시기와 장소가 있음에도, 그리스도의 규례를 멸시하거나 소홀히 한 경우가 아니면, 그것을 못 받았다고 해서 그 부모들에게 죄가 되는 것은 아닙니다."

이러한 혹은 이와 유사한 지침으로, 목사는 세례의 교리에 대해 무지와 오류가 있는지 살피고, 회중의 교육을 위해 필요하다고 판단되는 대로 재량껏 신앙의 지혜를 사용하도록 한다.

그(목사)는 출석한 모든 회중에게 다음과 같이 권고한다.

"여러분의 세례를 돌아보고, 하나님과의 언약을 저버린 저희의 죄를 회개하며, 여러분의 믿음을 일깨우고, 하나님과 여러분의 심령 사이에 맺은 언약과, 여러분의 세례를 바르게 사용하고 향상되도록 하시기 바랍니다."

그(목사)는 부모에게 다음과 같이 권고한다.

"당신과 당신의 자녀에게 베푸신 하나님의 크신 자비를 헤아리고, 기독교 신앙에 근거하는 지식, 그리고 주님의 훈계로 양육하시기를 바랍니다. 만일 이를 게을리 한다면, 당신과 자녀들을 향한 하나님의 진노의 위험성에 대해 자녀가 스스로 깨닫게 하시기를 권고합니다. 그러니 당신의 의무를 이행하겠다는 엄숙한 약속을 하시기 바랍니다."

이후로는, 제정의 말씀에 이어 기도하는데, 이는 영적인 사용을 위해 물을 거룩하게 함이다. 그리고 목사는 이같이 혹은 유사한 취지로 기도한다.

"주님, 약속의 언약이 없는 이방인같이 우리를 버려두지 않으시고, 그러나 주께서 제정하신 성례의 특권으로 우리를 부르신 주님께서, 이 시간에 주님이 제정하신 세례를 은혜로 거룩하게 하옵소서. 주께서 외형적 물세례와 함께 내적인 성령님의 세례와 합하게 하셨으니, 이 세례가 양자의 표식과, 죄 사함, 중생, 그리고 영생과 그 밖의 모든 은혜 언약의 약속에 대한 표식이 되게 하옵소서. 이 아이가 그리스도의 죽음과 부활의 모습으로 서게 하시오며, 죄의 몸이 그의 안에서 파괴되어, 일생 동안 새 생명으로 하나님을 섬기게 하옵소서."

그 다음에 목사는 아이의 이름을 물은 뒤, 대답을 하면 (아이의 이름을 부르며) 말한다.

"내가 성부와, 성자와, 성령의 이름으로 세례를 주노라."

이렇게 말하면서, 목사는 물로 아이에게 세례를 준다. 이 때, 다른 어떤 의식 없이, 아이의 얼굴에 물을 뿌리거나 부어, 행하는 것이 적절하며 합법적이다.

그 뒤에, 그(목사)는 다음과 같이, 혹은 비슷하게 감사와 기도를 드린다.

"주께서는 자비하시고, 언약을 지키심에 있어 진실하고 신실하심을 온전히 감사드립니다. 주께서는 선하시고 은혜로우시며, 우리를 성도 가운데 하나로 여기실 뿐 아니라, 우리의 아이들에게까지 그리스도 안에 있는 주님의 사랑의 유일한 징표와 표식을 주시기를 기꺼이 허락하셨나이다. 또한, 주께서는 진리와 특별한 섭리 가운데, 그의 교회의 성장과 존속을 위하여, 주의 사랑하는 아들의 피로 사신 자들을 나날이 교회의 품으로 인도하시나이다."

"그리고 기도하오니, 주께서는 이루 말할 수 없는 사랑을 베푸시고, 날마다 더욱더 확증해 주시옵소서. 지금 세례를 받아, 믿음의 권속들 가운데로 들어온 아이를, 하나님 아버지의 가르침과 보호 가운데로 인도하시며, 또한 하나님의 백성들에게 보이신 사랑으로 이 아이를 기억하여 주시옵소서. 혹 그가 어릴 때에 세상을 떠나게 되더라도, 긍휼이 풍성하신 주께서, 영광 가운데로 영접하여 주시옵소서. 그리고 혹 그가 살아서, 분별할 줄 아는 나이가 되거든, 주의 말씀과 성령으로 가르치시어, 세례가 아이에게 효과가 있게 하시오며, 또한 주의 능력과 은혜로 그를 붙들어 주셔서, 마침내 완전한 최후의 승리를 이루기까지, 마귀와 세상, 그리고 육신을 믿음으로 대적하게 하시며, 믿음으로 구원에 이르기까지 하나님의 능력으로 지켜 주시기를, 우리 주 예수 그리스도의 이름으로 기도하옵나이다."

웨스트민스터 대교리문답(1647):

165문: 세례란 무엇입니까?

답: 세례는 새 언약의 성례로서, 그리스도께서 성부와 성자와 성령의 이름으로 씻도록 제정하시어, 성도들이 그 자신에게 접붙임을 받으며, 그의 피로 정결함을 받고, 성령으로 거듭나게 되며, 양자가 되고 영원한 생명으로 부활하는 징표요, 인 치심이 되게 하신 것입니다. 세례를 받는 사람들은 이를 통해 보이는 교회의 지체로 엄숙히 영접되며, 전적으로 주님께만 속한 사람이 되겠다고 공적으로 고백함으로써 언약 관계에 진입하는 것입니다.

166문: 세례는 어떤 사람에게 베풉니까?

답: 세례는 보이는 교회 밖에 있어, 약속의 언약에 대해 모르는 사람

에게는 베풀지 않습니다. 다만 그들이 그리스도를 믿고 순종하기로 고백할 때 비로소 베풀 수 있습니다. 또한 부모가 다 혹은 부모 중 한 사람이 그리스도를 믿고 순종하기로 고백할 경우에는, 그들의 자녀도 언약 안에 있는 것으로 간주하여 세례를 받게 할 수 있습니다.

167문: 우리는 세례를 어떻게 증진시킬 수 있습니까?

답: 꼭 필요함에도 소홀히 된 세례의 증진은 우리가 평생 행해야 할 것입니다. 특히 우리가 시험을 받을 때와 다른 이의 세례식에 참여할 때에, 우리는 세례의 본질과 그리스도께서 세례를 제정하신 목적과 세례가 의미하고 표상하는 특권과 유익에 대하여, 그리고 세례 받을 때에 우리가 한 엄숙한 서약에 대하여 진지하게 생각하고 감사해야 합니다. 우리가 죄로 더럽혀졌다는 것을 깨달으며, 우리의 삶이 세례가 주는 은혜와 우리가 한 약속에 미치지 못하며, 오히려 반대로 행하고 있음을 생각하고 겸손해야 합니다. 우리는 더 성장하여, 죄 사함을 받음에 대한 확신과, 성례로 우리에게 확실하게 약속하시는 모든 다른 축복에 대한 확신을 가지도록 자라가야 합니다. 우리는 그리스도께 접붙임을 받는 세례를 받았으므로, 그분의 죽으심과 사심에서 힘을 얻어 죄에 대하여는 죽고, 은혜에 대하여는 사는 일생을 살아야 합니다. 그리고 세례를 받음으로 그리스도께 자신의 이름을 바친 자들로서, 믿음으로 살며 거룩하고 의로운 대화를 하려고 애써야 하며, 같은 영으로 한 몸에 연합하는 세례를 받았으므로 형제를 사랑하며 살아가야 합니다.

조선예수교장로회 예배모범(1934): 세례 주는 것과 유아세례

세례는 공연히 지체하여 줄 것도 아니요 어떠한 형편을 물론하고 사사로이 줄 수가 없고 반드시 하나님의 사역자로 부름을 받은 그리스도의 목사가 줄지니라.

세례는 흔히 교회안 모든 회중에서 베풀지니라.

자기 자녀가 세례 받기를 원하는 자는 그 뜻을 목사에게 미리 고하고 그 부모 중 일 인이나 혹 두 사람이 다 그 세례 받을 어린아이를 데리고 올지니라.

세례 주기 전에 목사는 성례에 관한 성질과 소용과 이 예식의 목적을 좌(아래)와 같이 설명하여 훈계할지니 이 예식은 그리스도께서 세우신 것이니 믿음으로 의롭다 하심을 얻은 표이라. 구약 때에 아브라함의 자손이 할례(割禮)를 받는 권(權)이 있던 것과 같이 복음의 은혜 아래에 있는 성도의 자손에게 이 예식 행하는 권이 있나니 그리스도께서 만국백성에게 명하사 세례를 받으라 하셨고 유아들에게 축복하사 천국의 백성은 이와 같다 하셨으며 복음의 허락하신 것은 성도와 및 그 집안에 미친다 하셨고 사도들도 이와 같이 집안세례를 베푼지라. 우리의 성품은 죄와 허물로 더럽게 된 것을 인하여 부득불 그리스도의 피로 씻으며 성신의 권능으로 성결함을 받아야 할지니라. 목사는 또한 좌(左)와 같이 그 부모를 권면하여 조심하여 부모의 직분을 다하라 함.

부모는 하나님의 말씀으로 자기의 자녀를 가르칠지니 신구(新舊)성경에 가르친 우리 거룩한 종교의 원리대로 가르칠 것이니라. 이 원리의 요령은 우리 교회신경(敎會信經)과 대소요리문답(大小要理問答)에 간단히 가르쳤은즉 이 모든 책은 부모의 직분을 도와주는 것이니라.

그 아이를 위하여 기도하며 친히 그 아이와 같이 기도하며 그 아이의 앞에 충성함과 경건함의 본을 보여 하나님의 주시는 힘을 얻어 전력하여 주의 성품과 훈계 안에서 자라게 할지니라.

목사는 좌(左)와 같이 물을지니라.

1. 그대가 이 아이가 예수 그리스도의 피로 씻음을 받고 성신(聖神)의 은혜로 새롭게 되어야 할 줄을 아느뇨.

2. 그대는 이 아이를 위하여 하나님의 언약의 허락하신 것을 바라며 자기 구원 얻기를 위하여 진력하는 것과 같이 이 아이 구원 얻기를 위하여 주 예수 그리스도를 믿는 가운데서 바라느뇨.

3. 그대는 지금 온전히 이 아이를 하나님께 받치며 겸손한 마음으로

하나님의 은혜를 의지하며 친히 경건한 본을 이 아이의 앞에 보이기를
진력하며 이 아이를 위하여 기도하며 이 아이와 같이 기도하며 우리 거
룩한 종교의 도리를 가르치며 하나님의 주시는 힘대로 전력하여 이 아
이를 주의 권고와 교훈에서 자라게 하기를 허락하느뇨.

　4. 그 후에는 예식을 행해야 하고 목사가 축복하는 기도를 올리고 아
이의 이름을 불러 가로되 「내가 성부와 성자와 성신의 이름으로 네게 세
례를 주노라」 할 것이라. 목사가 이 말을 하면서 물로 그 아이의 얼굴에
붓던지 물방울을 뿌리든지 하여 세례를 주고 다른 예식을 더하지 않고
모든 사람이 기도로 마치느니라. 세례는 교회 무리 앞에서 베푸는 것이
마땅하나 어떠한 시(時)에는 편의(便宜)를 취하여 사가(私家)에서도 행하
는 것이 있으나 목사가 그 일에 대하여 결정할지니라.

■ 분석

　웨스트민스터 예배모범에서 "세례"(baptism)에 관한 전반적인
모범은 성인세례의 내용이 아니라 유아세례의 내용들로 되어 있습
니다. 오늘날 우리 사회에서는 여전히 성인세례가 중심을 이루는
데, 이는 우리 사회가 아직도 기독교 신앙이 깊이 뿌리를 내린 상황
이 아님을 단적으로 나타내는 것이라 하겠습니다. 즉 웨스트민스터
총회가 있었던 17세기 영국을 비롯한 유럽의 상황은 수백 년에 걸
친 기독교 문화가 깊이 뿌리를 내리고 있었던 상황이었기 때문에,
대부분 세례 받는 사람이 새로 태어난 유아들이었던 것입니다. 그
에 반해 우리 사회에서는 유아 세례를 행하는 경우가 상대적으로 적
고, 주로 성인들에 대한 세례가 이뤄지는 실정입니다.

일반적으로 유아들에게 세례를 시행하는 것은 그 부모들이나 후견자들의 신앙을 바탕으로, 그 자녀가 하나님의 언약 가운데에 있음을 전제로 하여 시행하는 것입니다. 즉 유아세례의 경우에는 세례를 받는 자의 신앙고백이 언약 가운데 유보되어 있는 채로 행하는 것이라는데 특징이 있습니다. 반면에 성인들의 세례는 반드시 세례를 받는 사람의 명확한 신앙의 고백을 전제로 합니다. 그러므로 성인세례는 세례를 받는 자가 철저한 신앙교육과 그 고백을 바탕으로 하나님의 언약 가운데로 속하는 표로 세례를 행하는 것입니다.

➕ "세례는, 이유 없이 늦출 성례가 아닌 것과 아울러, 어떤 경우라도 개인이 사적으로 집례 할 수 없으며, 하나님의 비밀을 맡은 청지기로 부름을 받은 그리스도의 사역자만이 집례 해야 한다. 아울러 사적인 장소에서, 혹은 사적으로 집례 할 것이 아니라, 공중 예배의 장소에서, 그리고 회중 앞에서, 사람들이 가장 잘 보고 들을 수 있는 곳에서 집례토록 한다. 그리고 교황의 때처럼 적절하지도 않고 미신적인 성수반(font)이 있는 장소에서 행해서는 안 된다."는 예배모범의 문구들에 저촉되는 세례의 시행은 어느 교파에서 시행되던 세례의 모습입니까? [31]

웨스트민스터 예배모범이 설명하는 세례 예식의 지침들을 보면, 그것이 기본적으로 유아 세례를 언급하고 있음을 알 수 있는데 "세례는, 이유 없이 늦출 성례가 아"니라고 하는 문구가 단적으로 이를 나타내고 있습니다. 이후로 세례를 예배당에서 회중들 가운데서 외에 여타의 다른 장소에서 사적으로 시행해서는 안 되며, 산파

(midwife)를 비롯하여 목사가 아닌 자에 의해 급하게 시행되어서도 안 된다고 했는데, 그러한 예들 모두가 유아들을 대상으로 하는 세례에 있어 시행되어 오던 그 이전 종교의 방식들을 거부하는 맥락입니다. 특별히 "교황의 때처럼 적절하지도 않고 미신적인 성수반(font)이 있는 장소에서 행해서는 안 된다."는 문구에서 그러한 세례의 시행이 구체적으로 어디에서 기원했었던 것인지를 단적으로 알 수가 있습니다.

➕ 세례에 대한 초반 설명들은 세례가 우리의 "믿음"에서 출발함을 가르쳐 줍니까? [32]

우리 사회에 성인세례가 시행되는 경우를 흔히 볼 수 있는데, 성인세례의 경우에 자칫 오해할 수 있는 것이 바로 자신의 세례가 어디에 근거하여 비로소 시행될 수 있는 것인지에 대한 이해입니다. 그러므로 웨스트민스터 예배모범이 바탕으로 하는 신학을 가르쳐 주는 웨스트민스터 대교리문답(Larger Catechism)은 165문에서 세례에 관해 답하기를 "세례는 새 언약의 성례로서, 그리스도께서 성부와 성자와 성령의 이름으로 씻도록 제정하시어, 성도들이 그 자신에게 접붙임을 받으며, 그의 피로 정결함을 받고, 성령으로 거듭나게 되며, 양자가 되고 영원한 생명으로 부활하는 징표요, 인 치심이 되게 하신 것"이라고 간략하면서도 분명하게 설명하고 있습니다. 그러므로 세례란, 하나님의 백성이요 교회의 회원으로서의 언약 관계에 공적으로 진입하는 의미를 담은 예식인 것입니다.

➕ 유아로서의 자녀에 대한 세례예식에서 "출석한 모든 회중에게" 하는 권면의 요지는 무엇입니까? [33)]

성례(sacrament)는 "보이는 말씀"이라고도 말합니다. 즉 하나님의 말씀인 성경을 통해 깨닫게 되는 모든 진리들에 근거한 믿음을 성례를 시행함으로써 눈앞에 확인할 수가 있다는 의미에서 그처럼 말하기도 하는 것입니다. 그러므로 세례예식의 근거 또한 우리 속에 있는 믿음에서 출발하는 것이 아니라, 성경에 기록된 하나님의 진리로서의 언약 관계에 대한 이해를 바탕으로 하는 것입니다. 바로 그러한 언약(covenant)에 대한 이해를 눈앞에서 시행하는 성례를 통해 가시적으로 더욱 명확히 그 의미를 이해하는 유익이 성례예식에 있는 것입니다. 따라서 그러한 성례는 항상 말씀을 설교하는 예배당에서, 그리고 말씀을 설교하는 목사가 시행하는 가운데 세례자 뿐 아니라 모든 회중들에게도 유익이 있는 중요한 예배의 요소인 것입니다.

➕ 세례예식에서 아이의 "부모에게" 하는 권면의 요지는 무엇입니까? [34)]

신앙의 가정에 있어 '가장'(head of the family)의 역할은 핵심적이라 할 수가 있습니다. 가장에게는 주일 예배를 드리도록 온 가족을 인솔할 책임이 있으며, 세례를 받는 아이를 데리고 나오는 역할 또한 가장이 해야 할 몫입니다. 그에 반해 현대의 문화와 사고는 갈수록 그러한 가장의 역할이 축소되고 자율만이 지나치게 강조되는 극단으로 기울어 있습니다. 그러므로 자녀들의 신앙과 생활에 있어서도 지나치게 자율성이 강조되는 것을 볼 수가 있는데, 정작 일찍부터 자율성이 보장된 자녀들의 신앙이 성숙하지 못하게 되는 책임이 세례를 받는 아이를 데리고 나온 부모, 그 가운데서도 가장에게 있다는 사실을 알아야 할 것입니다. 특별히 자신을 이끄신 하나님의 자비하심을 깊이 깨달아 기억한다면, 자녀들에게 부모로써 해야 할 책임과 의무를 직시할 수 있을 것입니다.

세례에 있어 로마 가톨릭의 체계와 성공회(영국 국교회)의 체계는 예식 자체에 바탕을 두고 있는데 반해, 웨스트민스터 예배모범은 예식 자체에만 머무르지 않고 하나님의 언약에 관련한 이해와 양육을 바탕으로 한다는 데서 근본적인 차이를 보이고 있다. 이를 단적으로 확인할 수 있는 것이 바로 '견신례'(Confirmation)인데 '견진성사'라고도 하는 견신례는, 주교가 축성한 '성유'(oleum sanctum)라 불리는 기름을 세례를 받은 신자의 이마에 발라주면서 성령의 일곱 가지 은총 가운데 하나가 신자에게 임하도록 사제가 간구하는 예식이다. 반면에 웨스트민스터 예배모범에서는 유아세례를 포함하는 세례와 성찬 외에 별도의 성례가 제정되어 있는 것이 아니며, 다만 유아세례를 받은 아이들의 경우에는 부모들과 교회의 회중 모두의 의무와 책임을 촉구하는 것으로 세례 받은 신자의 신앙성숙이 연계되어 있다. 아울러 보이는 말씀으로서의 성찬예식에 참여함으로써, 세례의 근거인 은혜의 언약에 대한 가시적이고 풍성한 증진이 이루어지는 것이다. 그러므로 웨스트민스터 대교리 문답 167문은 "우리는 세례를 어떻게 증진시킬 수 있습니까?"라고 묻는데, 이에 대한 답변은 "꼭 필요함에도 소홀히 된 세례의 증진은 우리가 평생 행해야 할 것입니다. 특히 우리가 시험을 받을 때와 다른 이의 세례식에 참여할 때에, 우리는 세례의 본질과 그리스도께서 세례를 제정하신 목적과 세례가 의미하고 표상하는 특권과 유익에 대하여, 그리고 세례 받을 때에 우리가 한 엄숙한 서약에 대하여 진지하게 생각하고 감사해야 합니다.……우리는 더 성장하여, 죄사함을 받음에 대한 확신과, 성례로 우리에게 확실하게 약속하시는 모든 다른 축복에 대한 확신을 가지도록 자라가야 합니다."라는 것이다. 즉 웨스트민스터 예배모범에서 기초를 두고 있는 세례와 관련한 믿음은, 예식을 시행하는 그 자체에만 집중하지 않고 오히려 세례자 자신과 부모와 교회의 회중 모두에게 세례의 증진을 위한 수고와 노력이 요구되는 것임을 강조하고 있는 것이다. 따라서 세례의 증진은 별도의 추가적인 예식을 통해 이뤄지는 것이 아니라, 신자의 성화와 관련한 의무들 가운데서 공동체적인 역할이 요구되는 것이다.

한편 세례예식 가운데서 아이의 부모들에게 목사는 "당신의 의무(기독교 신앙에 근거하는 지식, 그리고 주님의 훈계로 양육하는 의무)를 이행하겠다는 엄숙한 약속을 하시기 바랍니다."라는 권면을 하는데, 잉글랜드 의회에 제출한 예배모범 원본에는 부모가 하는 "엄숙한 약속"에 대해 좀 더 자세히 "당신은 성부 하나님, 성자 하나님, 성령 하나님을 믿으십니까? 당신은 그리스도께서 행하라고 명하신 모든 명령을 지키기로 받아들이십니까? 그리고 앞으로도 계속해서 지키기로 서약하십니까? 당신은 유아가 세례 받고 예수 그리스도를 믿고 고백하기를 소망하십니까?"[40]라고 기록하고 있어서, 유아세례를 받는 아이의 부모들에 대한 신앙의 확인에 좀 더 초점을 두어 작성한 것을 볼 수 있다.[41] 물론 이러한 문구는 최종적으로는 포함하지 않게 되었지만, 세례에 있어 근거가 되는 언약에 관한 이해와 믿음과 관계해서 중요하게 생각할 문제다. 즉 자기 스스로 신앙고백과 믿음을 드러낼 수 없는 유아의 세례에 있어서, 그 부모들의 신앙을 확인하고 점검하는 문제에 관해 깊이 숙고할 부분인 것이다.

그런데 바로 이 부분에 대한 이해에 있어 회중주의(혹은 독립교회파)와 상당한 입장차가 실제로 웨스트민스터 총회에서도 있었다.[42] 왜냐하면 회중주의의 교회관은 개인적으로 그리스도의 부르심을 받았을 뿐 아니라, 그 스스로 그리스도의 제자로서 살아가기를 다짐하여 교회로서 함께 언약을 맺은 신자들로 구성된다고[43] 보기 때문이다. 그러므로 부모에게서 언약의 확신에 관련한 믿음과 신앙을 확인하는 것이 회중주의의 교회에서는 세례에 앞서 핵심적으로 중요하게 여겨지는 것이다. 그러나 웨스트민스터 신앙고백에 명시하고 있는 교회에 관한 정의를 보면 4항에 이르기를 "이 보

---

40) Richard A. Muller, Rowland S. Ward,『웨스트민스터 총회의 실천』, 230.

41) 이러한 관점은 사실 최종적인 예배모범에는 반영되지 않았고, 다만 전체적인 맥락에서 충분히 전제되는 형태로 예배모범 안에 녹아 있다고 보아야 할 것인데, 특히 유아세례를 받도록 하는 부모들의 신앙을 전제하는 당시 17세기 영국의 분위기가 충분히 고려된 것이라 하겠다. 하지만 오늘날 세례를 비롯한 성례에 대한 정확하고 풍성한 이해와 숙지가 부족한 부모들 가운데서 시행되곤 하는 유아세례의 문제로 볼 때에는, 오히려 깊이 새겨야 할 문구라 하겠다.

42) 이 논점에 있어서는 Thomas Leishman,『웨스트민스터 예배모범』, 106-8을 참조하라.

43) Sinclair B. Ferguson, David F. Wright, New Dictionary of Theology(Inter-Varsity Press, 1988),『IVP 신학사전』, (서울: (주)아가페출판사, 2002), 1162.

편적 교회는 때로는 더 잘 보이고, 때로는 덜 보이기도 한다."고 하여, 기본적으로 보편적인 교회일지라도 완전하여 전적으로 참된 교회(하나님 안에 하나인 보이지 않는 참된 교회)인 것은 아님을 명시하고 있다. 아울러 5항에서는 "하늘 아래 가장 순수한 교회들이 혼합과 오류 양자(兩者)의 영향을 받고, 어떤 교회들은 그리스도의 교회가 아니라, 사탄의 회가 될 정도로 그렇게 타락한다."고 하여, 이 세상에 있는 보이는 교회(제도적 교회)가 보이지 않는 교회(본질적 교회로서의 참된 교회)와 동일시 될 수 없음을 밝히고 있다. 그러므로 세례에 있어서 부모들의 믿음과 신앙조차도 본질적인 근거는 아니며, 다만 세례 이후로 부모와 교회 회중 모두의 공적인 수고와 노력이 더욱 요구되는 것이 웨스트민스터 예배모범에서의 세례에 대한 입장인 것을 알 수가 있다. 반면에 로마 가톨릭과 성공회, 그리고 회중주의의 교회관에서는 세례예식과 신앙은 필연적이며, 반드시 세례예식을 치르거나(로마 가톨릭, 성공회의 입장) 부모들의 믿음의 온전함이 반드시 확인되어야만(회중주의의 입장) 한다.[44]

한편 세례예식에 대해, 카렐 데던스(Karel Deddens)는 세례의 시기와 관련한 논의 가운데서 "이 모든 것에서 핵심은 회중의 눈앞에서 하나님의 언약을 인치는 것이다."[45]라고 했는데, 그러한 정의는 웨스트민스터 예배모범에서 언급하는 "세례는, 이유 없이 늦출성례가 아닌 것"이라는 문구와 같은 맥락임과 동시에 세례, 특히 유

---

44) 이에 반해 사무엘 루터포드를 비롯한 스코틀랜드의 신학자들은 "믿음의 고백이 복음 선포를 듣고 교회 지도자의 치리를 받고자 하는 의지로 표현된다면, 그것으로 믿음의 고백은 충분하다고" 여겼다. Richard A. Muller, Rowland S. Ward,『웨스트민스터 총회의 실천』, 231, 각주 35 재인용.
45) Karel Deddens,『예배, 하나님만을 향하게 하라』, 120.

아세례의 시행에 있어 그 부모들 뿐 아니라 목사와 회중 모두에게까지 확장되는 것임을 깨닫도록 한다. 즉 세례, 특히 유아세례는 아이나 그 부모들만이 아니라 모든 교회의 회중이 그야말로 눈앞에서 하나님의 언약이 인쳐지는 것을 생생히 목도하는 놀라운 성례로서 시행되는 것이다. 이러한 공적인 측면을 이해하게 될 때에, 세례는 세례 당사자들과 목사에게만 국한되는 사역(office)이 아니라 교회 전체로서 공동의 성례라는 사실을 명백히 확인할 수가 있는 것이다.

적용

어려서 유아세례를 받은 부모들의 경우에, 자녀에게 유아세례를 시행하는 것은 자기 자신에게 베풀어진 세례의 은총에 관한 가장 직접적이며 시각적인 경험이 될 것입니다. 그러므로 유아세례는 단순히 아이의 언약적 은총에 대한 믿음을 바탕으로 한다기보다는, 부모와 교회의 모든 회중들이 세례 받은 아이가 실제적으로 언약의 은총에 들어갈 수 있도록 적극적인 역할을 수행할 것을 직시하며 다짐하는 것이라 할 것입니다. 바로 그러한 의미로서 웨스트민스터 예배모범에서는 세례와 관련하여 교회의 회중을 벗어난 개인적인 세례의식의 시행을 거부하는 것입니다.

그러나 안타깝게도 세례예식의 의미에 대하여 제대로 숙지하지 못한 신앙 가운데서, 많은 부모들이 세례예식 자체를 신비적으로만 이해하여서 이후의 부모로서의 역할과 의무를 전혀 게을리 하는 경우를 흔히 볼 수가 있습니다.

➕ 세례 받음이 당신의 신앙에서 어떤 의미를 지니는지, 그리고 당신의 교회에서 다른 이들이 받는 세례식이 당신의 신앙에 어떤 실제적 의미가 있는지 정리하여 보십시오.

➕ 여러분이 속한 교회는 세례자들을 위한 준비를 위해 어떤 것들을 시행하고 있습니까?

➕ 자녀가 유아세례를 받던 때를 기억하며, 자녀의 신앙 양육을 위해 어떤 의무들을 실천해 왔는지 살펴보고, 앞으로도 어떤 의무들을 실천해야 할지 계획을 세워보시기 바랍니다.

➕ 유아세례를 받은 자녀들을 위해 여러분이 속한 교회는 어떤 의무를 실천하고 있는지 헤아려보시기 바랍니다.

IX.
성찬 혹은 주의 만찬의 시행에 관하여

웨스트민스터 예배모범(1645): 성찬 혹은 주의 만찬의 시행에 관하여

성찬, 혹은 주의 만찬은, 자주 행하도록 한다. 하지만 얼마나 자주 행할 것인지는, 목사와 교회의 당회원들이, 저희에게 맡겨진 자들의 위로와 교육에 가장 적합하다고 사료되는 대로 결정할 것이다. 그리고 성찬 예식을 행하는 것은 오전 설교 후에 하는 것이 바람직하다고 본다.

무지하고 중상을 일삼는 못된 자들은 주님의 성찬을 받기에 합당하지 않다.

사정상 성찬식을 자주 행하기 어려운 교회는 반드시 성찬 시행 한 주 전에 공적으로 공지해야 한다. 또한, 성찬 시행 한 주 전, 주 중의 어느 날에 성찬의 규례에 대해, 합당한 준비에 대해, 그리고 참여함에 대한 교육을 실시토록 한다. 개인적으로나 공적으로, 신성한 하나님의 모든 방법들을 부지런히 사용함으로써, 모든 사람들은 그 천상의 잔치에 더욱 잘 준비될 수가 있을 것이다.

성찬을 시행하는 당일에, 목사는 설교와 기도를 마친 후 간단한 권면을 한다.

"이 성례(성찬)를 통하여 받는 헤아릴 수 없는 은혜와 아울러 그것의 목적과 용도에 대해 설명한다. 우리의 나그네 길과 전투에서 위로와 새롭게 힘을 얻음이 얼마나 크게 필요한가를 제시한다. 지식과 믿음과 회개와 사랑과 더불어 그리스도와 그의 자비에 갈급하고 간절한 심령으로 성찬에 참여하는 것이 얼마나 필요한 것인지, 또한 합당치 않게 먹고 마시는 것이 얼마나 심각한 위험인지를 제시해 준다.

다음으로, 목사는 모든 무지한 자, 중상을 일삼는 못된 자, 불경한 자, 양심과 이성에 반하는 어떠한 죄와, 범죄함 가운데 살아가는 자는 거룩한 식탁에 참여할 수 없다고 그리스도의 이름으로 경고한다. 합당치 않게 먹고 마시는 자는, 자신에게 임할 심판을 먹고 마시는 것임을, 분명하게 보여준다. 그리고 다른 한편으로 목사는 특별한 방법으로 무거운 죄악의 짐으로 인해 고통 받는 자들과, 진노에 대한 두려움을 가진 자, 그리고 더 큰 은혜에 이르기 위해 갈망하는 모든 자들을 주님의 식탁에 나오도록 초대하고 격려한다. 동일한 이름으로, 그들에게 확신을 주면서, 그들의 연약하고 지친 심령에, 힘을 북돋고, 휴식과 상쾌함을 준다.”

이같이 권면, 경고, 그리고 초대의 메시지를 전한 후, 수찬자들은 사전에 식탁보를 씌워 적당한 곳에 놓인 성찬대에 질서 있게 둘러앉거나, 회중석에 그대로 앉도록 한다. 목사는 앞에 차려진 떡과 포도주를 거룩하게 하고 축복하는 행위를 시작한다(준비된 떡은 보기 좋은 적당한 그릇에 담아, 목사가 떼어 주면, 수찬자들에게 나누어 주고, 포도주 역시 큰 잔에 담는다). 먼저, 간단한 말로, 이것들은 보통의 것들과 같으나, 지금 제정의 말씀과 기도로 말미암아, 이 거룩한 목적에 사용되도록 거룩하게 구별되는 것임을 알려준다.

제정의 말씀을 복음서 중에서 읽거나, 혹은 사도바울의 첫 번째 서신인 고린도전서 11:23절 “내가 너희에게 전한 것은 주께 받은 것이니”에서부터, 27절까지를 읽고, 목사가 필요하다고 생각되면, 여기에 설명과 적용을 덧붙일 수도 있다.

떡과 포도주에 대한 감사와 축복의 기도는 다음과 같은 취지로 한다.

“우리의 비참이 지극히 큰 것과, 어떤 사람이나 천사라도 그로부터 우리를 구원할 수 없으며, 또한 하나님의 자비를 받을 만한 가치가 우리에게 전혀 없는 것을, 겸손과 진정으로 인정하나이다. 하나님의 모든 은택들로 인해 감사하오며, 특별히 우리를 구속하신 크신 은총과, 하나님 아버지의 사랑과, 우리를 구원코자 하나님의 아들 예수 그리스도께서 받으신 고난과 그 공로로 인하여 감사하나이다. 그리고 모든 은혜의 수단인, 말씀과 성례들, 그리고 특별히 이 성례(성찬)로 인해, 그리스도와 그의 모든 은총이 우리에게 유효하게 인쳐졌고, 오래도록 너무 남용되어, 다른 이들은 이 은총을 거절했음에도 불구하고, 우리는 크신 은혜 안에 언제든지 거하게 하심을 감사하나이다.

예수 그리스도의 이름 외에 천한 인간 중에 구원을 받을 다른 이름이 없음을 고백하오며, 예수 그리스도로 인하여 우리가 자유와 생명을 얻고, 은혜의 보좌로 나아가며, 그의 식탁에서 먹고 마시는 것을 허락받을 뿐 아니라, 그의 영으로 인하여 행복과 영생을 누리도록 인침을 받음을 고백하나이다.

하나님께 간절히 기도하오니, 모든 자비의 아버지시오, 모든 위로의 하나님께서, 은혜로 우리 가운데 임하시고, 우리 안에 그의 영이 효력 있게 역사하시기를 원하나이다. 그리고 이 떡과 포도주를 온전히 거룩케 하시며, 하나님의 규례를 축복하시어, 우리를 위해 십자가에 달리신 예수 그리스도의 몸과 피를 믿음으로 받아, 그리스도께서 우리와, 또한 우리가 그리스도와 하나가 되게 하시며, 우리를 사랑하시어, 우리를 위해 자신을 내어 주신 그리스도께서 우리 안에, 또한 우리가 그리스도 안에 살게 하옵소서."

이 모든 것을 행함에 목사는 거룩한 행위에 어울리도록, 적절한 열정으로 수행함으로써, 성찬에 참여한 사람들의 마음에도 열정을 가질 수 있도록 한다.

그것들은 이제 말씀과 기도로 거룩하게 되었으므로, 목사는, 성찬대 앞에 서서, 그의 손에 빵을 취하며, 다음과 같이 말한다(혹은, 그리스도께서나 그의 사도들이 성찬에서 했던 것과 비슷한 말씀을 사용해도 된다).

"거룩한 제정과 명령, 그리고 복되신 우리 주 예수 그리스도께서 행하신 모범을 따라, 나는 이 떡을 취하여, 축사하고, 떼어, 너희에게 주노라."(이 때에 목사는, 그 역시 동일하게 떡을 떼어 받아먹으며, 떡을 떼어 성도들에게 나누어 준다.)

"받아먹으라. 이는 너희를 위하여 찢기신 그리스도의 몸이니라. 이것을 행하여 그를 기념하라."

마찬가지로 목사는 잔을 취하여, 말하여, 나타내기를,(혹은, 그리스도께서나 그의 사도들이 성찬에서 했던 것과 같은 다른 방법을 사용해도 된다).

"우리 주 예수 그리스도의 제정과 명령, 모범을 따라서 이 잔을 취하여, 너희에게 주노라."(성도들에게 주면서 이렇게 말한다)

"이 잔은 그리스도의 피로 세운 새 언약이니, 이는 죄 사함을 얻게 하려고 많은 사람을 위하여 흘리신 것이다. 너희가 다 이것을 마시라."

모든 수찬자들이 성찬을 받은 다음에, 목사는 그들의 마음에 담을, 몇 마디의 말로써 권고하여, "예수 그리스도 안에 있는 하나님의 은혜로, 이 성례로 나왔으니, 이에 합당한 길을 걸을 것을 권고합니다."

목사는 하나님께 엄숙하게 감사의 기도를 드리도록 한다.

"성례를 통하여 저희에게 베푸신 풍성한 자비와 헤아릴 수 없는 선하심으로 인하여 감사를 드립니다. 또한 예배의 전체에 있어서 부족함이 있음을 용서하여 주시옵시며, 하나님의 선하신 성령께서 은혜로 도우시어, 수찬자들이 이 은혜에 힘입어 구원의 위대한 표지를 받은 자들로서, 은혜의 능력 가운데 행할 수 있기를 간구하옵나이다."

가난한 자들을 위한 모금(구제 헌금)은 질서 있게 하도록 하여, 공중 예배의 어떤 부분에도 방해가 되지 않도록 한다.

웨스트민스터 대교리문답(1647):

168문: 성찬은 무엇입니까?

답: 주의 성찬은 예수 그리스도께서 제정하신 대로 떡과 포도주를 주고받을 때 그리스도의 죽으심을 나타내 보여 주는 새 언약의 성례입니다. 성찬을 존중하면서 받는 이들은 주의 몸과 피를 먹고 마셔 영적인 영양을 공급받고 은혜 가운데 성장하며, 그리스도와 연합하고 교제하게 됨을 확인하는 것입니다. 아울러 하나님께 대한 감사와 봉사뿐 아니라, 신비한 한 몸의 지체로서 다른 성도들과 나누는 사랑과 교제를 확증하고 새롭게 하는 것입니다.

169문: 그리스도께서는 주의 성찬을 행하는 성례에서 떡과 포도주를 어떻게 주고받도록 제정하셨습니까?

답: 그리스도께서는 그의 말씀을 시중드는 사역자가 성찬을 집례할 때 떡과 포도주를 일상 사용할 때와는 달리 구별하여 두고, 제정의 말씀을 하고 감사와 기도를 드리고는 떡을 취하여 떼고, 떡과 포도주를 참여자에게 줌으로써, 그리스도께서 그들을 위하여 몸을 찢기시고 내어 주시며, 피를 흘리신 것을 기념하는 것입니다.

170문: 주의 성찬에 엄숙히 참례하는 이들이 어떻게 그리스도의 살과 피를 먹고 마시게 됩니까?

답: 그리스도의 몸과 피가 성찬의 떡과 포도주 안에, 또는 떡과 포도주와 함께, 또는 그 아래, 육체로나 육적으로 와 계시는 것이 아닙니다. 그러나 믿음으로 받는 자에게 영적으로 와 계십니다. 그렇다고 하여 떡과 포도주의 요소가 외적으로 의미하는 것 못지않게 참으로, 그리고 실제적으로 와 계십니다. 그러므로 우리는 성찬에서 그리스도의 몸과 피를 먹고 마시되, 육적으로가 아니고 영적으로 먹고 마시는 것입니다. 그러나 참예자가 믿음으로 받고 그리스도의 십자가의 죽으심과, 그분의 죽으심이 주는 모든 유익을 자신들에게 적용하는 한, 참으로 그리고 실제적으로, 그리스도의 몸과 피를 먹고 마시는 것입니다.

171문: 성찬식에 참예하려는 사람들은 미리 어떻게 준비해야 합니까?

답: 성찬을 받고자 하는 사람들은 성찬식에 오기 전에 자신들이 그리스도 안에 있는지를 점검하고, 자신들의 죄와 부족함을 살핌으로써 준비해야 합니다. 뿐만 아니라, 자신들의 지식과 믿음과 회개함이 진실하고 충분한지, 하나님과 형제를 사랑하며 모든 사람에게 자선을 베풀며, 자기들에게 잘못한 사람들을 용서하는지 살펴야 합니다. 그리고 그리스도를 사모하며 마음을 새롭게 하여 순종하는지, 진지하게 묵상하고 열심히 기도함으로써 이러한 은혜를, 즉 주를 사모하고 새롭게 순종하는 일을

새롭게 실천하는지를 살펴야 합니다.

172문: 그리스도 안에 있음을 의심하는 사람이나 준비를 소홀히 하는 사람이 성찬에 참여할 수 있습니까?

답: 그리스도 안에 있음을 의심하는 사람이나 성찬에 대한 준비를 소홀히 하는 사람이 비록 확신은 없더라도 그리스도에 대한 진정한 관심은 가질 수 있습니다. 자신이 믿음이 작은 것을 제대로 알고, 그리스도 안에 있는지 알기를 참으로 원하여 죄를 멀리한다면, 그리고 (연약하고 의심하는 그리스도인들을 구하기 위하여 약속을 주시고 성례를 제정하셨으므로) 자신의 불신앙을 슬퍼하고 자신의 의심을 해결하려고 힘쓴다면, 그 사람은 더 강건함을 받기 위하여 성찬을 받을 수 있으며, 또 받아야 합니다.

173문: 신앙을 고백하고 성찬을 받기를 원하는 사람을 막아도 됩니까?

답: 신앙을 고백하고 성찬 받기를 원한다고 하더라도, 무지하거나 거리낌이 있다고 인정되는 사람들은 그리스도께서 그의 교회에 맡기신 권세로 그들이 교훈을 받고 잘못을 고칠 때까지 성찬에 참예하지 못하도록 막을 수 있으며, 막아야 합니다.

174문: 성찬식을 행할 때, 성찬을 받는 사람들은 무엇을 해야 합니까?

답: 성찬식을 집례 하는 동안, 성찬을 받는 사람들은 경건한 마음으로 규례를 따라 하나님을 바라보면서, 성례를 위한 떡과 포도주와 집례 하는 것을 열심히 지켜보며, 주의 몸을 조심스럽게 분별하고, 주의 죽으심과 고난을 사모하는 마음으로 묵상해야 합니다. 그럼으로써 자신들이 받은 은혜를 따라 열심히 살도록 다짐하고, 자신들을 판단하며, 죄를 슬퍼하고, 그리스도를 주리고 목말라 하듯 사모해야 합니다. 또한 믿음으로 주를 먹고, 주의 충만하심을 받으며, 주님의 공로를 의지하며, 그분의 사랑을 누리고, 주님의 은혜에 감사하며, 자신들이 하나님과 맺은 약속과 모든 성도들에 대한 사랑을 새롭게 해야 합니다.

175문: 그리스도인들이 성찬을 받은 후에 해야 할 의무는 무엇입니까?

답: 그리스도인들이 성찬을 받은 후에 해야 할 의무는, 자신들이 성찬이 진행되는 동안에 잘 처신했는지 그리고 성찬식을 잘 마치게 되었는지를 진지하게 고려해야 합니다. 만일 생동하게 하심과 위로하심을 받은 것으로 깨달으면, 그것으로 인하여 하나님께 감사해야 하며, 그러한 은혜가 계속되기를 빌며, 해이해지지 않도록 조심하며, 자신들이 한 서약을 실행하고, 성찬에 자주 참여하도록 스스로를 고무해야 합니다. 그러나 만일 그들이 당장에 유익이 있음을 발견하지 못하면, 성례를 위하여 준비하고 참예한 과정을 더 면밀히 검토해야 합니다. 만일 그러한 과정에서 그들이 하나님 앞에서와 자기들의 양심에 비추어 최선을 다한 것으로 스스로 인정한다면, 때가 되면 열매를 맺을 것이므로 기다려야 합니다. 만일 그들이 잘못한 것으로 인정하면, 겸손해져야 하고 앞으로는 더 조심하고 부지런히 성찬식에 참여해야 할 것입니다.

조선예수교장로회 예배모범(1934): 성찬 실행하는 법

성찬은 간혹 베푸는 것이 가하나 몇 번을 거행하던지 각 교회 당회가 작정하되 덕을 세우기에 합당한대로 정할지니라.

교회를 깨닫지 못하는 자와 교회를 부끄럽게 하고 훼방할 기회를 짓는 자는 성찬에 참예할 수 없느니라.

성찬을 베풀려고 할 때는 교회에 공식광고를 함이 당연하니 적어도 일주일 전 기하여 광고하되 그 광고하는 날에나 혹 그 주일 안으로 어느 날에든지 예비예배(預備禮拜)를 보아 모든 성도로 하여금 성찬의 성결을 알게 하며 예비케 하여 합당한 태도로 이 성연(聖宴)에 참여케 할지니라.

강도를 마친 후에는 목사가 아래와 같이 말함.

「이는 그리스도께서 세우신 예식이라」복음 중에서나 고린도전서 11장에서 이 예식에 관한 말씀을 낭독하고 편의를 따라 설명하여 가르치되 "이는 그리스도를 기념하여 그의 재림하시기까지의 죽으심을 기억케 하는 예식이니 이는 자기백성에게 힘을 주사 죄를 대적케 하며 모든 고난에서 저희를 견고하심과 저희를 장려하고 격발(激發)하여 직분을 감당케 하며 사랑과 열심으로 저희를 감화하며 양심에 편안함을 얻으며 영생의 소망을 확신케 하는 모든 일에 믿음과 거룩한 주의(主義)를 흥하게 하며 다 말할 수 없는 유익이 되느니라." 하고 성신을 거스리는 자와 거룩한 뜻을 깨닫지 못하는 자와 교회를 부끄럽게 하며 훼방할 기회를 짓는 자와 무슨 은밀한 중에서 알고 지은 죄 있는 자들을 경계하여 참예치 못하게 하고 한 번으로는 죄에 빠져 할 수 없는 형편인 줄 깨달아 죄 사하심을 받으며 하나님의 허락하심을 얻기 위하여 그리스도의 구속하심을 의지하는 자와 복음의 도리 가르침을 받아 주의 몸 분변(分辨)하는 온전한 지식이 있는 자와 여회의 죄를 끊어버리되 거룩하고 경건한 생활을 하고자 작정하는 자들을 인도하여 참예하게 할지니라.

주의 정하신 대로 이 성례는 성도의 연합을 나타냄이니 목사는 이 예식을 시작하기 전에 모든 진리적 종교를 신종(信從)하는 자와 및 교통하는 다른 교파인이라도 행위가 단정하여 흠이 없이 가히 성례에 참예할 만한 자들을 다 청하여 이 예식에 참예케 할 것이요 세례인이 아니라도 이 예식 끝까지 머물러 있게 함이 가하니라.

성찬물건을 놓은 상은 단정히 덮고 떡과 포도즙을 예비한 후 참예할 사람들이 차서(次序)를 바르게 하고 엄숙한 태도로 꿇어앉던지 혹 앉은 자세대로 분급(分給)하던지 하되 적당한 장소에 장로들이 모여 있고 목사가 감사와 기도를 고한 후에 성찬을 각 사람에게 주느니라. 떡과 포도즙을 이와 같이 놓고 기도하고 감사를 올린 후에 목사가 떡을 가지고 사람 앞에서 떼며 가로되 "주 예수 그리스도께서 잡히시던 날 밤에 떡을 위하여 가지시고 축사하신 후 떼사 제자에게 주셨으니 나도 지금 그의 이름으로 이 떡을 나눠주노라. 주 가라사대 이 떡은 나의 몸이니 너희들을 대신하여 떼인 것이니라. 나를 기억하기 위하여 이를 행하라."

떡을 준 후에 잔을 들어 가로되 "같은 모양으로 우리 구주께서도 한 잔을 가지사 그의 이름으로 감사를 드린 후에 제자에게 주신지라."

목사는 전과 같이 말하면서 잔을 주며 가로되 "이 잔은 나의 피로 세운 새 언약이니 많은 사람을 위하여 흘려 죄 사함을 얻게 함이라 하신지라. 이를 받아 마실지어다."

차서대로 하면 모든 교우가 받은 후에 목사가 받고 그 다음에 목사가 장로들에게 주는 것이 합당할 듯 하니라. 후 교우가 받기 전에 목사가 받으면 조금 후에 자기가 일어서서 도와주고 나중에 장로에게 줄 수 있느니라. 어떠한 자세로 하던지 자세가 있어야 편하게 되느니라.

모든 신자는 각각 주로 더불어 약조(約條)하는 가운데에서 행할지니 이 성찬을 분(分)하는 일에 다소간 시간을 허비하여 모든 사람이 종용(從容)히 주로 더불어 연합하며 감사하며 남을 위하여 간구하며 기도할지니라.

목사는 몇 마디 말로 성찬에 참예한 무리에게 마음에 박히도록 권면할지니 이 예식에서 예수로 말미암아 보여주신 하나님의 은혜와 자기가 하나님의 사람으로 마땅히 행할 의무를 말하며 저희의 부르심을 입은바 그 거룩한 직분을 만족히 행하게 하도록 하며 저희가 이미 주 그리스도 예수를 드러나게 받았으니 마땅히 조심하여 그 안에서 행하며 선한 일을 행하도록 권면함이 가하니라.

목사는 또한 구경하는 자들에게도 권면하는 말을 하여 아래와 같이 주의 시키는 것이 가하니 믿을 본분을 가르치고 그리스도를 순종치 아니하며 이 거룩한 예식을 경홀히 여기는 가운데 생활함으로 저희 죄 되는 것과 위태한 것을 말하여 주고 권면하여 속히 성례에 참예할 수 있도록 진심준비(盡心準備)하라고 권할지니라.

그 다음에는 목사가 기도하고 하나님께 감사를 돌려 가로되 이 성경으로 말미암아 풍성하신 은혜와 무한히 자비를 나타내심과 이 예식 행한 가운데 결점(缺点) 된 일이 있으면 이를 용서함 받기를 간구하며 저희의 몸과 행실을 받으시기를 위하여 기도하며 성신의 은혜로 도와주심을 입어 주 예수 그리스도를 받들며 그 안에서 행하며 저희로 하여금 이미 받은 것을 굳게 잡으며 저희 면류관을 빼앗을 사람이 없게 하며 저희의 언행이 복음에 합하게 하며 저희 주 예수의 죽으심을 항상 기억하며 또한 예수의 생명이 저희의 육신에 나타나게 하며 사람 앞에 저희의 빛을 비취어 사람으로 하여금 저희 선행을 보고 하늘에 계신 저희의 아버지에게 영광을 돌리게 하시기를 빌지니라.

빈궁한 자를 위하여 연보(捐補)하는 것이나 혹 기타 신령한 일을 위하여 이때에 연보하는 것도 가하니 이 또한 당회의 명령으로 정할지니라.

그 다음에는 시(시편)나 찬송을 부르고 좌(아래)와 같은 축복기도나 혹 다른 축복기도로 폐회할지니라.

"양의 큰 목자 되신 우리 주 예수를 영원한 언약의 피로 죽음 중에서 이끌어 내신 평강을 주신 하나님이 모든 착한 일에 저희를 온전케 하여 자기의 뜻을 행하게 하시고 그 앞에 즐거움을 예수 그리스도로 말미암아 우리 마음에 이루시기를 원하노라 영광을 세세에 돌릴지어다 아멘"

우리 교회 중 어떠한 데서는 성찬 베풀기를 전기(前期)하여 금식을 행하는 습관도 있으니 이와 같은 때는 토요일과 월요일에 예비강도가 있는데 두 세 목사를 청하여 인도하나니 이와 같은 때에는 큰 은혜를 받는 일이 많고 목사들과 교회들이 더욱 친밀히 연합되는 힘이 나느니 이와 같이 하는 것을 불가타 아니하고 원하는 대로 그 풍속을 따라할지니라.

■ 분석

세례예식이 비교적 자주 시행할 수 없는 성례인데 반해, 성찬예식은 자주 시행할 수 있을 뿐 아니라 자주 시행하도록 권장되는 성례라는 점에서 현실적인 성례의 문제에 있어 직접적으로 논해지는 성례입니다. 특별히 말씀과 연계하여 "보이는 말씀"(Visible Word)으로서의 성찬의 의미와 은혜를 실제적으로 파악하는 것은, 우리들의 신앙에 있어서 거의 한 편을 차지하는 중요한 측면이라 할 것입니다. 그래서인지 종교개혁의 시대로 일컬어지는 16세기 유럽의 개혁파 교회들의 신학자들 가운데서 의견의 일치를 보지 못한 중요한 종교개혁의 내용이 바로 성찬에 대한 것이었으며, 이는 웨스트민스터 총회에서도 가장 격렬한 논쟁을 일으킨 주제였습니다. 다만 16세기 종교개혁자들 가운데서의 성찬에 관한 논쟁들이 주로 성찬의 본질에 관한 논쟁이었던 것에 반해, 17세기 웨스트민스터 총회에서의 성찬에 관한 논쟁은 의식을 어떤 식으로 행할 것인가에 있었다는 데에 차이가 있습니다. 이는 세례의 경우도 마찬가지여서 세례에 있어 물을 뿌리는 것이나 바르는 것으로도 합당한지, 그리고 그처럼 물을 뿌리거나 바르는 방식과 침수례(immersion)의 방식이 동일한 것인지와 같은 형식의 문제로 상당한 논의가 있었던 것과 마찬가지인 것입니다.

무엇보다 성찬에 있어 핵심적인 논점은, 세례와 성찬의 성례가 결코 의식적(Ceremonial)으로 시행될 것이 아니라는 점입니다. 이미 세례에 관해 살펴보면서 언급한 바와 같이, 성례는 시행하는 예식 자체로 의미와 효과가 있는 것이 아니라는 점이 로마 가톨릭이나 성공회의 견해와 근본적인 차이점을 지니는 것이라는 사실을 반드시 기억해야만 하는 것입니다.

➕ 웨스트민스터 예배모범의 성찬에 관한 지침 가운데 가장 먼저 언급되어 있는 것은 무엇입니까? [35]

현대의 대부분의 개신교회들, 그 가운데서도 웨스트민스터 표준문서들에 근거하여 운용되도록 한 장로교회들 가운데서 성찬의 시행에 관해서는 사실상 의식적인 정서가 지배적입니다. 즉 성찬에 담긴 의미와 본질에 대한 이해가 거의 결여된 채로 심지어 로마 가톨릭의 화체설(Transubstantiation)[46]에 가까운 의식적인 형태로 성찬을 시행하는 경우가 빈번한 것입니다. 바로 그러한 모습을 반영하고 있는 것이 성찬의 시행빈도인데, 소위 교회력(Liturgical Year)[47]에 따른 성찬의 시행이 장로교회들 가운데서도 무분별하게 이뤄지는 것이 단적인 예라 하겠습니다. 그러나 웨스트민스터 예배모범은 성찬과 관련하여 가장 먼저 "성찬, 혹은 주의 만찬은, 자주 행하도록 한다."고 언급하고 있습니다.

➕ 성찬에 관한 지침 가운데 다음으로 언급되어 있는 것은 무엇입니까? [36]

---

46) 사제의 축성(축사)과 동시에 떡과 포도주가 실제적인 예수 그리스도의 살과 피로 변화한다고 믿는 견해.
47) 주로 예수 그리스도의 삶과 죽음, 그리고 부활 등의 생애와 관련하여 배열한 절기들에 따른 일종의 교회달력. 이 가운데서 성탄절, 사순절, 부활절 등의 절기들이 배열되는데, 엄밀한 의미에서 장로교회에서는 그러한 절기들이 제정되도록 하는 근거가 전혀 성경에 없으며, 오히려 구약시대의 의식법(ceremonial law)에 속하는 여러 절기들(유월절, 초막절, 칠칠절 등)과 마찬가지로 폐지되었다고 본다. 이에 관한 언급은 "하나님의 율법에 관하여" 언급한 웨스트민스터 신앙고백 제19장 3항에서 단적으로 찾아볼 수 있다. 그러므로 주의 날이라 불리는 안식일인 주일(Lord's Day) 외에 어떤 절기들도 지킬 이유가 없는 것이다.

성찬이 의식적으로 시행되는 것이 아니라고 하면, 흔히 '기념설' (memorialism)과 같이 예식 자체에 별다른 의미를 부여하지 않는 오해를 가질 수 있습니다. 그러한 사고 가운데서는 자칫 성례에 사용되는 떡과 포도주 뿐 아니라, 그 예식 자체에 본질적인 유익이 있는 것이 아니라고 생각하여 예식에 앞서 스스로를 돌아보고 준비하는 일들에 대해서도 소홀하기가 쉽습니다. 하지만 웨스트민스터 예배모범에서는 성찬의 시행과 관련하여 사전에 점검하고 준비해야만 하는 것이 무엇인지를 명확히 언급하고 있습니다. 특히 "우리는 성찬에서 그리스도의 몸과 피를 먹고 마시되, 육적으로가 아니고 영적으로 먹고 마시는 것입니다. 그러나 참예자가 믿음으로 받고 그리스도의 십자가의 죽으심과, 그분의 죽으심이 주는 모든 유익을 자신들에게 적용하는 한, 참으로 그리고 실제적으로, 그리스도의 몸과 피를 먹고 마시는 것입니다."라고 한 대교리문답 170문의 답변과 "성찬을 받고자 하는 사람들은 성찬식에 오기 전에 자신들이 그리스도 안에 있는지를 점검하고, 자신들의 죄와 부족함을 살핌으로써 준비해야 합니다. 뿐만 아니라, 자신들의 지식과 믿음과 회개함이 진실하고 충분한지, 하나님과 형제를 사랑하며 모든 사람에게 자선을 베풀며, 자기들에게 잘못한 사람들을 용서하는지 살펴야 합니다."라는 171문의 답변에서 이를 구체적으로 확인할 수가 있습니다.

➕ 성찬에 참여하기에 적절한지의 여부는 순전히 성찬 참여자 스스로에게만 맡겨져 있습니까? [37]

앞서 언급한 기념설로서의 성찬의 이해 뿐 아니라 로마 가톨릭교회의 화체설과 같은 의식적 성찬 개념에서도 마찬가지로 성찬에 대한 준비와 점검에 대한 부주의를 유발할 수가 있습니다. 특별히 성찬시행 1주 전에 성찬에 대한 공지를 하는 것이 전부이다시피 한 현대교회의 성찬 규례는, 성찬을 아무런 의미가 없는 막연하고 빈약한 예식으로 전락시키는 것이라 하겠습니다. 그러므로 온 교회가 성찬의 합당한 시행과 관련한 예배모범의 지침들을 꼼꼼히 확인하고 이해하는 노력이 절실히 요구되는 것입니다.

✚ 웨스트민스터 예배모범이 언급하는 떡과 포도주의 성별에 관한 기도문은, 성찬의 제정이 결국 무엇(혹은 어디)에 근거하는 것임을 말합니까? [38)]

로마 가톨릭교회의 '화체설'이나 루터교회의 '공재설'(consubstantiation, 혹은 실재설)은 공히 성찬의 떡과 포도주가 실재적으로 예수 그리스도의 살과 피로 변화하거나, 실재적인 그리스도의 전인격이 신비스럽고 기적적인 방법으로 임재(local presence)한다고 보았습니다. 또한 '기념설'에서는 성찬의 떡과 포도주는 예수 그리스도와 그의 사역에 대한 기념과 은유로서의 상징일 뿐, 그 이상의 의미가 전혀 없다고 보았습니다. 하지만 웨스트민스터 예배모범과 대교리문답 등의 표준문서들에서 말하는 성찬의 떡과 포도주는 실재적인 예수 그리스도의 살과 피로 변화하는 것이 아니며, 그렇다고 예수 그리스도의 실재와 전혀 상관이 없는 상징물일 뿐인 것도 아닙니다. 오히려 마 18:20절의 "두세 사람이 내 이름으로 모인 곳에는 나도 그들 중에 있느니라."는 말씀에서 알 수 있듯이, 예수 그리스도의 말씀의 진리를 나타내는 "내 이름"으로 모인 곳에 그리스도께서 임재하시리라는 약속과 마찬가지 의미로서 성찬의 떡과 포도주가 그리스도의 살과 피가 되는 것입니다. 이와 관련하여 마 26:26절에서 주님께서는 친히 "떡을 가지사 축복하시고 떼어" 이르시기를 "이것은 내 몸이니라"고 말씀하셨고, 28절에서는 "잔을 가지사 감사기도 하시고" 이르시기를 "이것은……나의 피 곧 언약의 피니라."고 말씀하셨습니다. 그런즉 하나님의 언약에 근거하여 성찬의 떡과 포도주는 명백히 그리스도의 살과 피 즉, 그리스도의 몸인 것입니다. 다만 그러한 성찬에는 반드시 "내 이름" 즉 기독론과 "언약"에 관한 지식을 바탕으로 한다는 점에서, 성찬의 예식에 앞서 말씀의 합당한 사역(선포)이 중요한 것입니다.[48]

▬ 해설

토마스 레쉬만(Thomas Leishman)의 해설에 따르면 웨스트민스터 예배모범의 구체적인 지침들을 제정하는 과정에서 성찬예식에 대한 논쟁이 가장 격렬하고 오랜 시간에 걸쳐 이뤄졌다[49]고 한다. 그리고 더욱 구체적으로는 성찬의 시행빈도에 관한 문구를 어떻게 작성할 것인지에 관련해서 많은 논의가 스코틀랜드 장로교회파와

---

48) 아울러 마 26:29절에서 주님은 "내 아버지의 나라에서 새것으로 너희와 함께 마시는 날"이라는 언급을 통해, 성찬예식이 천국잔치에 관한 확실한 언약의 의미 또한 내포하는 것을 말씀하셨습니다.
49) Thomas Leishman,『웨스트민스터 예배모범』, 111.

회중주의의 독립교회파를 중심으로 이뤄졌다. 그런데 성찬에 관한 전반적인 논의들은 근본적으로 로마 가톨릭교회의 성찬 시행에 관한 전통을 배경으로 이뤄졌었다. 잉글랜드를 비롯하여 일부 감독제하에서 성찬을 시행했던 역사에는, 주로 로마 가톨릭교회에서 규정하는 성찬시행에 관한 규정들과의 연관성이 전제되어 있기 때문이다. 웨스트민스터 예배모범은 바로 그러한 로마 가톨릭교회의 전통을 전적으로 거부하는 맥락으로 작성되었던 것이다.

로마 가톨릭의 제4차 라테란 공의회(Concilium Lateranesse Ⅳ, 1215)의 결정문 21항은 "고해성사의 실천과 사제의 성사적 비밀 수호 그리고 적어도 부활절에 영성체하기"[50]라는 제목으로 규정하기를 "모든 남녀 신자들은 분별력을 가질 나이가 되면 일 년에 적어도 한 번 고유한 사제에게 자신의 모든 죄를 성실하게 고백하고 주어진 보속(Satisfactio)을 능력껏 이행하도록 애써야 한다."고 언급한 뒤, 곧장 이르기를 "자신들이 타당한 이유가 있어서 고유한 사제의 조언에 따라 한동안 영성체(Sacramentum)를 하지 않아야 한다고 생각하는 경우는 제외하고, 적어도 부활절(pascha)에 성체를 정중히 배령해야 한다."고 하면서 "그렇지 않으면 그는 살아서는 성당에 입장이 금지되고 죽어서는 그리스도교 장례에서 배제될 것이다."라고 엄중히 규정하고 있다. 이러한 로마 가톨릭교회의 규정은 트렌트 회의(Concilium Tridentinum, 1545-1563)에도 그대로 계승되어, 제13차 회기(1551)의 성체성사에 관한 법규 9항에도 기록하기를 "해마다 적어도 부활절에는 영성체를 해야 할 의무가 있

---

50) J. Alberigo 외,『보편 공의회 문헌집 제2권 전편』, (서울: 가톨릭출판사, 2009), 245.

다는 것을 부인한다면, 그는 파문받아야 한다."[51]고 했다. 이러한 로마 가톨릭교회의 교령들이 취하는 성찬에 대한 입장은 지극히 의식적인 것[52]으로, 정확히 교회력(전례력, annus liturgicus)에 맞춰 성체성사(성찬)를 시행하도록 되어 있다. 그러므로 일 년에 한 번, 특별히 부활절에 고해(Confessio) 후에 성사에 참여하는 것으로 그리스도의 전 존재(totum Christum contineri)의 유익을 얻게 된다고 믿는 입장인 것이다.

그러나 웨스트민스터 예배모범은 의식적으로 규정하고 있는 로마 가톨릭교회와 성공회의 성찬에 대한 이해와 정 반대로, 말씀(언약) 가운데서 그리스도의 실제가 영적으로 함께 하신다고 믿는다는 점에서 말씀과 더불어 "자주 행하도록" 언급하고 있다. 이는 원래 성찬이 예배와 별도의 의식으로서 행해지는 것이 아니라, 예배의 한 순서로서 정기적으로 시행되었던 주후 1세기 고대교회의 전통을 계승하는 것이기 때문이다. 카렐 데던스(Karel Deddens)의 설명에 따르면 "고대 교회에는 성만찬으로 이루어진 예배가 따로 없었다. 주의 만찬은 말씀 선포와 기도, 그리고 헌금 순서 다음에 행해졌다. 하지만 시간이 지날수록 말씀과 성례의 연결고리가 서서히 사라졌다. 설교는 점점 뒤로 밀려나더니 예배에서 완전히 사라졌다."[53]고 하는데, 이는 곧 로마 가톨릭교회의 미사(missa)로 변형된 것을 말

---

51) 앞의 책, 698.
52) 한국의 경우, 일부 교회들에서 아직도 성찬예식에서 집례자들이 흰 장갑을 끼고 성찬을 집례 하는 것을 볼 수 있는데, 이 또한 의식적인 형태라 할 수 있다. 이것은 일제시대 신사참배의 예식이 들어온 것이라는 말이 있으며, 정작 로마 가톨릭교회에서도 성찬을 집례 하는 사제가 장갑을 끼는 예는 찾아볼 수 없다.
53) Karel Deddens,『예배, 하나님만을 향하게 하라』, 121.

한다. 일반적으로 미사는 제단 앞에서 사제가 시행하는 성찬 전례를 회중이 참관하는 형식으로 이뤄지며, 다만 '영성체'를 통해 회중들도 성찬의 떡과 포도주를 먹게 된다. 이처럼 미사로 변형된 로마 가톨릭교회에서는 점차 사제가 시행하는 성찬 전례(Eucharist)를 중심으로 하여 설교가 사라지게 된 것이다. 하지만 "종교개혁은 이를 다시 고대 교회의 예전으로 돌려놓았다. 칼뱅은 설교가 끝난 후에 말씀의 종이 테이블에 놓인 빵과 포도주를 가리키며 성찬이 행해질 것임을 선언하도록 했다. 이 예배 순서가 스트라스부르그와 제네바에서 행해졌는데, 우선 설교가 선포되고, 주의 만찬이 뒤따랐다." 그러므로 웨스트민스터 예배모범은 로마 가톨릭교회나 성공회 기도서의 방식을 배제하고 이와 같은 종교개혁의 취지 가운데서 성찬을 자주 행하도록 했다. 즉 공적 예배에 있어 말씀 설교와 보이는 말씀으로서의 성찬이 긴밀히 연계될 수 있도록 하는 맥락인 것이다.

한편, 웨스트민스터 예배모범에서 언급하는 "권면, 경고, 그리고 초대의 메시지를 전한 후, 수찬자들은 사전에 식탁보를 씌워 적당한 곳에 놓인 성찬대에 질서 있게 둘러앉거나, 회중석에 그대로 앉도록 한다."는 문구와 관련하여 성찬을 받는 방식에 대한 실천적 논의에 대해 알아둘 필요가 있다. 로랜드 S. 워드(Rowland S. Ward)에 따르면 성찬예식에 대한 웨스트민스터 회의의 논의에 있어 가장 논란이 되었던 부분이 바로 성찬을 받을 때에 회중석에 앉은 채로 받느냐, 앞에 있는 성찬대에서 받느냐의 논의였다고 한다.[54] "스코틀랜드 교인들은 교회 앞에 기다란 성찬대를 놓고 그 주위로 둘러앉았고, 성찬에 참여하는 자가 (성찬대 주위의) 좌석보다 많은 경우에는 차례를 기다렸다가 앉았다."[55] 반면에 "잉글랜드 교인들은 대게 예배당 좌석에 앉아 그 자리에서 떡과 포도주를 받았"는데, 이 두 입장이 접점을 찾지 못했기에 "성찬대에 질서 있게 둘러앉거나, 회중석에 그대로 앉도록 한다."는 문구로 작성되었던 것이다. 하지만 두 방식은 성찬예식을 집례 하는 목사를 도울 사람들이 필요한 지의 문제에 연계되는데, 스코틀랜드의 방식처럼 회중이 성찬대 앞으로 둘러앉을 경우에는 전적으로 목사에 의해 성찬의 떡과 포도주가 분배된다. 반대로 회중이 회중석에 그대로 앉은 채로 성찬에 참여하는 경우에는 떡과 포도주를 나르거나, 거둬들인 떡과 포도주 그릇을 다시 목사에게 전달하는 등의 절차를 수행하는 사역자가 필요하게 된다. 이에 따라 그러한 일을 교회의 장로들이 수행하게 되는데, 웨스트민스터 총회의 논의에서는 장로들이 그 같은 역할을 수행하는 것에 대해 부정적인 입장이었기에[56] 잉글랜드의 형식보다는 스코틀랜드의 형식을 더욱 지지하는 입장이었을 것이라는 짐작을 하게 한다. 아울러 이러한 성찬예식의 형식적인 문제들은, 개교회의 적절한 인원수가 어느 정도이어야 하는지의 문제와도 연계되는 것을 알 수 있다.

---

54) 이러한 논의에 대해서는 레쉬만(Thomas Leishman)의 해설에서도 동일하게 강조되고 있다.

55) 레쉬만은 이러한 진행에 대해 좀 더 상세히 설명하는데, 스코틀랜드에서는 "일반적으로 한 집회에서 성찬의 모든 참여자들을 동시에 수용하는 것이 불가능했기 때문에, 구별된 주일 혹은 같은 예배 시에 계속되는 집회에서 수많은 성찬 참여자들에게 필요할 때는 다른 성찬상들을 병행하여 놓은 것을 허용했다."고 언급하고 있다. Thomas Leishman,『웨스트민스터 예배모범』, 117.

56) 레쉬만은 웨스트민스터 예배모범의 해설에서 시무장로들이 성례전을 집행할 수 있는지에 대하여 심각한 망설임이 있어났고, 부정적으로 생각되었다는 언급을 하고 있다. 앞의 책, 121.

이미 언급한 바와 같이, 성찬예식은 주님이 약속하신 언약에 근거하여 제정된 것입니다. 그러므로 우리들은 성찬에 앞서 주님께서 이르신 언약에 대한 풍성한 지식과 그 이해를 반드시 숙지하여야만 합니다. 그래서 예배모범은 서두에서 "무지하고 중상을 일삼는 못된 자들은 주님의 성찬을 받기에 합당하지 않다."고 한 것입니다. 즉 성찬에 관련된 지식에 무지하거나, 잘못된 지식으로 진리를 거스르고 중상하는 자들은 오히려 죄를 먹고 마시게 될 뿐이기에 성찬에 참예하기에 합당하지 못한 것입니다. 그러므로 이어지는 예배모범의 언급에서도 "성찬 시행 한 주 전, 주 중의 어느 날에 성찬의 규례에 대해, 합당한 준비에 대해, 그리고 참여함에 대한 교육을 실시토록 한다."고 했습니다.

➕ 여러분의 교회와 여러분 자신은 성찬에 관련한 충분한 진리의 지식을 숙지하고 있는지, 교회의 공적인 성찬의 이해와 여러분 자신의 성찬에 대한 이해의 요지를 나누어 봅니다.

➕ 한 주 전에 교회에서 성찬시행이 공지되면, 여러분의 교회 혹은 여러분은 어떻게 성찬을 준비하고 있습니까?

➕ 여러분의 교회에서 성찬을 집례 하는 목회자는 어떻게 성찬의 떡과 포도주를 성별(聖別)되도록 하고 있습니까?

➕ 성찬에 참여하는 것을 통해 여러분들의 교회 혹은 여러분 자신이 어떤 유익을 얻고 있는지, 그리고 대교리문답 175문에 대한 스스로의 대답들을 생각하여보고 함께 나누도록 합니다.

X.
주일을 거룩하게 함에 대하여

웨스트민스터 예배모범(1645): 주일을 거룩하게 함에 대하여

주의 날은 마땅히 미리 기억하여 둠이 좋으니, 평상시 종사하는 세상의 일들을 규모 있게 정리하여 적절한 때에 마쳐놓음으로써, 주일을 맞이하였을 때에 주일을 거룩하게 하는 데에 방해가 되지 않도록 한다.

주일 하루는 온종일 주의 날로 거룩하게 지키되, 공적으로나 사적으로, 그리스도인의 안식일로서 지키도록 한다. 이 목적을 위해, 필수적으로, 모든 불필요한 일상적인 노동을 멈추고 온종일을 거룩히 쉬도록 한다. 그리고 모든 운동이나 오락, 뿐만 아니라 모든 세상적인 말과 생각들까지도 삼가도록 한다.

그 날에 하는 식사는 미리 준비해 두어, 어떤 하인이라도 부득이한 일이 아닌 것으로 하나님의 공적 예배에 빠지는 일이 없도록 하고, 어떤 사람이라도 그 날을 거룩하게 지키는 데 방해를 받지 않도록 한다. 각 사람과 가족들마다 기도함으로 개인적인 준비를 하되, 그들 자신을 위하여 기도하고, 하나님께서 목회자를 도우시며, 그의 목회에 축복하시기를 위하여 기도한다. 그리고 하나님의 공적인 규례들을 지킬 때에, 거룩히 행함으로 하나님과 더욱 평안히 교통할 수 있도록 한다.

모든 사람은 공중 예배를 위해 제 시간에 모이도록 하며, 온 회중은 시작부터 참석토록 하여, 공중 예배의 모든 순서들에 다 같이 한 마음으로 참석해야 하고, 축도를 마치기까지 먼저 나가지 말아야 한다.

공적인 회중의 모임들 후 혹은 사이의, 비어 있는 시간은, 읽는 것이나, 묵상이나, 설교를 되뇌는데 쓰도록 한다. 특별히 그들의 가족들을 불러 모아 그들이 어떻게 들었는지를 헤아리고, 교리문답을 하며, 거룩한 의견들을 나누며, 공적인 규례와 의식들에 축복해 주시기를 기도하고, 시편을 노래하고, 병자를 방문하며, 가난한 자를 구제하고, 기타 경건한 일들과, 자선, 그리고 자비의 의무들을 이행함으로 안식일을 기쁘게 여기도록 한다.

115문: 제4계명은 무엇입니까?

답: 제4계명은 "안식일을 기억하여 거룩히 지키라. 엿새 동안은 힘써 네 모든 일을 행할 것이나 제칠일은 너의 하나님 여호와의 안식일인즉 너나 네 아들이나 네 딸이나 네 남종이나 네 여종이나 네 육축이나 네 문안에 유하는 객이라도 아무 일도 하지 말라 이는 엿새 동안에 나 여호와가 하늘과 땅과 바다와 그 가운데 모든 것을 만들고 제칠일에 쉬었음이라 그러므로 나 여호와가 안식일을 복되게 하여 그날을 거룩하게 하였느니라."(출 20:8-11)는 것입니다.

116문: 제4계명에서 무엇을 요구하십니까?

답: 제4계명은 모든 사람이 다 하나님께서 말씀으로 지정하신 시간을, 즉 이레 중 한 날을 종일토록 거룩하게 구별하여 하나님께 거룩히 지키도록 요구하십니다. 그날이 창세로부터 예수께서 부활하시기까지는 일곱째 날이었지만, 부활하신 이후부터 이레 중 첫날이 되었습니다. 그리고 그것은 이제 세상 끝날까지 계속 변치 않습니다. 이 첫날이 곧 그리스도인의 안식일로서, 신약에서는 주의 날(주일)이라고 부릅니다.

117문: 안식일 또는 주일은 어떻게 거룩히 구별해야 합니까?

답: 안식일 또는 주일에는, 어느 때나 죄가 되는 일은 물론이고, 다른 날에는 합법적인, 일상적인 일이나 오락도 온종일 쉬어 이날을 거룩히 성별해야 합니다. 이날에 우리는, 어려운 사람들을 돕고 자비를 베푸는 일을 위하여 시간을 할애하는 것을 제외하고, 하나님을 공적으로 혹은 개인적으로 예배하는 일에 모든 시간을 바쳐야 합니다. 그러기 위하여 우리는 마음으로 준비하고, 이날을 바라면서, 우리가 종사하는 일반적인 일들을 열심히, 절제 있게, 시기에 맞춰서 수행하고 처리하여, 이날을 지키기에 보다 자유롭고 부족함이 없도록 해야 합니다.

118문: 안식일을 지키는 일을 두고 왜 가장들과 윗사람들에게 특별히 더 책임을 지웁니까?

답: 안식일을 지키는 일을 두고 가장들과 윗사람들에게 특별히 더 책임을 지우는 이유는, 그들은 스스로 이날을 지킬 뿐 아니라, 휘하에 있는 사람들이 잘 지키는지 살펴보아야 하기 때문입니다. 그리고 그들은 때때로 아랫사람들에게 일을 시켜 이 날을 지키지 못하도록 하는 경향이 있기 때문입니다.

119문: 제4계명에서 금하는 죄는 무엇입니까?

답: 제4계명에서 금하는 죄는, 요구하는 모든 의무를 저버리는 일, 부주의하게 하는 일, 태만함, 무익하게 실행하는 일, 싫증을 내는 일들입니다. 또한 게으름을 피워 이날을 속되게 하는 일, 죄악 된 일을 하는 것이나, 우리가 종사하는 일반적인 일과 오락에 관하여 모든 쓸데없는 일을 하거나 말하거나, 생각하는 것입니다.

120문: 제4계명을 강조하기 위하여 덧붙여 이유를 말하는 것은 무엇입니까?

답: 제4계명을 강조하기 위하여 덧붙여 이유를 말하는 것은, 형평성을 배려하는 것입니다. 즉 하나님께서는 우리 자신의 일을 위하여 이레 중 엿새를 허락하시고, 하루를 당신을 위하여 지키도록 이렇게 말씀하십니다. "엿새 동안은 네 모든 일을 행할 것이나." 그리고 안식일을 특별한 예절을 갖추어 잘 지키도록, "제칠일은 너의 하나님 여호와의 안식일인즉"이라고 말씀하시고, "엿새 동안에 나 여호와가 하늘과 땅과 바다와 그 가운데 모든 것을 만들고 제칠일에 쉬었음이라"고 말씀하심으로써 하나님을 본받도록 말씀하십니다. 하나님께서는 또한 그날을 복 주시어 그 자신을 섬기는 날이 되도록 구별하실 뿐 아니라, 그날을 우리가 거룩히 지킴으로써 축복을 얻는 방편이 되도록 제정하셨습니다. "그러므로 나 여호와가 안식일을 복되게 하여 그날을 거룩하게 하였느니라."

121문: 제4계명 서두에 왜 "기억하여"라는 말씀을 하십니까?

답: 제4계명 서두에 "기억하라"는 말씀을 하시는 것은, 안식일을 기억함으로써 크게 도움이 되도록 하시기 위함입니다. 이날을 지키기 위한

준비를 하는 데 도움이 될뿐더러, 또한 이날을 지킴으로써 나머지 다른 계명들도 더 잘 지킬 수 있으며, 우리 종교적 신앙의 요점이 되는 하나님의 창조와 구속의 위대하신 두 역사(役事)를 기억함으로써 계속 감사하는 마음을 가질 수 있습니다. 한편으로는 우리가 이날을 잊어버리기를 잘하지만, 본성의 빛이 우리를 기억하도록 일깨워 주지는 못하며, 이날이 합법적인 다른 시간에 일할 수 있는, 우리가 본래 가진 자유를 제한하기 때문입니다. 또한 안식일이 이레 만에 한 번 있는데다가, 그간에 세상일로 분주하여 안식일을 생각하는 일에 정신을 쓰거나 그날을 위하여 준비하거나 성별할 겨를이 없기가 쉽기 때문입니다. 그리고 사탄은 온갖 수단을 다 써서 영광을 차단하려고 하며, 심지어 안식일을 기억하는 일조차 못하게 방해하며, 불신앙과 불경건을 초래하기 때문입니다.

조선예수교장로회 예배모범(1934):
주일을 거룩되이 지킬 것

주일을 귀히 기억하는 것은 모든 사람의 당연한 의무이니 전날에 반드시 지키기로 예비하되 모든 육신의 사업을 정돈하고 일찍이 준비하여 성경에 가르친 대로 그 날을 거룩되이 함에 거리낌이 없게 할지니라.

이 날은 주의 거룩된 날인즉 반드시 종일토록 거룩되이 지킬지니 반드시 공동하여 모이든지 사사로이 예배 보는 일로 씀이 가하며 종일토록 거룩되이 안식하고 모든 긴급치 않은 사무를 폐하며 다른 날에 행하여도 합당한 모든 육신적 쾌락은 그날에는 폐함이 가하고 할 수 있는 대로 세상 생각과 이야기까지라도 아니하는 것이 가하니라.

음식 준비하는 것까지라도 전일에 준비하여 집안 사환(使喚)이나 기타 사람으로 하여금 공동예배 보는 대와 주일을 거룩히 함에 거리낌이 되지 않도록 함이 가하니라.

주일 아침에는 개인으로나 혹 권속(眷屬)으로나 각 사람이 자기와 다른 사람을 위하여 기도하며(특별히 저희 목사가 하나님의 도우심을 받으며 그 봉직하는 가운데서 복 받기를 위하여 기도) 성경을 연구하며 묵상함으로 공동예배에 하나님과 교통하는 것을 준비할 것이니라.

정한 시간에 일제히 회집함이 가하니 개회 때에 다 회집하여 끝까지 일심단합하여 예배를 할 것이요 마지막 축복기도 할 때까지 특별한 연고 없이는 나가지 아니함이 가하니라.

이와 같이 엄숙한 태도로 공식예배를 필한 후에는 그날 남은 시간은 반드시 기도하며 거룩한 글을 봄으로 마치되 특별히 성경을 공부하며 묵상하며 성경문답도 하며 종교상 담화를 하며 시편과 찬송과 신령한 노래를 부를 것이요 병자를 심방하며 빈한한 자를 구제하며 무식한 자를 가르치며 이같이 경건하고 사랑하며 은혜로운 모든 일을 행함이 가하니라.

웨스트민스터 예배모범(1645) 부록:
공중 예배를 위한 일시와 장소에 대하여

복음 아래서 성경에 거룩히 지키도록 명령하는 날은, 그리스도인의 안식일인 주의 날 외에는 없다.

거룩한 절기들로 부르는 축제일들은, 하나님의 말씀에 정한 것이 아니므로, 계속되어서는 안 된다.

그럼에도 불구하고, 특별히 긴급한 경우에는, 하나님의 섭리를 따라서 예외적이고 뚜렷한 역사가 종종 일어나서, 그의 백성들에게 그럴만한 동기와 기회가 부여된다면, 하루나 여러 날을 공적 금식일이나 감사일로 구별하는 것은 적법하며 마땅한 일이다.

어떤 봉헌이나 봉헌의 구실로 거룩해지는 것이 가능한 장소는 없는 것처럼, 과거에 제아무리 미신적인 목적으로 사용된 곳이라 할지라도, 하나님의 공중 예배를 위해 구별하여 사용하기에 적법하지 않고 부적절할 만큼 더럽혀지는 것은 아니다. 그러므로 우리는 지금까지 예배를 위해 공적으로 모이는 장소를 계속해서 동일하게 사용하는 것이 마땅함을 굳게 확신한다.

주일을 거룩하게 함에 관하여 살펴볼 때에, 앞서 숙지해야 마땅한 것이 바로 공중 예배를 위한 일시와 장소에 대한 이해입니다. 웨스트민스터 예배모범에서는 이 주제를 부록으로 첨부했는데, 이 교재에서는 주일을 거룩하게 함과 밀접히 연관된다고 판단하여 주일 성수에 관한 주제와 함께 다루어 살펴보고자 합니다. 특별히 스코틀랜드의 장로교도들은 주일에 대하여 더욱 확고한 지침을 확보하고 있었기 때문에, 주일 이외의 어떠한 성일들(holy days)에 대해 명백히 반대하고 있었습니다. 즉 그리스도인 신자들에게 유일한 성일은 오직 주일 외에 없으며, 그만큼 주님의 날인 주일을 거룩하게 함이 신앙의 실천에 있어 중요하게 대두되는 주제였던 것입니다. 반면에 로마 가톨릭교회에서는 여러 성일들과 축제일들이 거룩한 날들로 지켜지고 있었으므로, 그러한 로마 가톨릭의 성일들과 축제일에 기원하는 모든 성일들을 성경에 근거하여 철저히 배제했던 것입니다.

➕ 웨스트민스터 예배모범의 부록에 따르면, 공중 예배를 위한 때와 장소가 거룩히 구별될 수 있는 근거는 어디에서 찾을 수 있습니까? [39]

오늘날 로마 가톨릭교회가 주를 이루는 국가들에서 볼 수 있는 바와 같이, 중세시대로부터 이미 유럽의 여러 지역들과 로마 가톨릭교회의 영향을 받은 문화권에서는 특정한 성일들과 축제일들이

횡횡했습니다. 그런데 그러한 성일들과 축제일들은 공히 로마 가톨
릭의 '화체설'과 같이 신앙과 진리를 눈에 들어나거나 만질 수 있는
대상에 투영하는 신학에서 그 원리를 찾을 수 있습니다. 따라서 그
런 성일들이나 축제일에는 '성유물'(Holy Relic)이나 '성체'(성찬의
떡과 포도주)와 같은 것들을 앞세우는 행진이 이뤄지는 것입니다.
그에 반하여 웨스트민스터 예배모범은, 모든 거룩히 구별됨이 오직
성경에 근거하며, 특정한 날에 있어서도 "복음 아래서 성경에 거룩
히 지키도록 명령하는 날"로 한정하고 있습니다. 즉 "복음 아래서
성경에 거룩히 지키도록 명령" 된 것 외에 거룩히 제정될 수 있는
날(Festival days & holy Days)이나 장소(place)는 없는 것입니다.

➕ 웨스트민스터 예배모범이 가장 먼저 언급하는 주일에 대한 거룩한
　구별의 실천은 무엇입니까? [40]

　　웨스트민스터 대교리문답은 안식일로서의 주일에 관하여 제4계
명에 연계해서 문답되도록 하고 있습니다. 즉 주일을 거룩하게 함
이란, 율법의 제4계명으로서 도덕법에 속하는 불변하는 계명을 실
천하는 것입니다. 다만 구약의 '안식일'(Sabbath Day)은 여전히 동
일한 형태로 존속하는 것이 아니라 '주일'(Lord's Day)로 바뀌었을
뿐인데, 그럴지라도 구약의 안식일 규례는 안식일로서의 주일을 거
룩하게 함과 관련한 기본적인 맥락을 가르쳐 주고 있습니다. 그러
한 구약의 안식일 규정에 따르면, 안식일의 구별은 안식일 전날 밤
부터 안식일 밤까지(24시간)로 이어집니다. 아울러 안식일 전날부

터 모든 일상들을 정리하고 거룩히 구별하는 것이 시작되는데, 마찬가지로 주일을 거룩하게 함에 있어서도 주일 전날부터 모든 일상적인 일들을 잘 정리(마무리)하여 준비하는 것으로 시작하는 것입니다.

➕ 웨스트민스터 예배모범은 주일을 거룩하게 함에 있어 그 실천의 중심을 어디에 두고 있습니까? [41]

앞서 날과 장소를 거룩하게 하는 것이 "복음 아래서 성경에 거룩히 지키도록 명령" 된 것에 근거한다고 했는데, 그 말인즉 딤전 4:5절에 언급하는바 "하나님의 말씀과 기도로 거룩하여짐이라"는 말씀에 더욱 구체적으로 근거하는 것입니다. 특별히 하나님의 말씀인 성경의 진리야말로 주일을 거룩하게 하는 핵심적인 요소인데, 바로 그러한 근거 가운데서 공적 예배는 하나님의 말씀을 배경으로 하는 것입니다. 그러므로 로마 가톨릭교회가 의식(ceremony)을 중심으로 하여 하나님의 말씀과 관련해서는 성경을 읽는 것으로만 국한했었던 것과 달리, 개혁된 신앙에 근거하는 예배에 있어서는 하나님의 말씀을 강해(Bible Strength)하는 설교와 성례(성찬)가 함께 중심을 이뤘습니다.

➕ 주일을 거룩하게 함에 있어서의 실천은 공적 예배 외에는 없습니까? [42]

　현대의 신앙과 그 실천에 있어서는 주일 성수가 율법의 제4계명
에 속하는 것으로서, 하나님의 영원한 도덕법의 규정이라는 사실
에 대한 이해와 인식이 턱없이 부족한 것을 볼 수 있습니다. 그러므
로 주일을 거룩하게 함에 관해서도 공적 예배에 참석하는 것 외에
별다른 것이 없고, 오히려 그러한 예배가 끝마쳐지면 곧장 일상적
인 일들로 돌아가고 마는 것을 쉽게 찾아볼 수 있습니다. 하지만 웨
스트민스터 예배모범은 주일을 거룩하게 함에 관하여 "공적인 회중
의 모임들 후 혹은 사이의, 비어 있는 시간은, 읽는 것이나, 묵상이
나, 설교를 되뇌는데 쓰도록 한다."고 했습니다. 특별히 "가족들을
불러 모아 그들이 어떻게 들었는지를 헤아리고, 교리문답을 하며,
거룩한 의견들을 나누며, 공적인 규례와 의식들에 축복해 주시기를
기도하고, 시편을 노래"하도록 하고 있는데, 이는 각 가정에서 가장
의 인도로 이뤄지는 가정예배(Family Worship)와 개인예배(secret
& private Worship)를 드림으로써[57] 실천할 수 있는 것입니다. 그
외에도 "병자를 방문하며, 가난한 자를 구제하고, 기타 경건한 일들
과, 자선, 그리고 자비의 의무들을 이행함으로" 주일의 나머지 시간
에도 거룩하게 주일을 보낼 수 있다고 웨스트민스터 예배모범은 언
급하고 있습니다.

---

57) 가정예배와 개인예배에 관해서는 스코틀랜드 가정예배모범(1647)의 해설서인 장대선,『
　　교회를 세우는 가정예배』, (서울:고백과문답, 2017)를 참고하도록 하라.

경건한 예배와 안식일(주일)에 관하여 다루고 있는 웨스트민스터 신앙고백(Westminster Confession of Faith(1646) 제21장 7항은 주일 성수에 대해 "일반적으로, 하나님께 대한 예배를 위하여 시간의 응당한 부분을 떼어놓는 것이, 자연의 법칙으로 있는 것"이라고 명시하고 있다. 즉 주일 성수는 기독교인들에게만 있는 독특한 문화가 아니라, 자연법에 속하도록 제정된 것이라는 말이다. 그러므로 그처럼 주일을 성수하는 것은 모든 창조된 인류에게 공통적으로(혹은 자연적으로) 적용되는 법칙으로서의 의무에 속하는 것이다. 또한 "모든 시대에 모든 사람들을 구속하는, 적극적이고 도덕적이며 영구적인 명령으로써………세상의 끝 날까지 지속될 것이다."라고 7항은 명시하고 있다. 따라서 "창세로부터 그리스도의 부활 때까지는 한 주간의 마지막 날"인 안식일(Sabbath day)로써 지켜졌고, "그리스도의 부활로부터, 한 주간의 첫째 날"인 주일(Lord's Day)로 바뀌었을지라도, 그 날의 구별은 종결되거나 새로 시작된 것이 아니라 창세로부터 마지막 날까지 항구적으로 제정된 것이다. 특별히 그 날의 제정이 창세로부터 시작되었던 만큼(창조주 하나님께서 스스로 실천하시어 제정하신 것), 그 의무는 분명히 모든 인류에게 부과된 도덕법의 의무라는 것이 웨스트민스터 신앙고백과 대교리문답(1647), 그리고 예배모범의 공통된 바탕이다.[58]

이처럼 중요한 것이 주일 성수이기에 예배모범은 이를 "주일을

---

58) 이러한 특성은 주로 대교리문답의 제4계명에 대한 문답들 가운데 분명하게 드러난다.

거룩하게 함"이라는 제목으로 다루고 있는 것이다. 즉 주일 성수는 주일을 거룩하게 하는 것으로 지켜지는 것이지 형식적으로 지켜질 수 있는 것이 결코 아니며, 다른 일련의 경건의 행위들이 그렇듯이 즉흥적으로 행해질 수 있는 것이 아니라 준비와 더불어 온전한 자세와 마음이 총체적으로 요구되는 행위에 속하는 것이다.

한편, 구약의 안식일이 신약의 주일로 대체되는 것에서 중요한 실천적 의미들이 따라오게 된다는 사실을 인식하되, 그 의미를 정확히 인식하는 것이 필요하다. 어떤 경우에 그러한 변화가 그리스도인 공동체에서의 자체적인 구별에 기원한다고 봄으로, 특정한 날로서 주일을 구별하는 것이 불필요하다는 해석이 나오기도 하기 때문이다. 예컨대 주일에 정기적으로 쉴 수 없는 특정한 직업군에 속하는 사람들의 경우에는 주중 아무 때에라도 주일과 같은 의미를 부여하여 거룩하게 할 수 있다고 생각하는 경우가 있는 것이다. 또한 안식일이 주일로 대체되는 것에는 유대교와 기독교가 구별되는 점에서도 중요한 의미를 갖는다. 즉 유대교와 구별되는 기독교 안에서는 더 이상 '월삭'(New Moon)이나 '안식년'(sabbatical year), 혹은 '희년'(Jubilee)과 같은 날들을 지키지 않는 것과 연계되는 것이다. 바로 그런 의미로 웨스트민스터 예배모범은 별도의 부록을 통해 "공중 예배를 위한 일시와 장소에 관하여" 규정하고 있는데, 그에 따르면 "복음 아래서 성경에 거룩히 지키도록 명령하는 날은, 그리스도인의 안식일인 주의 날 외에는 없"으므로, "거룩한 절기들로 부르는 축제일들은……계속되어서는 안 된다."고 했다. 이에 따라 유대교의 절기들 뿐 아니라 로마 가톨릭교회의 교회력에 근거하는 절기들과 각종 축제일들(Festival days)이 모두 배제되는 것이다.

그러나 우리가 주일을 거룩하게 함에 있어서 한 가지 기억해야 할 것이 있다. 그것은 바로 막 2:27절의 "안식일이 사람을 위하여 있는 것이요 사람이 안식일을 위하여 있는 것이 아니"라는 말씀이다. 주일에 관한 안식의 규정들은 제4계명에 속하는 도덕법으로서의 중요한 의미를 전제하고 있지만, 아울러 그것은 자연법에 속하는 것으로서 사람의 안식에 직결되어 있는 것이기 때문이다. '자연법'(natural law)이라는 것은 보편적인 법률이라는 점에서 구속력을 지니는 것이지만, 아울러 인간의 본성에 직결되어 있는 것이라는 점에서 인간을 위하여 있는 것이기도 하다는 사실을 기억해야만 하는 것이다. 바로 그러한 의미를 간과하여 인위적으로 제4계명을 이해한 것이 '율법주의'(legalism)다. 바로 그러한 구별의 구체적인 내용들이 웨스트민스터 예배모범이 규정하고 있는 주일에 관한 지침들이다. 우리는 주일에 일상적인 주중의 일들을 쉬어야 함과 아울러, 주일의 목적에 부합하는 일들을 행함으로써 경건하게 행해야 하는 것이다. 그것은 억지로 지는 고역이 아니라 자원함으로 지는 가벼운 짐(마 11:30)이기 때문이다.

끝으로 주일을 거룩하게 함에 관해서는, 교회의 신앙문제와 사회의 제도적인 문제가 정교분리로 간단하게 분리할 수 없다는 점도 숙고해 보아야 한다. 즉 주일을 지킬 수 없도록 하는 사회·경제적인 문제들과 관련해서 교회가 관심을 가지고 개혁을 청원할 수 있어야 하는 것이다. 대표적으로 주일에 치르는 시험들이나, 직업군들에 대한 사회적 배려 등에 관한 논의와 이해가 필요한 것이다.

　사실 웨스트민스터 예배모범의 대부분이 주일을 거룩하게 함에 직결되는 내용들일 것입니다. 특히 주일을 중심으로 하는 우리의 신앙상황 가운데서 주일에 관한 지침들은 절대적으로 중요한 것입니다. 하지만 안타깝게도 주일성수와 관련해서도 우리의 신앙현실은 그리 엄밀하지 못한 형편입니다. 주일 하루를 온종일 성수하지도 못할 뿐 아니라, 그나마 교회당에서의 예배조차도 과연 주일에 합당한 예배와 태도 가운데 있다 말할 수 있을지 자신하기가 어려운 것입니다. 실례로 주일 성수에 대한 웨스트민스터 예배모범의 지침들 가운데 "그 날에 하는 식사는 미리 준비해 두어, 어떤 하인이라도 부득이한 일이 아닌 것으로 하나님의 공적 예배에 빠지는 일이 없도록 하고, 어떤 사람이라도 그 날을 거룩하게 지키는 데 방해를 받지 않도록 한다."는 문구의 경우에는 현대 교회들에서 거의 기억되지 않다시피 한 실정입니다.

➕ 공중 예배를 위한 일시와 관련한 웨스트민스터 예배모범에서 말하는 절기들이나 축제일, 그리고 금식일과 감사일의 구별은 어떤 차이에 근거해서 각각 부정, 혹은 인정되는 것입니까?

➕ 공중 예배를 위한 장소와 관련한 웨스트민스터 예배모범은, 주중에 다른 용도로 사용하는 공간을 주일에만 예배를 위한 공간으로 활용하는 태도에 대해 긍정하는 취지입니까? 그리고 예배의 장소문제에 있어서 예배모범이 말하는 핵심은 무엇입니까?

➕ 주일을 온종일 성수하는 문제에 대해서 여러분이 속한 교회에서 공적으로, 그리고 여러분 자신이 사적으로 어떻게 실천하고 있는지 나눠봅니다.

➕ 주일 성수의 의무(제4계명에 속하는 도덕법적 의무)와 관련하여, 주 5일 근무제도의 시행을 어떻게 활용하고 있는지 나눠봅니다.

쉼(休)글 :
예배모범에 왜 헌금에 대한 언급이 없을까?

웨스트민스터 예배모범(1645)의 문안에는 헌금에 관한 별도의 언급이 없이, 성찬에 관한 모범 가운데서 "가난한 자들을 위한 모금(구제 헌금)은 질서 있게 하도록 하여, 공중 예배의 어떤 부분에도 방해가 되지 않도록 한다."고만 언급해 두고 있다. 또한 공적인 감사의 날에 관한 모범 가운데 "그날 한두 번의 공중 회집에서, 모은 헌금은 가난한 자들을 위해, (그리고 공적 애도일과 같은 방식으로) 거두어서, 수혜자들로 우리를 축복하고, 우리와 함께 더욱 기뻐하도록 한다."고 했을 뿐 예배 가운데서 헌금이 이뤄졌었는지에 대한 구체적인 언급이 없다.

그러나 1919년에 조선예수교장로회가 채택한 예배모범에서는 제19장에서 "연보"(捐補)라는 제목으로서 별도로 헌금에 관해 다루고 있다. 그 내용을 보면, "교회에 각 신도는 주께로부터 받은 재물을 가지고 연보하는 일을 배양(培養)할지니 이로써 주 예수 그리스도의 명하신대로 복음을 천하만민에게 전파하는 일을 도울지니라. 주일마다 이 일을 위하여 회중으로 하여금 연보하는 기회를 정하는 것은 합당하고 매우 아름다운 일이라 성경에 가르치신 대로 이같이 연보 드리는 것은 전능하신 하나님을 예배하는 엄한 규모이니라. 연보할 일에 대하여 어떤 예배회에서 할 것과 예배회중차석(次

席)에 조만(早晚)은 목사와 당회의 결의대로 할 것이오 목사는 연보하는 일이 예배회의 일부분이 되게 하기 위하여 연보 전 혹 후에 특별히 간단한 기도로 연보에 대하여 복주시기를 구하고 주의 물건으로 봉헌할 것이니라. 그 거둔 연금(捐金)은 교회 각 대리국과 기타 자선한 일과 그리스도의 사업을 위하여 분별함은 반드시 당회의 감독 아래에서 할 것이니 분비다소(分批多少)와 일체계획(一切計劃)은 때때로 의결하되 혹 연보로 바치는 사람이 특별한 원하는 일이 있어 바칠 때는 그 사람의 원(願)을 따를 것이요 그의 원하는 사업을 삼가 행할지니라. 주일학교나 기타 각양회 혹 교회의 대표로 집회하는 가운데서 수납하는 연금은 항상 교회 당회에 보고하여 인가를 얻을 것이요 당회의 허가 없이는 조선장로회와 관계된 일이 아니면 무슨 일을 물론하고 연보나 집금(集金)을 하지 못할지라. 목사마다 자기 교회에 단 마음으로 연보하는 습성을 배양하는 것이 마땅하니 신도마다 다소를 물론하고 자기 힘대로 바치게 할지니라."고 상세히 다루고 있다. 이는 조선예수교장로회의 설립에 관여했던 미국 장로교회의 영향으로 보이는데, 1884년 미국 북장로교 예배모범 제6장은 "헌금에 대하여"라는 주제를 다루고 있다. 반면에 남장로교 예배모범(1894)에서는 헌금에 대한 모범이 포함되어 있지 않다.

사실 '예배모범'(Directory of Worship)은 예배 순서를 구체적으로 예시하기 위함이 아니라, 예배 순서를 위한 기준과 규범으로서의 역할을 하는 것이다. 반면에 '예배서'(Book of Worship)는 예배 순서(order)와 예식문(text)을 구체적으로 제시하는 것인데, 이미 로마 가톨릭교회와 성공회에서는 웨스트민스터 예배모범보다 먼저 왕권에 의해 이를 강요하여 사용토록 해왔었다. 그러나 정치적으로

의회파에 속하는 장로교회에서는 왕당파인 성공회가 강요하는 예배서를 배제하고, 개교회의 자율성을 어느 정도로 보장하고 있는 예배모범만을 제시했던 것이다. 즉 장로교회의 예배를 통일하더라도, 각 지교회의 자율성을 보장하는 가운데 원리적이고 본질적인 예배의 통일을 이루는 것이 웨스트민스터 예배모범의 취지였던 것이다. 그러므로 예배모범의 원리적인 제시 가운데서도 구체적인 예배의 자율성에 있어서는 어느 정도로 보장이 되었던 것이다.

그러나 예배의 순서나 내용에 대한 기본적인 지침이 전혀 예배모범에서 제시되지 않은 것이 아니니, 말씀(성경 낭독과 설교) 중심인 예배의 진행에 방해가 되지 않도록 자율적으로 헌금을 드리도록 하는 것이 웨스트민스터 예배모범이 제시하는 헌금에 관한 지침이다. 그러므로 예배 순서 가운데서 헌금하는 순서가 별도로 없고, 다만 예배당에 비치된 헌금함에 개인적으로 헌금을 하도록 하는 것이 모범이었다. 헌금 순서는 예배에 있어 부수적인 부분인 것이다. 따라서 이러한 의미와 신자의 자율성을 살리는 형태의 예배 진행이 무엇인지 좀 더 숙고되어야 할 것이다.

XI.
결혼 예식

웨스트민스터 예배모범(1645): 결혼 예식

비록 결혼이 성례가 아니며, 하나님의 교회 안에만 있는 제도도 아니지만, 전 인류의 공통된 제도이며, 모든 사회의 공공의 관심사이다. 하지만 결혼은 새로운 상황으로 향하는 시작이기 때문에 주님 안에서 해야만 하고, 하나님의 말씀에 의한 훈계와 지도, 그리고 권고가 특별히 필요하며, 아울러 그들 안에 하나님의 축복을 받아야 하므로, 합법적인 말씀의 종인 목사가 주례를 서고, 그들에게 맞춰 상담하며, 그들을 위해 축복하는 기도를 하는 것이 마땅하다.

결혼은 한 남자와 한 여자 사이에서만 이루어져야 한다. 그리고 그들은 하나님의 말씀에 금한 친족이나 인척관계로 저촉되지 않아야 한다. 아울러 자기를 분별할 수 있는 연령으로, 그들 스스로 선택할 수 있을 뿐 아니라, 건전한 근거로 상호간 동의할 수 있는 능력이 있는 자들이어야 한다.

두 사람 사이에서 결혼식을 올리기 전에, 목사는 3주일에 걸쳐 주일마다 공적으로 결혼 의사를 회중에게 공표하되, 가장 빈번하고 지속적으로 모이는 곳에서 공표하도록 한다. 그리고 주례를 맡은 목사는 결혼예식을 엄숙히 거행하기 전에 결혼에 대한 공표를 통해서 이를 충분하게 알려야 한다.

결혼할 당사자들의 결혼 의사를 공표하기 전에, (만일 당사자들의 나이가 부족하다면) 부모들의 동의나, 혹은 (부모들이 사망한 경우라면) 그들의 권리를 가진 다른 사람들이 동의한 것을 교회의 제직들에게 알리고, 이를 기록으로 남기도록 한다.

결혼 연령을 충족했을지라도, 부모들이 살아 계시며, 초혼인 경우, 동일한 절차를 거치도록 한다.

그리고 어느 한 쪽이라도 재혼인 경우라면, 먼저 부모들에게 (적당한 기회를 봐서 할 수 있는 한) 그 사실을 알린 뒤, 승낙을 받으려고 애써 보지 않고서는 약혼을 하지 않도록 권고한다.

부모들은 그들의 자식들이라도 그들의 자유로운 의사와 상관없이 결혼을 강요해서는 안 되며, 합당한 사유도 없이 그들의 합의를 반대해서는 안 된다.

결혼할 의사나 약속이 공표된 다음에는, 결혼예식이 오래도록 지체되지 않도록 한다. 따라서 목사는, 적절한 예고를 하고, 결혼예식과 겹치지 않는 날을 택해서, 공중 예배를 위해 공적으로 지정된 곳에서, 신뢰할 만한 증인들이 충분히 참석한 가운데서, 편리한 시간을 정해 결혼예식을 거행하되, 이는 공적인 금식의 날을 제외한 연중 어느 날이라도 가능하다. 그리고 우리는 주일에는 결혼식을 하지 말도록 권고한다.

또한 모든 관계들이 하나님의 말씀과 기도로 거룩하여지므로, 목사는 그들을 위하여 다음과 같이 축복의 기도를 하도록 한다.

"우리의 죄로 인하여 우리는 하나님의 자비를 조금도 받을 수 없으며, 하나님을 진노케 함으로 모든 우리의 위로는 깨어져버리고 말았습니다. 진정, 그리스도의 이름으로, 주께 간구하오니 (주님의 임재와 은혜는 모든 상황 가운데서의 행복이요, 모든 관계에서의 달콤함이니) 하나님께서 저희의 기업이 되시어, 이제 하나님의 언약, 곧 귀한 결혼으로 말미암아 연합하시는 그리스도 안에서, 저희를 받아주시며 하나님의 소유로 삼으시옵소서. 아울러 주님의 섭리로 저희를 함께하도록 하셨으니, 주의 성령으로 저희를 거룩하게 하시고, 저희에게 새로운 생활에 맞는 새 마음을 주시옵소서. 저희로 모든 은혜에 부요하게 하시어 저희가 맡은 의무를 잘 감당하고, 위로를 누리며, 근심을 견디고, 또한 근심과 더불어 찾아오는 유혹들을 그리스도인답게 이기게 하시기를 구하옵나이다."

기도가 끝나면, 목사는 성경에 근거하여, 다음과 같이 간단히 권고하는 것이 좋다.

"결혼의 제정과, 효용, 그리고 목적들을, 서로에게 성심을 다해 행해야 하는 부부의 도리와 함께 설명한다. 하나님의 거룩한 말씀을 공부하며, 믿음으로 사는 것을 배우도록 권고하며, 결혼 생활의 모든 걱정과 어려움 가운데서도 자족하며, 감사하고, 규모 있게, 그리고 모든 평안과 위로를 거룩히 사용함으로써 하나님의 이름을 높이도록 하며, 함께 서로를 위해 기도하도록 권고한다.

서로를 살피며 격려하고 사랑하며 선을 행하도록 한다. 그리고 생명의 은혜를 상속받은 자들답게 함께 살아가도록 한다."

결혼하는 이들을 엄숙히 권고한 다음에, 모든 심령을 감찰하는 자시오, 마지막 날에 그들의 행위대로 심판하실 크신 하나님 앞에서, 어느 누구라도 이미 약혼을 했거나, 다른 이유로 적법하게 결혼할 수 없는 사유를 발견했다면, 결혼을 진행시키지 않을 수 있다. 목사는 (만일 결혼을 중단할 사유가 없다면) 신랑이 먼저 신부의 손을 오른손으로 잡고, 다음과 같이 말하게 한다.

"나 ㅇㅇㅇ는, 그대 ㅇㅇㅇ를, 나의 결혼할 아내로 삼아, 하나님께서 죽음으로 우리를 갈라놓으실 때까지, 그대를 사랑하고 그대에게 신실한 남편이 될 것을, 하나님 앞과 이 회중 앞에서 약속하며 서약합니다."

그 다음에 신부도 신랑의 손을 오른손으로 잡고, 다음과 같이 말하게 한다.

"나 ㅇㅇㅇ는, 그대 ㅇㅇㅇ를, 나의 결혼할 남편으로 삼아, 하나님께서 죽음으로 우리를 갈라놓으실 때까지, 그대를 사랑하고 그대에게 신실하며 순종하는 아내가 될 것을, 하나님 앞과 이 회중 앞에서 약속하며 서약합니다."

다음에, 다른 어떤 예식 없이, 목사는 회중을 바라보며, 두 사람이 하나님의 규례에 따라 남편과 아내가 되었음을 선언하고, 다음과 같은 기도로 결혼예식을 끝마친다.

"주께서는 친히 제정하신 이 예식을 기쁨으로 축복해주시고, 지금 결혼한 이들에게, 하나님의 사랑으로 주신 다른 약속들과 마찬가지로, 결혼 생활의 위로와 열매로 풍성하게 하시오며, 하나님의 풍성한 자비로 말미암아, 찬양받으시기를, 예수 그리스도 안에서와 예수 그리스도로 말미암아 간구하나이다."

결혼한 이들의 이름, 결혼 날짜 등을 관련 기록부에 정확히 기재하여 주의 깊게 보관해야하며, 관계된 자들은 누구라도 열람할 수 있도록 한다.

1. 결혼은 한 남자와 한 여자 사이에 이루어져야만 하고, 동시에, 어떤 남자가 한 아내 이상을 두는 것이나, 또한 어떤 여자가 한 남편 이상을 두는 것은 합법적이지 않다.

2. 결혼은 남편과 아내에 대하여 상호간의 도움을 위해, 합법적인 자손으로 인한 인류의 번성과, 거룩한 씨로 인한 교회의 번성을 위하여, 그리고 부정을 막기 위하여 제정되었다.

3. 모든 종류의 사람이 판단력으로 동의할 수 있는 사람과 결혼하는 것은 합법적이지만, 그러나 주 안에서만 결혼하는 것이 그리스도인들의 의무다. 그러므로 참된 개혁 신앙을 고백하는 그러한 사람들은, 불신자들, 로마 가톨릭교도들, 혹은 다른 우상숭배자들과 결혼해서는 안 되며, 경건한 그러한 사람들은, 그들의 생활에서 악명 높게 사악하거나, 저주받을 만한 이단을 주장하는, 그런 자들과 결혼함으로 해서, 부적당하게 멍에 메어져서는 안 된다.

4. 결혼은 말씀으로 금지된 친족이나 인척의 범위 안에서는 하지 말아야 하고, 그러한 사람들이 남편과 아내로서 함께 살게 되는, 그 같은 근친상간적인 결혼은 인간의 어떤 법이나, 당사자들의 동의에 의해서 적법하게 될 수가 없다. 남자는 그가 자기 자신의 친척의 어떤 사람과 결혼하는 것보다도, 혈통에 있어 더 가까운 자기 아내의 친척 중의 어떤 사람과 결혼해서는 안 되고, 여자도 그녀 자신의 친척보다도, 혈통에 있어 더 가까운 자기 남편의 친척 중의 어떤 사람과 결혼해서는 안 된다.

5. 약혼 후에 범한 간음이나 간통이, 결혼 전에 발견되었을 때, 무죄한 상대방에게 그 약혼을 무효로 할 정당한 기회를 준다. 결혼한 후에 간음한 경우에는, 무죄한 상대방이 이혼 소송을 하는 것은 적법하며, 그

리고 이혼한 후에, 무죄한 상대방이 다른 사람과 결혼하는 것은, 마치 범죄한 상대방이 죽은 것 같이 적법하다.

6. 비록 인간의 타락이, 하나님께서 결혼으로 함께 짝지어 주신 사람들을, 부당하게 갈라놓기 위하여, 논쟁하려는 경향이 있는 그런 자들에게 있지만, 간음, 또는 교회나 국가의 위정자에 의해서 결코 치유될 수 없는 그런 의무불이행은, 결혼의 띠를 무효로 하기에 충분한 원인이다. 그 점에서 처리의 공적이고 질서 있는 절차는 준수되어야 하고, 그것에 관련된 사람들은 그들 자신의 사건에 있어서 자신의 뜻이나 결정권을 남기지 않아야 한다.

조선예수교장로회 예배모범(1934): 혼례

혼례는 성례도 아니요 그리스도 교회에만 있는 것이 아니요. 또한 하나님의 세우신 보충예법이니 국민이 유익을 도(圖)하기 위하여 각국에서 혼인규칙을 제정하여 모든 국민으로 지키게 하느니라.

성도들은 반드시 주 안에서 결혼할지니 그런고로 안수식으로 세운 목사나 기타 사역자로 저희들의 혼례를 주장하여 엄숙하게 할지니 혼례를 행할 자는 특별한 훈계와 적당한 기도로 행할지니라.

혼인은 다만 일남일녀가 합하여 됨이니라. 성경에 금한 혈족범위 안에서는 결혼하지 못할 것이니라.

남녀가 각각 상당한 연령에 이르러 저희 마음대로 작정할지니 부모와 동거하는 자면 먼저 그 부모나 그 보호자의 허락을 얻어 혼례 전 목사에게 분명히 증명할지니라.

부모는 저희의 자녀로 하여금 저희의 원치 아니하는 것을 강제로 혼인하지 못할지며 또한 저희의 하고자 하는 것을 상당한 이유 없이 금지치 못할지니라.

혼인은 공동한 성질을 가진 것이니라. 국민사회의 복리와 가족상 행복과 종교상 신용에 깊은 관계가 있으니 그러한 고로 이 혼인의 목적을 예정하여 혼례일자를 상당한 시일로 지정하여 공포할지니라. 목사들은

▬ 분석

장로교회의 결혼예식을 이해함에 있어서는 기본적으로 로마 가톨릭교회의 결혼예식에 관한 입장을 숙지할 필요가 있습니다. 즉 로마 가톨릭교회에서는 결혼예식이 일곱 가지의 교회의 중요한 '성례'(Sacrament)에 포함되는 것이지만, 장로교회에서는 결혼예식은 성례가 아니며, 성례는 오직 주님께서 시행하시고 제정하신 세례와 성찬 외에는 없다고 보는 것입니다.

하지만 결혼예식에 있어서의 장로교회의 신앙적 입장은 로마 가톨릭교회와 근본적으로 구별이 있을지라도, 그것이 여느 세속적인 예식들과 동일하게 이해하는 것은 아닙니다. 비록 결혼예식이 예배가 아니라 예식으로서 시행되는 것이기는 하지만, 그렇다고 교회의 회중(Congregation) 가운데서의 신령한 분위기와 전혀 상관이 없는 것 또한 아니라는 점에서 독특한 것이 바로 결혼예식인 것입니다. 그러므로 웨스트민스터 예배모범이 그러한 독특성을 어떻게 언급하고 있는지를 잘 이해하여, 우리의 신앙과 실천으로 적용할 수 있어야 하겠습니다.

➕ 웨스트민스터 예배모범은 신자의 결혼이 주님 안에서만 이뤄져야 하는 이유에 대해 뭐라고 말하고 있습니까? [43]

동서고금(東西古今)을 막론하고 결혼은 인간사회의 큰 행사 가운데 하나입니다. 마찬가지로 성경에서도 결혼은 중요하게 다루어졌으니, 창 2:24절은 그 제정에 관련하여 이르기를 "남자가 부모를 떠나 그의 아내와 합하여 둘이 한 몸을 이룰지로다."라고 했습니다. 그러므로 결혼은 한 인격체가 지금까지와는 전혀 새로운 상황에 직면하게 되는 중요한 변화와 전환의 계기인 것입니다. 하지만 고전 7:39절에서 사도는 신자의 결혼에 있어 가장 중요한 단서 하나를 언급하여 이르기를 "주 안에서만 할 것이니라."고 했는데, 신자인 남자가 부모를 떠나 전혀 새로운 상황에 직면하더라도 그것은 기본적으로 자신들과 동일한 신앙에 근거해서만 이뤄져야 하는 것을 말하고 있는 것입니다. 즉 고후 6:14절에서 언급하는 것처럼 "믿지 않는 자"와 멍에를 같이(결혼하는 것) 하지 말고, "하나님의 말씀에 의한 훈계와 지도, 그리고 권고"와 아울러 "그들 안에 하나님의 축복을 받"음 가운데서 부모를 떠나 아내와 합하여 새로운 신앙의 작은 공동체로서의 가정을 이뤄야 하는 것입니다.

➕ 웨스트민스터 예배모범에서 기본적으로 금하는 결혼의 예들은 어떤 것들이 있습니까? [44)]

　　최근 우리 사회는 개인주의적 가치와 다양한 사고와 문화가 인정되는 분위기 가운데서, 결혼에 대한 가치관에 있어서의 급격한 변화를 격고 있습니다. 그러한 가치관에는 인본주의(Humanism), 특히 개인의 인권을 최대한으로 보장하는 중심원리가 자리하고 있어서, 가까운 친족 간의 결혼이나 동성 간의 결혼까지도 용인하려는 경향으로 치닫고 있습니다. 그리고 그러한 분위기 가운데 신앙에 근거하여 신자와만, 그것도 같은 신앙관을 가진 사람과 결혼하도록 하는 웨스트민스터 예배모범에서의 지침은 거의 무시되어버리는 지경입니다. 그러나 웨스트민스터 예배모범을 따르는 장로교회의 신자들은, 오직 성경에 근거하여 동일한 성경적 신앙 가운데서 결혼하는 것이 신자로서의 중요한 의무라는 사실을 명백하게 하여야만 합니다. 즉 성경에서 특히 금하고 있는 결혼의 형태는 결코 추구해서는 안 되는 것입니다.

➕ "공중 예배를 위해 공적으로 지정된 곳에서, 신뢰할 만한 증인들이 충분히 참석한 가운데서" 결혼예식을 거행하도록 한 것은, 기본적으로 결혼예식이 어떠한 예식이라는 사실을 드러냅니까? [45)]

　　웨스트민스터 예배모범은 "나 ○○○는, 그대 ○○○를, 나의 결혼할 아내로 삼아, 하나님께서 죽음으로 우리를 갈라놓으실 때까지, 그대를 사랑하고 그대에게 신실한 남편이 될 것을, 하나님 앞과 이 회중 앞에서 약속하며 서약합니다."라는 문구와 더불어, 그것이 기본적으로 하나님 앞에서 시행하는 언약의 예식이라는 사실을 알 수 있습니다. 그러므로 예배모범에서 언급하는 결혼에 관한 전반적인 지침들 뿐 아니라 웨스트민스터 신앙고백에서도, 일관되게 강조되는 것이 바로 결혼이 합당하게 이뤄질 수 있는 조건이 무엇인지에 관한 내용입니다. 아울러 결혼이 성립할 수 없거나, 파기할 수 있는 경우가 무엇인지를 명백히 밝힘으로써 결혼서약이 결코 함부로 이뤄지고 쉽게 파기되는 일이 없도록 하고 있습니다. 신자로서 하나님 앞에서 엄숙히 서약한 결혼의 서약(혹은 언약)은 합당한 사유가 아닌 한 "하나님께서 죽음으로 우리를 갈라놓으실 때까지" 결코 파기할 수 없는 것입니다.

➕ 결혼예식은 성례가 아닌데 왜 "공중 예배를 위해 공적으로 지정된 곳에서" 목사의 주례로 이뤄져야 한다고 했습니까? [46]

우리 사회는 기독교 뿐 아니라 여러 종교들과 불신앙의 사람들이 혼재하는 형편이고 국가적으로도 공식적인 한 종교를 표방하지 않는 입장이기 때문에, 결혼예식과 같은 일은 기본적으로 사회적 합의에 의한 제도로 인식하는 경향 가운데 있습니다. 그러므로 신자라 할지라도 그러한 세속적인 이해와 문화를 바탕으로 결혼예식을 치르게 되는 경우가 많은데, 혼주들이 화촉을 밝히는 일이라든지 예물로서 반지를 교환하는 것과 같은 예가 대표적입니다. 그러나 화촉(樺燭)을 밝히는 것은 옛 고구려의 제사에서 유례한 주술적 의미를 담고 있는 것이라고 하며, 예물반지 교환의 경우에도 로마 시대에 금반지를 끼워주며 영원한 사랑과 부귀를 기원하던 데서 유례하여 로마 가톨릭교회에 수용된 것입니다. 따라서 그러한 문화는 신자들에게 합당하지 못하며, 더구나 "공중 예배를 위해 공적으로 지정된 곳에서" 목사의 주례로 이루어지도록 한 웨스트민스터 예배모범의 취지와는 무관한 것입니다. 때문에 예배모범은 결혼 서약이 끝나면 "다른 어떤 예식 없이" 목사의 축복하는 기도로 모든 예식을 마치도록 한 것입니다.

■ 해설

　신자들이 행하는 결혼예식에 관해서는 기본적으로 두 가지의 입장과 구별해서 정리해 볼 필요가 있는데, 첫 번째로는 결혼예식이 거룩한 성례(Sacrament)에 속하는 것이라는 로마 가톨릭교회의 입장이다. 그러므로 로마 가톨릭교회의 개혁총회였던 트렌트 종교회의는 "본 거룩한 공의회는 교황 인노첸시오 3세 때에 거행된 거룩한 라테란 공의회의 발자취를 따르며 다음과 같이 명하는 바이다. 앞으로는 혼인하고자 하는 이들의 본당 사제가 혼인 계약 이전에 세 번 연속으로 축일(주일과 의무 대축일)에 성당 안에서 미사 중에 공적으로 누가 혼인하고자 하는지를 공지해야 한다."[59]고 했으며, 또한 "혼인하는 사람들이 혼인 체결 전에, 아니면 적어도 혼인의 완결

---

59) J. Alberigo 외,『보편 공의회 문헌집 제3권』, (서울: 가톨릭출판사, 2006), 755-6.

3일 전에 자신의 죄를 성실하게 고백하고 거룩한 성체성사(성찬)를 받도록 권고하는 바이다."라고 하여 결혼예식이 사제를 중심으로 하는 로마 가톨릭교회의 권위 아래에서 시행되는 성례의 성격임을 분명히 밝히고 있다.[60) 그런즉 로마 가톨릭교회에서는 결혼예식이 로마 가톨릭교회의 사제권을 바탕으로 시행하는 교회의 공적인 성례로서 시행되는 성격이다. 로마 가톨릭교회의 결혼성사에 있어 독특한 점은, 결혼의 성립 기준으로 중요한 것이 "본당 사제 또는 본당 사제나 직권자로부터 권한을 받은 사제"의 권한에 있으며, 아울러 "두세 사람의 증인"의 배석에 바탕을 두고 있다는 점이다. 즉 결혼성사에 있어 성사(성례)의 성립요건은 사제권에 있으며, 사제가 시행하는 성례로서의 예식에 두세 사람의 증인이 될 만한 하객이 있으면 성립할 수 있는 성격이라는 것이다. 한마디로 로마 가톨릭에서 공적(公的)이라는 말은 필수적으로 사제권에 근거하며, 회중은 부수적일 뿐(두세 사람으로도 족한)인 것이다.

결혼예식에 대한 두 번째 입장은 결혼이 사회적 계약으로서 목사는 다만 행정 당국의 권위를 대신하여 집행할 뿐이라고 보는 입장이다. 웨스트민스터 총회에 참석한 총대들 가운데 토마스 굳윈(Thomas Goodwin, 1600-1680)은, 네덜란드의 회중 교회를 돕는 5명의 목회자들 가운데 한 명으로서 독립교회파의 대변인 역할을 수행[61)했는데, 레쉬만에 따르면 "굳윈과 그의 동료들은 결혼예

---

60) "본 거룩한 공의회는 이제 본당 사제 또는 본당 사제나 직권자로부터 권한을 받은 사제 없이, 그리고 두세 사람의 증인이 없이 혼인을 맺으려고 시도하는 모든 사람들은 절대로 혼인을 맺을 자격이 없다고 선언하고, 이러한 혼인 계약들은 무효임을 선포하며 이 교령을 통해 이를 명시하는 바이다." 앞의 책, 756.
61) 배현주,『대영제국 장로교회사』, (고양: 주교문화사, 2014), 391.
62) Thomas Leishman,『웨스트민스터 예배모범』, 128.

식에서 목사는 단지 행정장관의 대리자로만 행동하게 함으로써 결혼을 평민들 간의 협약이 되도록 했다."[62]고 한다.

굳윈을 비롯한 회중주의적인 독립교회파 목사들이 결혼예식에 대해 그러한 입장을 취하는 것은 기본적으로 그들의 교회관에 직결되어 있는데, 아울러 그러한 교회관에 따라 국가 위정자와 교회 사이의 입장에서도 명백한 '정교분리'(Separation of the Churchs and the State)의 입장을 보이는 것이니, 그러한 독립교회파의 교회관은 사보이 선언(Savoy Declaration, 1658) 제26조 10항에 명시한바 "교회는 이와 같이 하나님을 예배하기 위하여 모인 회합으로서 가시적이고 대중적이며, 그러므로 (어떤 곳에서든지 자유롭게 기회 있는 대로 회집을 갖는) 그들의 회합들은 교회 또는 공적 회합들이다."[63]라고 했다. 그러므로 결혼예식이 교회 안에서 시행되더라도, 그것은 기본적으로 신자들 간의 협약에 의해 이뤄지는 것이며, 국가의 행정상으로 목사는 행정대리인이고 행정적 권한은 최종적으로 국가에 있는 형태라고 할 수 있다.

이처럼 회중주의의 독립교회파 입장에서 결혼예식을 국가적으로는 평민들이요 교회적으로는 회중인 신자들의 협약에 근거한다고 보는 것은, 그들의 교회관에 있어 핵심인 "교회는 어떤 법규의 시행에 의존하지도 않고 공동체 전체를 지배하거나 통치할 그 어떤 직분자들도 가지지 않는다."[64]고 하는 입장에 가장 기본적인 뿌리를 둔다. 그러므로 그러한 교회 안에서 시행되는 여러 제도들 또한 어떤 권위가 아니라 회중들 상호간의 협약에 근거하여 성립, 시행될 수

---

63) 김영재,『기독교 신앙고백』, 758.
64) 앞의 책, 756.

있는 것이다.

그러나 웨스트민스터 예배모범에서 규정하고 있는 결혼예식과 관련한 지침들은 두 입장들(로마 가톨릭교회와 독립교회의 입장)과 구별되는 독특한 성격이다. 아울러 그것은 두 입장들 사이의 중립적인 위치에 있는 것이 아니라 성경에 더욱 충실한 의미에서의 구별의 성격이다. 즉 절충(Compromises)적인 입장이 아니라는 말이다. 우선 회중주의적인 독립교회의 생각과 달리 결혼제도는 평민들(회중) 간의 협약으로 성립하는 것이 아니라 창세로부터 기원하는 하나님의 신적 제정에 의해 성립하는 제도다. 특별히 성경은 창세 때의 기록(창 2:23-24) 뿐 아니라 마지막 때에 대한 묵시(계 19:9)에서도 예를 들어 언급할 만큼 항구적인 제도로 제정된 것이다. 그러므로 결혼예식이 하나님 앞에서 시행되는 언약식으로서 교회의 회중 가운데서 시행되도록 하는 것은 당연한 것이며, 다만 성경 어디에서도 그것이 거룩한 성례로 제정된 적이 없으므로 로마 가톨릭교회의 경우처럼 성사(성례)로 시행될 수는 없는 것이다.

이처럼 결혼예식은 단순히 평민들 간의 협약으로 맺어지는 것이 아니라 하나님 앞에서의 엄중한 언약으로 맺어지는 성격이라는 점에서, 본래 "회중이 공적 모임을 위해 모이는 장소에서" 시행하도록 명시했던 문안을 "공중 예배를 위해 공적으로 지정된 곳에서" 시행하도록 문구를 바꾸었던 것이다.[65] 하나님 앞에서의 엄중한 언약으로 결혼예식을 수행하는 것이기에, 공중 예배를 위해 공적으로 지정된 곳이야말로 가장 적합한 예식의 장소가 되는 것이다. 그러나

---

65) 이러한 변경에 대해서는 스코틀랜드 장로교회의 주장이 반영된 것이다. Thomas Leishman,『웨스트민스터 예배모범』, 129 참조.

결혼예식이 하나님 앞에서의 엄중한 언약으로 맺어지는 성격이기는 하지만, 로마 가톨릭교회에서 주장하는 것처럼 성례로서 시행하는 것이 아니라는 점에서 결혼예식은 주일을 피해 시행되어야 한다는 실천적 차이를 나타내게 된다. 결혼예식은 그 자체로 어떤 신적 권위(Jus Divinum)를 지니는 것이 아니기에, 그 자체로 주일을 거룩하게 할 수 있는 것이 아니다. 오히려 결혼예식 이후로 있는 피로연으로 인해 주일을 거룩하게 하는 일에 방해를 초래할 수 있다는 점에서 주일에 시행하지 말아야 하는 이유가 분명할 뿐이다.[66] 그러나 그것이 성례가 아니라고 해서 특정한 날이나 절기를 피해야 하는 것은 아니다. 로마 가톨릭교회의 경우에는 "만일 누가 1년 중 특정한 시기(그리스도의 대림 시기로부터 공현 대축일까지 그리고 재의 수요일에서 부활 팔부 축일까지)에 장엄한 혼인을 금하는 것은 이교도들의 미신에서 유래하는 폭압적인 미신이라고 주장……한다면, 그는 파문받아야 한다."[67]고 명시하고 있다.

▬ 적용

웨스트민스터 예배모범은 결혼제도에 관한 목사의 권면에 대해 "결혼의 제정과, 효용, 그리고 목적들을, 서로에게 성심을 다해 행해야 하는 부부의 도리와 함께 설명한다. 하나님의 거룩한 말씀을 공부하며, 믿음으로 사는 것을 배우도록 권고하며, 결혼 생활의 모

---

66) "주일에 결혼하는 것은 1641년에 글래스고우에서와 1643년에 에딘버러에서 그 자체로는 죄가 아니지만 잔치를 준비하면서 쓸데없는 일을 야기시킨다고 하여 금지되었다." Thomas Leishman,「웨스트민스터 예배모범」, 129.
67) J. Alberigo 외,「보편 공의회 문헌집 제3권」, 755.

든 걱정과 어려움 가운데서도 자족하며, 감사하고, 규모 있게, 그리고 모든 평안과 위로를 거룩히 사용함으로써 하나님의 이름을 높이도록 하며, 함께 서로를 위해 기도하도록 권고한다. 서로를 살피며 격려하고 사랑하며 선을 행하도록 한다. 그리고 생명의 은혜를 상속받은 자들답게 함께 살아가도록 한다.”고 설명하도록 권장하고 있습니다. 특별히 “하나님의 거룩한 말씀을 공부하며, 믿음으로 사는 것을 배우도록 권고하며, 결혼 생활의 모든 걱정과 어려움 가운데서도 자족하며, 감사하고, 규모 있게, 그리고 모든 평안과 위로를 거룩히 사용함으로써 하나님의 이름을 높이도록 하며, 함께 서로를 위해 기도하도록 권고한다.”는 문구를 보면, 결혼이 두 결혼당사자의 만족이나 행복을 추구하는 것이기 전에, 웨스트민스터 신앙고백 제24장 결혼과 이혼에 관한 항목 2항에서 언급하는 바와 같이 “거룩한 씨로 인한 교회의 번성을 위하여” 하는 것이라는 사실을 생각할 수 있습니다. 바로 그것이 “무엇을 하든지 다 하나님의 영광을 위하여 하라”는 고전 10:31절 말씀의 교훈을 가장 충실하게 이행하는 신자의 태도라 하겠습니다.

➕ 인생에 있어 중요하고도 새로운 상황에 직면하게 될 때에, 당신은 주로 무엇에 근거하여 판단을 내리는지 생각을 정리해 봅니다.

➕ 신자들에게 있어 개인적으로 결혼식을 거행하거나 일가친지들만 배석한 가운데 시행하는 결혼식이 바람직할 수 있는지 생각을 정리해 봅니다.

● 신자로서 결혼예식이 불신자들의 경우와 어떻게 차별되어야 할지 생각해 보고, 자신 혹은 교회 공동체가 기본적으로 세울 수 있는 결혼예식의 지침을 정리해 봅시다.

● 결혼예식에서 흔히 볼 수 있는 화촉, 예물(반지)교환, 축가 및 축하행사, 폐백 등의 유래와 의미 등을 조사하여 교회에서 혹은 소그룹(small group)에서 함께 나눠보도록 합니다.

XII.
병자의 방문에 관하여

웨스트민스터 예배모범(1645): 병자의 방문에 관하여

목사의 의무는 자신에게 맡겨진 사람들을 공적으로뿐만 아니라, 사적으로도 가르칠 책임이 있다. 특히 그의 시간과 능력, 그리고 개인적인 안전이 허용되는 한, 훈계와 간곡히 타이름, 꾸짖음과 또한 그들을 위로하여야 한다.

그는 건강할 때에, 죽음을 예비하도록 성도들에게 권유토록 한다. 그리고 성도들은 그들의 심령의 상태에 관하여 자주 그들의 목사와 함께 의논토록 한다. 그리고 병환 중에 있을 때에는, 그들의 기력과 이해력이 떨어지기 전에, 시기적절하게 목사의 조언과 도움을 받도록 한다.

아프고 괴로울 때는 하나님께서 곤고한 심령들로 그의 말씀을 전할 특별한 기회를 목사에게 하나님의 손길로서 이끌어 주신 때이다. 왜냐하면 그 때에 인간의 마음은 영원함과 관련하여 저희 심령의 형편이 어떠한지 더욱 깨닫게 되기 때문이다. 그리고 사탄도 역시 그러한 이점을 취하여, 그들에게 더욱 괴롭고 무거운 유혹으로, 더욱 짐을 지우는 때이다. 그러므로 목사는 병자를 심방하면, 지극한 사랑과 온유함으로, 그의 심령에 영적인 선을 행하되, 다음과 같이 하도록 한다. 그는 병자의 병세를 고려하여, 성경으로 권면하되, 질병이 우연이나 몸의 이상 때문에 찾아오는 것만이 아니라, 질병에 걸린 사람마다 하나님의 선하신 손길에 의해 지혜와 섭리로서 찾아오는 것임을 권면하도록 한다. 질병이 죄로 인한 죄책감에서 온 것이든지, 잘못을 벌하고 바로잡으려고 온 것이든지, 시험과 은혜로운 해결로서 온 것이든지, 그 밖의 특별하고 독특한 목적을 위해 온 것이든지 간에, 하나님의 징계를 경건의 계기로 삼고자 힘쓰고, 하나님의 징벌을 함부로 여기지 않으며, 하나님의 징계를 받는 가운데 낙심하지 않으면, 지금 당하는 모든 고통이 유익으로 변할 것이고, 모든 것들이 합력하여 선을 이루게 될 것이라고 권면한다.

만일 그가 보기에 병자가 신앙에 무지하다고 여겨지면, 신앙의 원리를 가지고서 병자를 검증하되, 특별히 회개와 믿음에 대해 검증해 주도록 한다. 그리고 병자에게서 부족한 것이 보이면, 이 은혜의 본질, 용도, 탁월함, 그리고 당위성을 가르친다. 또한 은혜의 언약에 대해 가르치며, 은혜의 언약의 중보자이신 하나님의 아들 그리스도와, 그를 믿음으로 죄사함을 받는다는 것에 대해 가르치도록 한다.

목사는 병자가 자신을 돌아보아, 지난 행실들을 살피고, 하나님을 향한 그의 영적 상태를 살피도록 권고한다. 그리고 만일에 병자가 마음에 거리끼는 것이나, 의심되는 문제, 또는 유혹되는 것이 있음을 밝힌다면, 그를 가르치고 문제를 해결하여 그의 심령으로 만족하고 안정되게 해주도록 한다.

만일 병자가 자신의 죄에 대해 충분하게 인식하지 못하는 것 같으면, 자기의 죄와 범죄함과 그에 따른 대가에 대해 깨닫도록 한다. 아울러 그로 인해 영혼이 부패와 타락으로 오염되는 것을 깨닫도록 힘쓴다. 그리고 율법의 저주와, 하나님의 진노에 대해 깨닫도록 한다. 그가 진실로 자기 죄로 말미암아 마음이 상하고 낮아지도록 한다. 아울러 회개를 미루는 것으로 말미암는 위험함과, 어느 때나 구원이 주어질 때를 무시하는 것으로 말미암는 위험을 알리고, 그의 양심을 깨우며, 어리석고 굳은 상황을 깨닫도록 해주고, 자신을 버리고, 그리스도를 믿음으로 바라보는 자 외에 누구도 하나님의 공의와 진노 앞에 설 수 없다는 사실을 힘써 깨닫도록 한다.

비록 많은 실패와 연약함 중에 있을지라도, 만일 그가 거룩의 길로 행하여, 하나님을 올바르게 섬기기 위해 노력했다면, 혹은 심령이 죄로 말미암아 깨어졌거나, 하나님의 은총을 받지 못한 것으로 인하여 낮아진 상태라고 한다면, 하나님의 충만하고 값없는 은혜와, 그리스도 안에 있는 의의 완전함과, 복음에 나타나 있는 은혜로운 약속, 즉 회개하여 자기의 의를 부인하고, 온 마음으로 그리스도로 인하여 받는 하나님의 긍휼을 믿는 자는, 그 안에서 생명과 구원을 얻을 것이라는 약속을 보여주어 그를 일깨우는 것이 합당하다.

또한 사망의 쏘는 것을 그리스도께서 꺾으셨기 때문에, 그리스도 안에 있는 자에게, 사망은 그 자체로 두려워할 만한 어떤 영적이고 악한 권세도 없다는 것을 그에게 보여주도록 한다. 그리스도께서는 자기에게 속한 자들을 사망의 두려운 속박으로부터 구원하시고, 무덤을 이기어 승리를 주셨으며, 자기 백성들을 위하여 처소를 예비하시려고 친히 영광 가운데로 들어가셨다. 그런즉 생명이나 사망이 그리스도 안에 있는 하나님의 사랑에서 그에게 속한 자들을 끊어 놓지 못한다. 비록 그리스도 안에 있는 자들도, 언젠가 반드시 흙 속에 묻힐 것이지만, 기쁘고 영광스런 부활로서 영생을 얻게 될 것이기 때문이다.

또한 하나님의 자비에 대한 근거 없는 신앙에 근거하거나, 자기 자신의 선행에 근거하여 천국에 이를 것이라 여길까 조심하도록 권고해야 할 것이다. 다만 자신의 모든 공로를 부인하고, 예수 그리스도의 공로와 중보에 근거하여 하나님의 자비에 의뢰하도록 충고할 것이니, 참되고 신실하게 그리스도께 나아오는 자는 결코 버리지 않으신다.

주의할 것은 병자가 범한 죄로 인한 하나님의 진노를 너무나 심하게 강조하여, 회개하는 모든 신자라면, 누구에게나 소망의 문을 여시는 그리스도와 그의 공로를 분별 있게 제시한 뒤에도 그가 절망에 빠지지 않도록 해야만 한다는 점이다.

병자가 마음이 진정되어 혼란스러워하지 않을 때, 그리고 주변에 다른 것들에 방해를 받음이 적을 때에, 목사는 만일 원한다면 그와 함께, 그리고 그를 위해, 다음과 같이 기도하도록 한다.

"원죄[68]와 자범죄[69]로 인하여 애통함 가운데서, 진노의 자식으로서 저주 아래 놓인 본질상 비참 가운데 빠져 있는 것을 고백하나이다. 모든 질병과 질고, 사망, 그리고 지옥이 죄로 말미암은 당연한 소산이자 결과임을 인정하나이다. 병자를 위하여 하나님의 자비가 그리스도의 피로 말미암아 임하기를 간구하옵나이다. 하나님께서 그의 눈을 열어 주시어,

---

68) 모든 죄의 원인.
69) 그로 말미암아 실제로 행하는 죄.

그가 그의 죄를 발견하게 하시오며, 그가 잃어버린 자기 자신을 보게 하시고, 하나님께서 그를 치신 까닭을 알게 하시며, 의와 생명을 위하여 그의 심령에 예수 그리스도께서 나타나게 하시고, 그의 성령을 보내시사, 그리스도를 붙들 수 있는 강한 믿음을 소성시키시어, 주님의 사랑의 증거로 그를 위로하여 주시옵시며, 유혹을 이길 힘을 주시고, 세상으로부터 그의 마음을 끊어내시오며, 현재 당한 고난을 거룩하게 하시옵고, 이를 견딜 수 있는 인내와 능력을 주시며, 믿음 안에서 끝까지 견디게 하옵소서.

하나님께서 기꺼이 그의 날들을 연장하기를 원하시오면, 은혜를 베푸사 회복을 위한 치료책들을 축복하시고 거룩케 하시며, 질병을 제거하여 주시옵고, 새 힘을 주시며, 하나님 앞에 합당히 행하게 하시고, 사람이 병들었을 때, 거룩과 순종의 약속과 서원한 것을, 신실하게 기억하고, 부지런히 이행함으로써, 그의 남은 일생에 하나님을 영화롭게 하는 그가 되도록 하옵소서.

그리고, 만일에 하나님께서 현재 당하는 고난을 통해 그의 날들을 끝내시기로 하셨다면, 그로 하나님께서 그의 모든 죄를 용서하셨다는 증거와, 그리스도 안에 있는 그의 유업에 관한 증거와, 그리스도로 인해 얻는 영생의 증거를 보도록 하시어, 그의 겉 사람은 후패할지라도 속사람은 새롭게 하시옵소서. 그가 두려움 없이 죽음을 맞게 하시오며, 의심이 없이 그리스도께 자신을 전적으로 맡기게 하시고, 오히려 그리스도와 함께 하기를 사모하게 하시어, 그의 믿음의 목적, 즉 그의 영혼의 구원을, 우리의 유일하신 구주시오 모든 것에 완전하신 구속자이신 예수 그리스도의 공로와 중보에 의지하여 기도하옵나이다."

목사는 필요하다면 (차후에 문제가 되지 않도록) 병자에게 자신의 집을 잘 정돈하며, 부채가 있으면 갚도록 권면하고, 어떤 잘못이 있다면 보상하거나 상환토록 한다. 아울러 관계가 좋지 않았던 자들과 화해하고, 그에게 잘못을 범한 사람들의 죄를, 자신도 하나님의 심판에 대해 용서를 받아야 함과 같이 온전히 용서토록 권면한다.

끝으로, 목사는 병자 주변의 사람들이 이 일을 계기로 자신들의 죽음을 생각하게 하고, 주께로 나아와 그와 화평을 누리도록 권면하는 기회를 삼도록 한다. 또한 건강할 때에 질병과 죽음, 그리고 심판을 예비하도록 권면한다. 그리고 인생의 모든 날들이 지나는 동안에 우리의 생명이 되시는 그리스도께서 다시 오실 그때에 저들도 그와 함께 영광중에 나타나게 될 것을 기다리도록 권하는 기회로 삼을 것이다.

조선예수교장로회 예배모범(1934): 병자의 심방

옛적 사도시대에는 성신의 권능으로 병 고치는 능력을 받은 사람들이 많이 있었으나 지금 교회에 그런 권능을 주시지 아니하셨느니라.

그러하나 오히려 지금도 고시(古時)와 같이 병든 자에게 마땅히 할 모든 일을 위하여 하나님의 복 베푸심을 구할지니 믿음으로 하는 기도의 능력은 고금(古今)이 일반인 줄로 기억할지니라. 그러한즉 사람이 병이 나거든 저희의 체력과 정신이 쇠하기 전에 저희의 목사나 장로를 청하여 삼가 저희의 신령상 형편을 말하고 저희의 부정한 영혼의 일을 의논하는 것이 마땅하니라.

목사나 장로는 또한 병자를 심방하고 자선과 사랑을 나타내며 병자의 신령상 유익을 위하여 힘쓸지니 그러하나 병자의 각양정형(各樣情形)을 따라 이 일을 행하는 사람의 의견에 의지하여 행할지니라.

▬ 분석 ▬

이 주제에 대해서는 웨스트민스터 예배모범에서 결코 적지 않은 분량으로 다뤄지고 있는데, 특별히 이 주제의 맥락을 이해함에 있어서 1934년도에 조선예수교장로회가 채택한 예배모범의 첫 단락의 문장을 검토해볼 필요가 있습니다. 왜냐하면 "옛적 사도시대에는 성신의 권능으로 병 고치는 능력을 받은 사람들이 많이 있었으나 지금 교회에 그런 권능을 주시지 아니하셨느니라.”는 문장에서 알 수 있듯이, 병자를 심방하는 것은 주로 병자의 육체와 관련한 것이라기보다는 환자의 심령에 관한 위로와 권면에 관련된 것이기 때문입니다. 그러므로 목사의 의무에 관한 언급으로 시작하는 웨스트민스터 예배모범의 “병자의 방문에 관하여” 언급한 두 번째 단락에서도 이르기를 “그(목사)는 건강할 때에, 죽음을 예비하도록 성도들에게 권유토록 한다. 그리고 성도들은 그들의 심령의 상태에 관하여 자주 그들의 목사와 함께 의논토록 한다. 그리고 병환 중에 있을 때에는, 그들의 기력과 이해력이 떨어지기 전에, 시기적절하게 목사의 조언과 도움을 받도록 한다.”고 한 것입니다.

그러나 오늘날의 병자 심방에서는 이러한 웨스트민스터 예배모범의 취지가 퇴색하여, 오히려 육체의 회복과 강건을 위해 간구하는 데에 치중하는 경향이 많습니다. 그러므로 웨스트민스터 예배모범의 지침들을 통해, 성경적으로 합당한 병자심방의 자세에 관해 정립할 필요가 오늘날에는 더욱 요구된다 하겠습니다.

➕ 웨스트민스터 예배모범은 병자가 “아프고 괴로울 때”에 대하여, 기본적으로 어떠한 때라고 말하고 있습니까? [47]

기본적으로 웨스트민스터 예배모범에서 규정하고 있는 병자의 심방은 믿는 신자들의 경우를 다루고 있습니다. 즉 평소에 건강했을 때에 생활 가운데서 잘 드러나지 않거나 인식하지 못했던 심령상의 문제들을 “그들의 기력과 이해력이 떨어지”게 되는 가운데서 “영원함과 관련하여 저희 심령의 형편이 어떠한지 더욱 깨닫게 되기 때문"입니다. 그러므로 평소에 드러나지 않았던 심령상의 취약점이나 신앙상의 불완전한 점들을 분명하게 발견하여, 이를 북돋으며 위로할 수 있는 시기가 바로 병환 가운데 있는 시기인 것입니다. 뿐만 아니라 그 시기는, 평소에 하나님의 말씀과 그로 말미암는 위로에 관한 필요를 전혀 느끼지 못하던 불신앙의 사람조차도 말씀에 대한 관심과 영원함을 사모하게 되는 계기가 될 수 있는 시기이기도 합니다. 그러므로 병자에 대한 심방은 목회적으로 특별한 기회를 제공하는 시기라 하겠습니다.

➕ 웨스트민스터 예배모범은 병자가 "아프고 괴로울 때"에 대하여, 또한 어떠한 때이기도 하다고 말하고 있습니까? [48]

웨스트민스터 예배모범은 병자의 방문에 대하여서 "목사의 의무는 자신에게 맡겨진 사람들을 공적으로뿐만 아니라, 사적으로도 가르칠 책임이 있다. 특히 그의 시간과 능력, 그리고 개인적인 안전이 허용되는 한, 훈계와 간곡히 타이름, 꾸짖음과 또한 그들을 위로하여야 한다."는 지침 가운데 시작하고 있는데, 신자가 "아프고 괴로울 때"에 직면하면 자칫 그 마음과 심령이 연약해져서 평소에 간과할 수 있었던 여러 문제들 가운데서 어려움을 겪을 수도 있는 시기입니다. 특히 사탄은 그러한 시기를 기회로 삼아 병자를 실족케 하기 위해 적극적으로 심령을 공략하는 시기이기도 합니다. 그러므로 눅 22:31절 말씀에서 주님께서는 이르시기를 "사탄이 너희를 밀 까부르듯 하려고 요구하였"다고 했고, 벧전 5:8절에서도 사도 베드로가 이르기를 "너희 대적 마귀가 우는 사자같이 두루 다니며 삼킬 자를 찾"는다고 했습니다. 따라서 이 시기에 병자에게 목회적 돌봄과 위로가 절실히 요구되는 것입니다.

➕ 웨스트민스터 예배모범은 병자를 심방함에 있어서 필요할 경우에는 성례(세례)를 행하여 그의 심령이 구원에 대해 확신하며 위로를 얻을 수 있도록 하고 있습니까? [49]

로마 가톨릭교회의 신학에 있어서는 구원을 위해 성례(세례)를 시행하는 것은 필연적입니다. 그러므로 심지어 전쟁터에라도 사제가 나가서 죽어가는 병사들에게 복음을 선포하면서 그리스도를 영접케 하며, 필요하다면 그 자리에서 세례를 시행하기도 했습니다. 마찬가지로 출산 중에 죽는 영아에게도 성례를 시행하여 구원에 이를 수 있도록 하기 위해 산파들에게 예외적으로 성례를 시행할 수 있도록 허가하기도 했습니다. 그만큼 로마 가톨릭교회의 교리에서는 성례의 시행이 구원에 있어 필수적인 것입니다. [70] 그러나 그 같은 로마 가톨릭교회의 교리, 성례의 시행이 구원에 있어 필수적이라고 보는 것으로 말미암아 연옥(Purgatorium)의 교리와 같은 것이 생겨나게 되었고, 이를 바탕으로 면벌부(Indulgentia) 제도와 같은 것들이 연계해서 시행되게 된 것입니다.

---

70) "만일 누가 모태에서 갓 태어난 유아들은 비록 그들이 세례 받은 부모에게서 태어났더라도 반드시 세례를 받아야 한다는 것을 부인하거나⋯⋯그는 파문받아야 한다." J. Alberigo 외,『보편 공의회 문헌집 제3권』, 666. "만일 누가 세례는 자유로운 것으로서 구원에 필수적인 요소가 아니라고 주장한다면 파문받아야 한다." 685.

➕ 웨스트민스터 예배모범의 병자의 심방에 있어 중심적인 맥락은 무엇
   입니까? [50]

　로마 가톨릭교회의 예전 중심의 신앙체계에서는 성사(성례)에 참
여하는 것 자체로 성사에 담긴 은혜가 적용된다고 봅니다. 그러므
로 영아 혹은 유아들의 경우처럼 신앙을 이해하거나 고백할 수 없는
상황일지라도, 세례성사를 시행하는 것 자체로서 필연적인 구원에
이르게 된다고 보는 것입니다. 그에 반해 웨스트민스터 신앙고백
제27장 3항은 "성례에 대하여" 고백하기를 "올바르게 사용된, 성례
전 안에서 혹은 성례전에 의해서 표시되는 은혜는, 그것들 안에 있
는 어떤 힘에 의해서 전달되지 않고, 또한 성례의 효능은 그것을 집
행하는 자의 경건이나 의도에 달려있지 않고, 성령의 역사와, 제정
에 관한 말씀에 달려 있다."고 하면서, 덧붙여 이르기를 "그것에 대
한 사용을 권위 있게 하는 교훈과 함께, 합당하게 받는 사람들에게
약속의 유익이 포함되어 있다."고 했습니다. 그러므로 성례를 포함
한 우리들의 신앙에 있어서 중요한 맥락은 성례의 시행과 같은 외형
적 형태 뿐 아니라, 그 제정에 관한 말씀과 그 교훈에 대한 바른 이
해와 깨달음에 있는 것입니다. 그리고 이러한 맥락은 우리의 전 신
앙영역에도 적용됩니다.

▬ 해설

　레쉬만에 따르면 웨스트민스터 총회 당시, 상당히 긴 이 내용에
도 불구하고 처음에는 이 주제에 관하여 독립된 항목을 만들 의도가

없었다고 한다. 그러다가 장례 예식을 토의하는 중에 이 항목을 별
도로 마련하자는 위원회의 안건이 제출되자, 이에 대한 논의가 이
뤄졌다.[71] 그리고 그렇게 함으로서 논의된 중요한 내용 중에는 심
방 가운데서 성례전을 시행하는 문제에 관한 내용을 덧붙이자는 제
안이 큰 이슈가 되었다고 한다.

웨스트민스터 총회에서 병자 심방에 관한 위원회의 토론 가운
데 성례전의 시행을 다루는 조항을 덧붙이자는 제안을 한 인물
은, 보스턴의 사역자 안토니 터크니(Anthony Tuckney, D.D. of
Boston, 1599-1670)이었는데, 그는 1645년에 총회 조정 위원회
의 위원이 되어 웨스트민스터 신앙고백과 교리 문답의 작성에 상당
부분 관여했었다. 특히 대교리 문답의 많은 부분을 그가 감당했으
며 그에 대한 주석을 쓰기도 했었다.[72] 그는 보스턴에서 전임자 존
코튼(John Cotton, 1584-1652)과 각별한 관계 가운데 있었으나,
존 코튼과 함께 회중 주의적인 독립 교회파로 분류되지는 않은 인물
이다. 그럼에도 불구하고 코튼에게 완곡한 영향을 받은 것으로 보
이는데, 그가 병자 심방에서 성례를 시행하는 문제를 덧붙이자고
제안했던 것은 바로 그러한 배경 가운데서 나온 것으로 보인다.

그러나 병자 심방에 관한 웨스트민스터 예배모범의 조항에 성
례전 조항을 덧붙이는 문제는 위원회에서 통과되지 못하고 기각되
었는데, 예배모범의 병자 심방 조항에 성례전 조항을 덧붙이는 것
은 병자에 대한 공적 기도의 언급과 함께 예배 모범에서 다루지 않
도록 함으로써 병자의 심방을 기본적으로 목회적 자유의 영역으로

---

71) Thomas Leishman,『웨스트민스터 예배모범』, 131.
72) 배현주,『대영제국 장로교회사』, 411.

두려는 결정이었던 것으로 보인다. 왜냐하면 엘리자베스 여왕 시대(1558-1603)의 개혁자들 가운데 토마스 카트라이트(Thomas Cartwright, 1535-1603)와 같은 인물이, 일찍이 영국의 국교회주의자들과 교리 논쟁 가운데서 장로주의적 입장을 피력하는 가운데 "죽은 자의 장례에 대하여서 그것은 공식적인 사역적 직무에 속한 것이 아니라 교회에게 속한 것"[73]이라는 입장이었고, 또한 "주의 만찬은 사적으로 시행되어서는 안 된다. 그리고 세례는 여자들이나 일반 신자들에 의해 시행되어서는 안 된다."라고 하는 견해를 분명히 밝힌바 있기 때문이다. 즉 웨스트민스터 총회의 중심그룹인 장로주의의 원칙 가운데서 병자의 심방에 관한 모범은 목사의 공적인 사역으로서가 아니라, 교회에 속하는 부가적인 사역의 영역에 속한다고 보았던 것이다. 그러므로 병자 심방에 관한 항목은 기본적으로 교회와 목회자의 자유재량에 속하는 부분인 것이다.[74]

사실 웨스트민스터 예배모범이 'Order'라는 단어를 사용하지 않고 'Directory'라는 단어를 사용한 것에서 알 수 있듯이, 예배모범은 모든 장로교회의 예배와 신앙생활의 틀을 통일하도록 명령하는 성격이 아니라 지침을 제시하는 가운데 충분한 자율을 보장하는 입장이다. 즉 강제하는 것이 아니라는 말이다. 그럼에도 불구하고 예배모범에서 굳이 언급하여 명시하지 않는 주제들에 대해서는 행할

---

73) 앞의 책, 111.
74) 이러한 입장이 의도하는 바는, 교회와 목사의 재량에 따라 자유로이 성례전(특히 세례)을 시행할 수 있다는 입장이 아니라 정반대로 굳이 목회적 직무로서 명시하여 성례전 시행의 문제를 공적으로 다룰 필요가 없다는 취지이다. 이는 카트라이트가 국교회에 대해 변론하면서 제기한 "주의 만찬은 사적으로 시행되어서는 안 된다. 그리고 세례는 여자들이나 일반 신자들에 의해 시행되어서는 안 된다."는 주장과 같은 맥락으로서, 성례가 필연적이 아니라는 입장 가운데 공적인 회집에서 외에 사적인 성례의 시행이 적절하지 못하다는 것과 연계되는 것이다.

수 있다는 입장이 아니라 행할 이유가 불명확하다는 것이다. 왜냐하면 성례의 시행은 항상 공적인 것이며, 공적인 예배의 자리에서 공적인 사역자인 목사에 의해 집례되어야 하는 것이 웨스트민스터 총회의 공식적인 입장이기 때문이다. 뿐만 아니라 예배모범은 공적인 예배와 사역에 관한 지침들이기 때문에, 모든 사적이거나 개인적인 영역까지 포괄하여 지침을 세울 이유가 없다. 레쉬만은 이 문제를 베일리(Robert Baillie, of Glasgow, 1602-1662)의 "예배모범을 통과시키면서 취한 현명한 방법으로 자유에 맡긴다."라는 평가와 연결하고 있는데, 그보다는 성례의 공적 시행과 연결하여 이해하는 것이 더욱 타당한 것이다.

■ 적용

앞서 언급한 바와 같이, 현대의 신앙 가운데서 병자에 대한 심방은 주로 환자의 병이 낫기를 바라며 구하는 쪽으로 치우쳐 있습니다. 물론 웨스트민스터 예배모범에서는 "하나님께서 기꺼이 그의 날들을 연장하기를 원하시오면, 은혜를 베푸사 회복을 위한 치료책들을 축복하시고 거룩케 하시며, 질병을 제거하여 주시옵고, 새 힘을 주시며, 하나님 앞에 합당히 행하게 하시고, 사람이 병들었을 때, 거룩과 순종의 약속과 서원한 것을, 신실하게 기억하고, 부지런히 이행함으로써, 그의 남은 일생에 하나님을 영화롭게 하는 그가 되도록 하옵소서."라는 기도의 구체적인 문구에서 알 수 있듯이 육체의 회복을 위하는 요소가 전혀 배제되는 것은 아니지만, 그럼에도 불구하고 전반적이며 실질적인 병자 심방의 취지가 병자의 심령상 건덕과 구원에 있음을 유념해야 하는 것입니다.

➕ 롬 14:8절 말씀은, 우리가 "사나 죽으나" 누구로 말미암아 위로와
소망을 얻게 됨을 언급하고 있습니까? [51]

➕ 병자에게 있어서 그리스도로 말미암는 실질적인 유익이 무엇인지 살
펴보도록 합니다.

➕ 여러분이나 여러분들이 속한 교회에서 이뤄지는 병자의 심방이 어떤
식으로 이뤄지고 있는지, 그리고 웨스트민스터 예배모범의 환자심
방에 대한 모범이 어떤 실질적인 유익을 제공해 주는지에 대해 함께
토의하여 봅니다.

➕ 병자나 병자의 가족이 심방 중에 성례(보통은 세례)의 시행을 요청한
다고 한다면, 어떻게 답변하거나 권면해야 할지 실제적인 의견을 정
리해 봅니다.

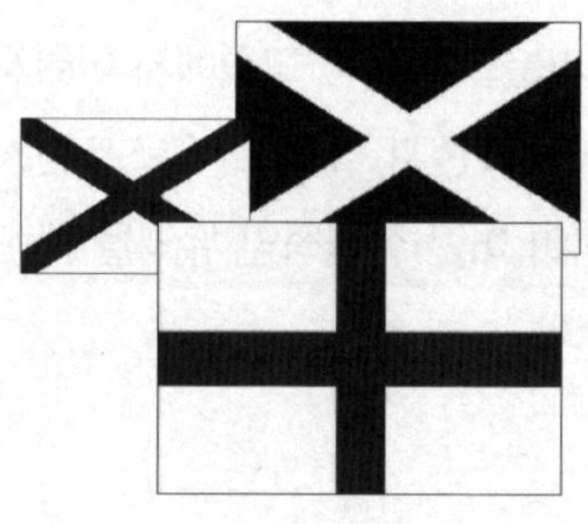

XIII.
죽은 자의 매장에 관련하여

웨스트민스터 예배모범(1645):
죽은 자의 매장에 관련하여

누군가가 이 세상을 떠나면, 장례식 날에, 시신을, 집에서부터 장지에 이르기까지 정중히 운구한 뒤, 어떤 의식도 행함이 없이, 곧장 매장하도록 한다.

왜냐하면 장지까지 운구하기 전에, 시신이 놓인 곳에서, 시신 곁 혹은 앞에서 무릎을 꿇거나, 기도하는 것, 그리고 다른 유사한 관습을 행하는 것은 미신적인 것이기 때문이다. 그리고 장지까지 가는 동안, 그리고 장지에서 기도하거나, 성경을 낭독하거나, 찬송을 부르는 것도, 죽은 자에게 아무런 유익도 되지 않는 잘못된 관습이며, 살아 있는 유족들에게도 여러 면에서 해로운 폐단이 되었다. 그러므로 매장에 관련된 이러한 모든 관습들은 폐지되어야 한다.

그렇지만, 우리는 신우들이, 시신을 묻는 장지에까지 따라가서, 그러한 경우에 적당한 묵상과 논의를 하는 것은 적절하다고 판단한다. 그 자리에 목사가 참석했다면, 다른 경우에서와 같이, 이 시간에 성도로서의 그들의 의무를 상기시키도록 한다.

장례식에서 이처럼 행하도록 한다고 해서 평소 고인이 생존 시에 지녔던 사회적 지위와 신분에 합당한 그 어떤 경의나 존경을 표하는 것조차 거부하라는 말은 아니다.

조선예수교장로회 예배모범(1934): 장례

장례 시에 마땅히 행할 예식은 적당한 시나 찬송을 부르고 합당한 성경을 낭독하고 목사의 생각한대로 합당한 설명을 하고 특별히 비참한 일 당한 자를 위하여 저희로 하여금 하나님의 은혜를 받게 하며 저희의 고난이 변하여 영생의 유익한 복이 되게 하며 저희가 보호하심을 받아 비참한 가운데서 위로함을 받게 기도할지니라.

이 장례식은 흔히 일보는 목사의 의견대로 하는 것이 많으니 그러하

■ 분석

제2차 세계대전 때인 1942년에 영국의 '베버리지 보고서'(Social insurance and allied services)에서, 당시 구현하고자 하는 사회보장제도에 대한 목표를 한 문장으로 함축하는 "태어나는 순간(요람)에서부터 죽는 순간(무덤)까지"(from the cradle to the grave)라는 구호가 등장하여 유명하게 되었습니다. 그런데 이미 그러한 원리는 로마 가톨릭교회가 시행하는 칠 성례(성세, 견진, 성체, 신품, 혼인, 병자) 가운데 어느 정도 함축되어 있었습니다. 즉 태어나서부터(성세) 죽기까지(병자)의 한 인간의 모든 일들에 다 로마 가톨릭교회의 성례(Sacrament)가 관여되어 있었던 것입니다. 그러나 웨스트민스터 예배모범에서는 성경에 언급되어 제정된 두 가지의 성례(세례, 성찬) 외에는 모두 "공식적인 사역적 직무에 속한 것이 아니라 교회에게 속한 것"으로 다루고 있습니다. 그러한 의미에서 "결혼 예식"(The Solemnization of Marriage)과 달리 장례에 관한 내용을 다루는 이 장(chapter)의 제목을 장례식이라 하지 않고 "죽은 자의 매장에 관련하여"(Concerning Burial of the Dead)라고 굳이 구별하여 사용하고 있는 것입니다. 그러므로 병자의 심방과 관련한 지침들과 마찬가지로, 장례에 관련해서도 기본적으로

공식적인 사역으로서의 엄격함이 아니라 교회에 속한 목회적 재량
과 판단이 상당히 중요하게 고려되는 주제라 하겠습니다.

➕ 웨스트민스터 예배모범에서 "죽은 자의 매장과 관련하여" 가장 먼저
   언급한 지침은 무엇입니까? [52]

　　웨스트민스터 예배모범의 장례와 관련한 지침은 로마 가톨릭교
회 뿐 아니라 우리나라의 경우처럼 타종교의 영향과 문화가 혼재하
는 형편에서 마음에 적잖은 불편함을 초래하는 것이라 하겠습니다.
왜냐하면 로마 가톨릭교회나 타종교에서나 대부분 시신을 매장하기
전에 여러 예식과 절차를 거쳐야만 하기 때문입니다.

　　로마 가톨릭교회의 경우에 17세기초까지 각 지역별로 여러 수
도원 전승에 기인하는 각기 다른 장례와 매장 예절이 있어 오다가
1614년에 '로마 예식서'(Rituale romanum)에 의해 통일되게 되
었으며, 비교적 간소화 한 예식서임에도 불구하고 여러 절차와 예
식을 행하도록 하고 있습니다. 그 가운데 성당에서 묘지로의 행렬
에 관한 내용을 보면, 행렬 중에는 '낙원으로'(In Paradisum)라
는 노래를 부르며, 매장지에 도착해서는 '축복기도'(Deus cujus
miseratione)로 매장지를 축복하고, 시신에 성수를 뿌리고 향
을 드린 다음, '나는 부활이며 생명이니'(Ego sum resurrectio et
vita)를 스가랴의 노래와 함께 부릅니다. 그 뒤에도 '자비를 구하
는 기도문'(Kyrie)과 '주님의 기도', '사제의 기도'(Fac quaesumus
Domone)가 뒤따르며, 매장이 끝나고 성당의 '제의방'(Vestry)에

이르기까지 여러 노래와 성경 구절의 낭독이 이뤄집니다. 웨스트민스터 예배모범에서는 이러한 모든 절차와 예식들을 일체 배제하고 있는 것입니다.

➕ 웨스트민스터 예배모범은 시신을 매장하는 가운데서 행하는 여러 절차와 풍습들을 어떤 이유로 거부하도록 하고 있습니까? [53]

구약의 율법에서는 죽은 자의 시신을 다루는 일을 부정한 일로 규정하고 있습니다. 특히 레 21:1-3절 말씀에서 제사장들은 오직 자신의 직계 가족들에 대한 장례에만 참여할 수 있도록 하고 있습니다. 뿐만 아니라 그처럼 장례에 참여하여 시신과 접촉한 경우에는 반드시 정결례를 행하며, 규정된 시일동안 격리된 뒤에야 성읍으로 들어올 수 있도록 했습니다. 신약에서도 시신과 관련하여 별다른 예식이나 절차에 대한 언급은 없고 오히려 여전히 시신에 대한 부정의 시각이 깔려 있는 것을 볼 수 있으니, 마 27:57-61절은 예수께서 죽으셨을 때에 깨끗한 세마포로 싸서 새 무덤에 넣고 큰 돌을 굴려 무덤 문에 놓고 간 일 외에 아무런 내용이 없습니다. 오히려 요 11:39절에서 "주여 죽은 지가 나흘이 되었으매 벌써 냄새가 나나이다."라고 하는 마르다의 말로써 시신의 부정한 것을 언급할 뿐입니다. 그러나 시신의 매장이나 장례절차에 관한 여러 이교풍습들은 대부분 죽은 자의 사후를 축복하거나 사죄하는 예식으로 가득 채워져 있고, 특별히 로마 가톨릭교회의 경우에도 죽은 자의 사후를 축복하고 사죄하는 의미가 중심에 있습니다.

그런데 죽은 자의 매장 가운데서 이뤄지는 로마 가톨릭교회의 장례 예법들은 '연옥'(Purgatorium)이라는 개념 가운데서 위령 기도와 미사성제, 자선, 대사(大赦), 보속(補贖) 등을 유족들이 짊어지는 폐해로 이어졌습니다.

➕ 웨스트민스터 예배모범은 죽은 자의 매장과 관련해서 어떤 일들을 예외로 허락하고 있습니까? 54)

요 11:31절을 보면, 죽은 나사로의 여동생 마르다를 위로하기 위해 유대인들이 마리아의 집에 함께 머물러 있었던 것을 볼 수 있는데, 그들과 마르다는 여러 위로의 말을 건네며 머물러 있었을 것으로 익히 짐작할 수가 있습니다. 하지만 그 때에도 그들은 매장지에 모여서 위로했었던 것이 아니라, 오히려 돌아와서 집에 모여 위로의 말을 나누었던 것이니, 시신을 봉안하는 일은 신속히 끝내고 집에 돌아와서야 그처럼 위로를 건넸던 것이라 할 것입니다. 분명한 것은, 신약의 교회 가운데서 죽은 자의 매장과 관련해서는 유족들을 위로함이 중심에 있었다는 사실입니다. 그러므로 장례에 있어 중요한 것은 죽은 자에 대해 기억하거나 회상하는 것이라기보다는, 오히려 남겨진 유족들의 마음을 위로하는 데에 있어야 하는 것을 알 수가 있습니다.

그런데 웨스트민스터 예배모범의 해당 문구에서 주목할 것이 있는데, 그것은 바로 "그 자리에 목사가 참석했다면, 다른 경우에서와 같이, 이 시간에 성도로서의 그들의 의무를 상기시키도록 한다."라는 문장입니다. 유족들에게 적절한 말로 위로하는 것은 즉흥적이거나 감정적인 말들로서가 아니라, 예배모범의 경우처럼 평소에 어느 정도로 교육받은 지침에 근거해서 행해야 할 성도의 의무라는 것입니다. 그러므로 평소에 목사는 자기에게 맡겨진 성도들을 잘 교육하여, 유족을 위로하는 적절한 말과 주제가 무엇인지를 숙지시켜야 할 것입니다. 이에 따라 목사는 참석한 위로의 자리에서 "성도로서의 그들의 의무를 상기시키도록"하라고 한 것입니다.

➕ 웨스트민스터 예배모범에서 죽은 자의 매장과 관련하여서 마지막으로 언급하고 있는 지침은 무엇입니까? [55]

　　웨스트민스터 예배모범은 장례와 관련한 전반적인 취지가 고인의 시신을 무덤에 안치하는 것과 남겨진 유족들의 마음을 위로하는 데에 있음에도 불구하고, 고인에 관계된 어떤 말도 하지 말아야 한다고 하는 것은 아니라는 사실을 또한 밝히고 있습니다. 특별히 조선예수교장로회가 채택한 예배모범에서는 "믿지 않고 회개치 아니하고 죽은 자도 부름의 소망이 있다하여 하나님 말씀을 그릇 쓰지 않도록 주의할지니라."고 하여 믿지 않고 죽은 자에 대해 어떤 구원의 소망을 기대하게 하는 것을 주의토록 언급하고 있습니다. 이는 반대로 믿음 가운데 죽음을 맞은 자의 "고난이 변하여 영생의 유익한 복"을 누리게 되는 것에 관해서는 충분히 기뻐하며 칭송할 수 있는 일임을 반증하는 것인데, 웨스트민스터 예배모범에서 "고인이 생존 시에 지녔던 사회적 지위와 신분"이라고 한 문구에 비해 훨씬 보편적으로 칭송과 기쁨을 말할 수 있다고 표현하고 있는 것입니다. 그럼에도 불구하고 웨스트민스터 예배모범의 문구는 사회적으로 더욱 명망이 높은 자의 죽음에 대하여 합당하게 경의를 표할 수 있음을 언급하고 있어서, 전혀 고인에 관한 기억이나 기념을 배제하는 것이 웨스트민스터 예배모범에서 말하는 장례에 관련된 지침이 아니라는 사실을 명확히 드러내고 있습니다.

▬ 해설 ▬▬▬▬▬▬▬▬▬

일찍이 장로교회가 수립되었던 스코틀랜드의 교회들에서는 죽은 자의 사후로 아무런 예식 없이 곧장 무덤에 매장하는 것이 전통이었다. 그러므로 웨스트민스터 총회에 참석했던 스코틀랜드의 총대들은 예배모범에서 장례에 관한 별도의 조항을 다루는 것 자체에 대해 부정적이었는데, 레쉬만에 따르면 많은 청교도(Puritan)들이 "장례에 대한 관심은 목회적인 업무이기보다는 교회의 잔여 업무에 속할 뿐"이라는 토마스 카트라이트의 말을 고수했다고 한다.[75] 그러므로 죽은 자의 매장은 그 때에 목사가 참석하지 못할지라도 어떤 특별한 예식 없이 신속히 이뤄졌으며, 그 자체가 교회로서 행할 공적인 업무에 속하는 것도 아니라는 것이 장로주의자들과 많은 청교도들의 기본적인 입장이었음을 알 수 있다.

그러나 로마 가톨릭교회와 성공회의 풍습과 전통 가운데서는 죽은 자의 매장과 관련한 수많은 의식들과 절차들이 다양하게 시행되

---

75) Thomas Leishman,『웨스트민스터 예배모범』, 132.

어 오고 있었다. 이는 예식 중심의 로마 가톨릭교회의 풍습에 기인하는 당연한 현상으로서, 출생에서부터 죽음에 이르기까지 성도들의 거의 모든 과정이 로마 가톨릭교회의 미사성제(missa)의 예식들로 채워지기 때문이다.

중세시기까지 로마 가톨릭교회의 장례는 파스카(Pascha)라 불리는 기쁨의 축제행렬 형태로 주로 이루어지다가, 중세 후기로 갈수록 점차 속죄(사죄)와 참회의 측면이 강조되었다. 그러다가 17세기 초인 1614년에 통일된 로마 예식서(Rituale romanum)가 선포되어 사용되었는데, 이 또한 간소화 되었음에도 불구하고 여전히 예전과 미신적인 요소들이 혼재하는 다소 복잡한 형태를 보이고 있다. 로마 예식서는 크게 세 부분으로 구성되어 있는데, 첫 번째는 죽은 이의 집에서 성당으로 향하는 행렬 가운데서 행하는 예법들, 두 번째는 성당 안에서 행해지는 예법들(위령 성무일도, 미사, 사죄예법), 그리고 세 번째로는 묘지로 향하는 행렬과 묘지에서 행하는 예법들로 이뤄져 있다. 그리고 그 가운데서 각종 기도문과 노래, 성수를 뿌리거나 향을 피우고, 축문 등의 의식과 예법들이 시행된다.[76] 이러한 로마 예식서의 형태는 성공회의 기도서에도 거의 반영되어 잉글랜드 성공회에서는 로마 가톨릭교회와 크게 다르지 않는 예식 위주의 장례법이 사용되었기에, 웨스트민스터 예배모범은 이를 성경에 근거하여 비판하고 차별된 지침 가운데 행하도록 정의하고 있다.

기본적으로 로마 가톨릭교회와 성공회의 장례가 예배와 같은 행

---

76) http://blog. daum. net/soon5223/3548012 참조.

위로서 시행되는 것과 달리, 웨스트민스터 예배모범에서는 본 장의 제목을 "죽은 자의 매장에 관련하여"(Concerning Burial of the Dead)라고 굳이 구별하여 사용한 것에서 알 수 있듯이 예배로서 행해지는 것이 아니다. 그러므로 시편송을 부르는 행위 등과 같은 예배 형식도 배제되어 있는 것이다. 아울러 매장과 관련한 일련의 절차들 또한, 집에서 장지로 가는 도중에 어떤 종교적 의식도 해서는 안 되는 것이다. 뿐만 아니라 시신 옆에서 기도하거나 무덤에서 행해지는 어떠한 예식도 모두 행하지 않도록 하고 있다. 다만 죽은 이와 관련하여 "평소 고인이 생존 시에 지녔던 사회적 지위와 신분에 합당한 그 어떤 경의나 존경을 표하는 것"만을 예외적으로 허용하고 있을 뿐이다. 하지만 죽은 자의 매장과 관련하여 어떠한 예식도 행하지 않는 것은 주로 스코틀랜드의 교회들에서 철저히 지켜졌다. 더구나 웨스트민스터 총회에 참여했던 목회자들이 작성한 교리문답이나 기타 서적들에서 장례에 관하여 직접적으로 다룬 경우를 찾아보기 어려운 것[77]은, 웨스트민스터 총회에서 6일 동안 다뤄진 이 주제에 대한 논의 가운데서 장례 예식 문제를 모조리 폐기해야 한다고 주장하는 위원들이 있었던 것에서도 그 이유를 짐작해 볼 수 있다. 즉 죽은 자의 매장에 관해서는 기본적으로 교회의 공적인 업무가 아니라 부수적인 잔여 업무라고 생각했던 것이다. 그러므로 비

---

77) 엘리자베스 여왕 시대의 종교개혁자인 토마스 카트라이트(Thomas Cartwright, 1535-1603)의 교리 강론(A TREATISE OF CHRISTIAN RELIGION)이나 웨스트민스터 총회의 스코틀랜드 총대인 사무엘 루터포드(Samuel Rutherford, 1600-1661)의 교리문답(Containing the Sum of Christian Religion)같은 책에서도 죽은 자의 매장과 관련하여 언급한 내용을 찾아볼 수가 없다. 다만 루터포드의 서한집에서 죽은 자의 매장과 관련될만한 죽음에 대한 견해가 일부 기록으로 남아 있다.

록 웨스트민스터 예배모범에 죽은 자의 매장에 관한 내용이 들어 있을지라도, 그것은 기본적으로 공적인 예식으로서의 지침이 아니라 목회적으로 부수적인 주제에 있어 잘못 행하는 것을 예방하도록 하는 측면이 다분한 형태로 되어 있는 것이다.

한편 레쉬만은 죽은 자의 매장에 관하여 불필요한 예식들을 배제한 것은, 목사들의 시간을 과도하게 빼앗을 것으로 예상되기 때문임과 아울러 장례 설교의 병폐들을 방지하고자 함에 있었던 것으로 설명한다.[78] 하지만 가장 엄격했던 스코틀랜드의 장로교회들을 비롯하여 웨스트민스터 총회에 참석했던 총대들의 지배적인 입장이 어떤 맥락이었는지는, 목회 현장에서의 구체적인 내용을 잘 드러내고 있는 사무엘 루터포드의 서한들 가운데서 충분히 파악해 볼 수 있다. 예컨대 1628년 4월 23일에 앤 워스라는 여성도의 딸이 죽었을 때에 루터포드가 보낸 위로의 서한을 보면, "진실로 주님 안에서 죽은 자들을 인하여 슬퍼하게 하는 것은 우리 속에 있는 자기연민이기 때문입니다. 왜 그렇습니까? 그들을 위하여 우리가 슬퍼할 수 없는 것은 그들이 죽었을 때에 진정 행복하기 때문입니다. 그러므로 우리의 사사로운 관심 때문에 슬퍼하는 것입니다. 당신의 딸을 인해 슬퍼하심으로 당신의 감정을 나타내는 일에 자기 연민에서 오는 당신 자신을 위한 슬픔이 되지 않도록 주의하십시오."[79]라고 언급한 것을 볼 수가 있다. 아울러 먼저 간 딸을 둔 한 형제에게 보낸 1646년 1월 6일자 서한을 보면, "장자들과 성도들의 총회에 들어

---

78)　Thomas Leishman, 『웨스트민스터 예배모범』, 133-4.

78)　Samuel Rutherford, The Letters of Samuel Rutherford(New York, 1863), 이강호 역, 『새뮤얼 러더퍼드 서한집』, (고양: 크리스찬다이제스트, 2002), 46-7.

간 이들은 잃은 자들이 아닙니다. 우리가 먼저 간 이들을 따라 잡거나 앞지를 수는 없을지라도 우리도 신속하게 그들을 따라갈 것입니다.……영광스러운 생명을 얻는 데에 그들이 우리보다 앞선다고 우리가 슬퍼해야 할 이유가 무엇입니까? 그들이 영광을 얻고 우리 앞서 죽는 것보다 자녀들이 우리 뒤에 남는 것이 더 슬퍼할 이유가 되어야 할 것 같습니다."[80]라고 했다. 이외에도 루터포드의 서한 가운데에는 당시의 시대상을 반영하듯 죽음과 관련한 위로와 권면의 서신이 많이 있는데, 공통적으로 죽음에 대해 믿음 가운데서의 천국의 입성, 그리고 부활의 소망을 바탕으로 긍정적으로 언급하고 있다. 그러므로 그러한 배경에 따라 죽은 자의 매장은 음울함 가운데서 행하는 온갖 미신적인 예식들이나, 지나치게 과장된 행렬이 아니라 경건하면서도 간소한 형식의 매장으로 족한 것이다. 아울러 그러한 취지로 매장 후에 유족들과 함께 나누는 식사로서의 애찬(일종의 飮福의 형식)도 갖지 않는 것이 웨스트민스터 예배모범의 취지이다.

■ 적용

　　조선예수교장로회가 채택한 예배모범을 보면 이 주제에 대해 "이 장례식은 흔히 일보는 목사의 의견대로 하는 것이 많으니"라고 언급한 것을 볼 수 있습니다. 애초에 웨스트민스터 예배모범이 죽은 자를 매장하는 일이 목사의 공적인 주요 업무가 되지 않도록 하는

---

80) 이강호 역, 『새뮤얼 러더퍼드 서한집』, 481.

데에 상당한 주의를 기울였던 것과 달리, 조선예수교장로회 예배모범에서는 그것을 목사의 주요한 업무로 이미 규정하고 있는 것입니다.

아울러 "장례 시에 마땅히 행할 예식은 적당한 시나 찬송을 부르고 합당한 성경을 낭독하고 목사의 생각한대로 합당한 설명을 하"도록 규정하고 있어서, 웨스트민스터 예배모범에서 제시하는 취지와는 이미 상당부분 차이가 있는 것을 볼 수가 있습니다. 이는 유교문화에 익숙한 당시 사회의 분위기와, 앞서 천주교회가 유교문화에서 중요시 되는 조상에 대한 예를 거절한다는 이유로 받았던 박해의 역사가 어느 정도 반영된 것으로 볼 수 있습니다. 그런데 현대의 장로교회들에서는 아직까지 이러한 조선예수교장로회 예배모범의 토착화된 측면이 보완되지 못한 가운데 있으며, 오히려 조선예수교장로회 예배모범에서 주의하도록 한 부분을 적극 시행하고 있을 정도로 퇴보해 있는 측면도 있는 실정입니다. 그러므로 웨스트민스터 예배모범에서 제시하고 있는 지침들을 어떻게 우리의 신앙에 공적으로 접목할 것인가에 대한 각별한 관심과 노력이 필요하다 하겠습니다.

➕ 웨스트민스터 예배모범에서 규정하고 있는 "죽은 자의 매장에 관"한 지침들은 현제 우리들이 기독교회 안에서 흔히 볼 수 있는 장례예식과 어떠한 차이가 있는지 비교해 봅니다.

+ 가족 가운데 믿음이 없이 죽은 자에 대한 장례 때에 참석한 신우들로서, 남겨진 유족인 신자에게 할 수 있는 위로의 말은 어떤 것일지 생각해 봅니다.

+ 한국적인 정서를 바탕으로 하는 죽은 자에 대한 사후 행사들은 무엇이며, 이에 대해 신자들은 어떻게 판단하고 대처해야 할지 정리해 보도록 합니다.

+ '장례 예배'라는 말이 타당한 것인지 생각해 보고, 타당하지 않다면 어떻게 치러지는 것이 웨스트민스터 예배모범이 말하는 지침인지 정리해 보도록 합니다.

XIV.
공적인 금식에 관하여

웨스트민스터 예배모범(1645): 공적인 금식에 관하여

어떤 중대하고 주목할 만한 심판이 백성들에게 닥치거나, 혹은 명백하게 임박한, 또는 어떤 특별한 화를 입을 것이 너무도 분명하다면, 또한 마찬가지의 어떤 특별한 은총을 구하여 얻고자 한다면, (하루 종일 계속해서) 엄중히 공적으로 금식하는 의무는 하나님께서 그 나라 혹은 백성들로부터 바라시는 것이다.

신앙적인 금식에는 전적인 금욕이 요구되며, 모든 음식뿐만 아니라 (육체적으로 지탱할 수 없을 정도로 현저히 약해져서 거의 지탱할 수 없는 경우, 어느 정도는 취할 수 있지만, 아주 조심스럽게, 기초적인 체력을 유지할 수 있는 매우 적은 양의 음식을 취하는 경우를 제외하고), 모든 세상적인 노동과, 대화, 사고, 모든 육체적 향락과, (당연히 평상시라면 합법적인) 화려한 옷차림, 장식품과 같은 것들도 전적으로 금지하도록 한다. 더 나아가 모든 육감적인 것 혹은 야한 차림, 음탕한 습관이나 행동, 그리고 기타 성적인 허세와 같이 그 성격상 혹은 용도상 눈살을 찌푸리게 하고 선정적인 모든 것들을 금하도록 한다. 다른 때에도 마찬가지이나, 특별히 금식 때에 이에 저촉되는 일이 발생하면, 모든 목사들은 자기의 자리에서, 사람을 가리지 말고 열심을 내며 부지런히 책망하도록 권면한다.

공적인 모임에 앞서, 각 가족들과 개인은 이 엄중한 일을 위하여 모든 종교적 주의를 개인적으로도 기울이며, 모임에도 일찍 참여토록 한다.

공적인 금식일에는 이러한 성격의 의무를 수행하기에 합당하도록 하기 위해, 할 수 있는 대로 많은 시간을 성경 낭독과 말씀의 설교, 그리고 시편을 노래하도록 한다. 그러나 특별히 기도에 있어서는, 다음과 같이 하도록 한다.

"창조주, 보존자, 그리고 모든 세상의 위대한 통치자이신, 하나님의 지극히 큰 위엄에 영광을 돌리오며, 이로 말미암아서 우리의 마음은 그를 향한 거룩한 경배와 경외로 더욱 충만합니다. 특별히 교회와 국가를 향한 그의 관대하심, 위대하심, 그리고 부드러운 자비로 인해, 그의 앞에서 우리의 마음이 부드럽게 되고 치유되는 것을 시인하오며, 여러모로 악화되는 저희의 온갖 죄악들을 겸손히 고백하나이다. 우리의 죗값에 비하자면 하나님의 의로운 심판은 가벼운 것이요 정당한 것임을 인정하옵나이다. 하지만 겸손하고 간절하게 기도하오니, 교회와 국가, 우리의 왕을 위하여, 그리고 모든 당국자들과, 우리가 기도해야만 하는 모든 대상자들 위에 (당장의 긴급한 요구에 관련해서) 하나님의 자비와 은혜를 내려 주시기를, 다른 때보다도 더욱 특별히 끈질기고 확대하여서 간구하나이다. 하나님의 약속과 선하심으로 용서하시옵시며, 도우시사, 지금 느끼는 두려움, 혹은 마땅히 당할 악에서 구원하여 주시리라 믿습니다. 그리고 우리 자신을 전적으로 내려놓고 영원히 주님께 드림으로, 우리가 필요로 하고 기대하는 축복을 내려주시옵소서."

이 모든 것에서, 목사는, 하나님을 향한 회중의 입인 만큼, 이 모든 기도에 있어서 진지하고도 철저하게 회중이 직면한 형편을 헤아림으로써 저희의 마음을 말하여 드러내야 하며, 그처럼 목사와 회중이 저희의 죄로 인한 슬픔가운데 함께 무너져 내려야 한다. 그리하여 그날은 진실로 저희 심령이 깊이 부끄러워지고 괴롭게 되는 날이 된다.

특별히 택한 성경 본문을 봉독하고, 그 본문으로 설교하여, 청중으로 하여금 그날의 특별한 목적에 적합한 상태가 되도록 하며, 죄책으로 회개할 마음에 최대한 이르도록 한다. 목사는 자신이 관찰하고 경험한 바를 바탕으로 확신 가운데 설교를 듣는 회중의 신앙 성숙과 개혁을 위해 필요한 사항을 최대한 강조토록 한다.

공적인 금식의 의무들을 끝마치기 전에, 목사는, 그 자신과 사람들의 이름으로, 그들 사이에서 잘못된 것은 무엇이든 간에, 특히 그들 가운데 어떤 죄보다도 명백히 드러나는 죄에 대해서는 개혁하려는 의지와 목적과 결의로, 그와 그의 마음을 주님께 드리는 일에 참여시키도록 한다. 또한 하나님께 가까이 나아가, 이전보다도 더욱 친밀하고 신실하게, 그리고 새로운 순종으로서 하나님께로 더욱 가까이 나아갈 수 있도록 한다.

또한 목사는 회중을 끝까지 권고하되, 공적인 금식으로서 그날의 의무가 모두 마쳐지는 것이 아니라, 회중들과 그들의 가족들의 마음에 영원히 자리하는 것처럼, 공적으로 고백한 신앙과 결단이 그 날의 남은 시간들과 평생토록 변함없이 남아 있도록 해야 한다고 권고하며, 그들 스스로 더욱 깨달은 것들은 하나님께서 그리스도 안에서 그들이 행한 바를 기쁘게 받으시고, 그들에 대하여 마음을 여시고, 은혜로 응답하시어 죄를 사하시고, 심판이 철회되고, 재앙을 막으시거나 피하게 하실 뿐 아니라, 그들의 영적 형편과 기도에 합당한 복을, 예수 그리스도로 말미암아 내려주실 것을 권고한다.

우리는 판단하건데, 권위에 의해 엄중히 명해진 일반적인 금식 외에도, 하나님의 거룩하신 섭리로 당국자들에게 특별한 계기를 주시는 때에, 회중들은 금식일로 지킬 수 있다고 본다. 그리고 가정에서도 교회가 금식 혹은, 예배를 위한 다른 공적 의무들을 준행하는 때를 피해서, 금식하는 것도 가능하다고 본다.

조선예수교장로회 예배모범(1934): 금식일과 감사일

성도의 안식일 되는 주일을 제외한 외에는 복음에 거룩히 지키라 명한 일이 없느니라.

그러하나 금식일과 감사일은 하나님의 권고하심을 따라 지키는 것이 성결에 응하며 유리하니라.

금식일과 감사일은 개인의 성도나 혹 한 가족이 사사로이 지키는 일도 있고 혹 한 지교회나 혹 친밀히 교제하는 교회의 교우들끼리 지키는 일도 있고 노회나 대회의 보호 아래에 있는 회집이나 우리 교회의 전부가 지키는 일도 있느니라.

각 교인과 가정이 금식일과 감사일을 사사로이 지키려면 각기 의견에 의지하여야 할지며 한 지교회가 지키려면 당회의 작정으로 정하고 더 큰 지방이 지키려면 노회나 대회가 정할지며 만일 보통으로 이 날들을 지키려면 반드시 총회가 작정할 것이니라. 또 혹 어느 때든지 나라에서 정하여 금식일과 감사일을 지키기로 하는 때에는 목사와 일반교인들은 이를 존중히 여기는 것이 마땅하니라.

금식일과 감사일은 전기(前期)하여 공식광고를 하여 교우들로 하여금 육신의 일을 정돈하여 놓고 이 날에 저희의 직분을 다하도록 준비케 할지니라.

이와 같은 날에는 공식예배를 보는 것이 가하니 시(詩)나 찬송을 부르고 성경을 낭독하며 강도를 하되 모두 그 날에 적당하도록 할지니라.

금식일에는 목사가 이 날 지키는 일에 대한 성경에 허락한 직권과 교우의 특별한 형편을 설명할지니라. 이와 같은 때는 보통 예비날보다 넉넉한 시간을 들이어 엄숙한 기도와 특별한 자복(自服)을 하되 특별히 그곳에서 그 때에 범한 그 죄와 그 죄로 인하여 천국심판 받게 된 일을 위하여 할지니 종일토록 하나님의 앞에서 겸손한 태도와 통회하는 마음으로 지낼지니라.

■ 분석

공적인 금식에 있어 먼저 이해해야 할 것은, 그것이 소위 '교회력'(Annus Ecclesiasticus), 혹은 '전례력'(annus liturgicus)에 따른 금식을 말하는 것이 아니라는 점입니다. 로마 가톨릭교회와 성공회 등에서는 교회력에 따른 주요 절기마다 금식하도록 되어 있지만, 웨스트민스터 예배모범에서 말하는 '금식일'은 그와는 전혀 별개로 명시하고 있는바 "어떤 중대하고 주목할 만한 심판이 백성들에게 닥치거나, 혹은 명백하게 임박한, 또는 어떤 특별한 화를 입을 것이 너무도 분명하다면, 또한 마찬가지의 어떤 특별한 은총을 구하여 얻고자”하는 의미에서 비정기적으로 시행하는 금식에 관한 내용인 것입니다. 그러므로 교회적인 어떤 중대한 일이나 시련과 같은 상황에 처했을 때, 그리고 개인적으로 그와 같이 중대한 상황과 형편 가운데 있을 때에 하나님 앞에서 행하게 되는 그런 의미의 금식일에 관한 모범이 바로 이 주제에서 다루는 내용들인 것입니다.

➕ 웨스트민스터 예배모범에서 제시하고 있는 금식일은 시간적으로 어떻게 규정되어 있습니까? [56]

　　개인적인 금식과 가족 금식에 관하여, 토마스 보스톤(Thomas Boston, 1676-1732)은 이르기를 “신앙적인 금식은 개인이 은밀하게 행하든 가족이 은밀하게 행하든, 날마다 규칙적으로, 또는 시간을 정해 놓고 반복적으로 이행해야 하는 의무가 아닙니다. 기도와 찬양(특히 시편 찬송)과 성경 읽기는 그리스도인이라면 반드시 항상 이행해야 하는 정기적이고도 일상적인 의무이지만, 신앙적인 금식은 결코 일상적인 의무가 아닙니다. 신앙적인 금식은 특정한 시간에 이따금씩 이행하는 특별한 의무입니다. 즉, 예측할 수 없는 하나님의 신비한 섭리가 우리에게 그 의무를 이행하라고 신호를 보낼 때에만 이행하는 특별한 의무입니다.”[81]라고 했는데, 공적인 금식일의 시행에 있어서도 기본적으로 이와 동일한 맥락입니다. 그러므로 로마 가톨릭교회와 성공회에서 시행하는 교회력에 근거하는 금식일

---

81) Thomas Boston, A MEMORIAL concerning PERSONAL AND FAMILY FASTING(London, 1812), 이태복 역,『금식의 영성』, (서울: 지평서원, 2010), 15.

의 시행과는 이 점에서 근본적인 차이가 있는 것입니다. 아울러 그러한 금식을 함에 있어서 성경에서는 일반적으로 하루 온종일(24시간)을 금식일로 지켰습니다. 이는 주일성수의 경우(24시간 주일성수)와 같은 맥락이라 하겠습니다. 물론 에 4:16절에서 에스더와 모르드개가 "밤낮 삼 일을"금식한 사례나, 삼하 12:16절에서 다윗이 밤 시간을 따로 떼어 금식하며 기도한 경우도 있지만, 그러한 개인적인 사례 외에는 대부분 하루 온종일을 금식한 것을 성경에서 찾아볼 수 있습니다.

➕ 웨스트민스터 예배모범에서 금식일에 금하도록 하는 것에는 어떤 것들이 포함됩니까? [57]

  금식에 대해 토마스 보스톤은 설명하기를 "신앙적인 금식은 외적이고도 부수적인 요소와 내적이고도 본질적인 요소로 구성되어 있습니다. 외적이고도 부수적인 요소에 해당하는 것은 '언제 금식할 것인가, 어디에서 금식할 것인가, 그리고 금식할 때 무엇을 절제할 것인가' 등입니다. 반면에 내적이고도 본질적인 요소는 '금식하는 가운데 적극적으로 행해야 하는 영적인 활동'입니다."[82]라고 했는데 그처럼 금식에 있어 중요한 것은 겸비하고 회개하며 돌이키는 기도의 자세이지만, 아울러 금식하는 동안에 절제해야 하는 것은 단순히 음식을 섭취하는 것만이 아닙니다. 오히려 평소에 행하던 일상적인 일들과 육체적인 모든 쾌락에 속한 일들을 중단하고 영적인

---

82) 앞의 책, 17.

활동에 집중해야만 하는 것입니다. 그러므로 사 58:3절에서 여호와 하나님께서는 "보라 너희가 금식하는 날에 오락을 구하며 온갖 일을 시키는도다."라고 말씀하셨으며, 고전 7:5절에서도 사도는 이르기를 "다만 기도할 틈을 얻기 위하여 합의상 얼마 동안은 (분방)하되 다시 합하라."고 하여, 금식을 위하여 부부간에 분방할 수 있음을 말하고 있습니다. 그러므로 금식함에 있어서 음식의 섭취 뿐 아니라 모든 생활에 있어서 절제하는 태도가 요구되는 것입니다.

➕ **웨스트민스터 예배모범에서는 금식일에 특별히 해야 할 것에 관해 어떻게 말하고 있습니까? [58]**

금식일에 금할 것들이 주로 외적이고 부수적인 요소들이었던 것과는 달리, 금식일에 특별히 행해야 하는 일들은 내적이고도 본질적인 요소들입니다. 즉 학 1:5절에 이른 바처럼 "너희(우리)의 행위를 살피"며, 재를 뒤집어쓰고 베옷을 입음과 같이 겸비하고, 욜 2:12절에 기록한 바처럼 "금식하고 울며 애통하고 마음을 다하여 내게로(여호와께로) 돌아"가는 회개의 실천이 적극적으로 이뤄져야만 하는 것입니다. 무엇보다 보스톤이 언급한 것처럼 "신앙적인 금식에는 우리와 더불어 언약을 맺으신 하나님에게 간구하고 탄원함으로써 우리가 금식하는 원인과 관련하여 특별하게 기도하는 일이 반드시 있어야"[83] 합니다. 왜냐하면 "금식을 통하여 우리가 영적으로 더 고무되고, 우리의 마음에 특별하게 품고 있는 어떤 일들에 대

---

83) 앞의 책, 33..

하여 기도하면서 하나님과 더불어 씨름하기에 더 좋은 상태가 되는 것”이기 때문입니다. 그러므로 주일에 일상적인 일들을 절제하고 금함과 아울러, 예배와 선행을 행하는 영적인 일을 오히려 힘써 행하여야 하는 것과 마찬가지로 금식의 내적이고 본질적인 일을 행하는 데에 더욱 열심을 내야 하는 것입니다.

➕ 공적인 금식 가운데서 목사는 “하나님을 향한 회중의 입”으로서 어떻게 행해야 한다고 했습니까? [59]

웨스트민스터 예배모범에서는 예배에 있어서 뿐 아니라 금식일을 수행함에 있어서도 목사의 역할을 중요하게 강조하고 있습니다. 웨스트민스터 교회정치규범에서 목사가 임직하게 되는 때에 지교회의 회중들로 하여금 다 같이 금식하도록 지침을 두고 있을 만큼, 목사를 세우는 일은 크고 중요한 것입니다. 아울러 그러한 목사가 교회 가운데서 감당해야 할 역할 또한 중요하고 막중한 것이라는 사실을 금식일에 관한 웨스트민스터 예배모범의 지침들이 분명하게 언급하는 바입니다. 특별히 공적인 예배 가운데서 그리고 회중을 대표하는 공적인 입(mouth)으로서, 목사의 역할과 영적(영적인 지식)인 능력은 참으로 중요한 것입니다. 흔히 회중의 대표를 ‘장로’ 혹은 ‘집사’들이라고 오해하기가 쉬운데, 윌리엄 구지(W. Gouge)도 동일하게 말한 바처럼 목사는 “회중을 향한 하나님의 입”임과 아울러 “하나님을 향한 회중의 입”으로서 공적인 예배와 회중의 대표로서 중요하게 자리하는 직분입니다. 그러므로 목사야말로 금식일을 가장 잘 수행해야 하는 중요한 성도(saint)인 것입니다. 웨스트민스터 예배모범은 이를 분명히 전제하는 가운데 금식일에 관하여 언급하고 있는 것입니다.

▬ 해설

　웨스트민스터 총회가 이뤄질 당시의 잉글랜드와 스코틀랜드, 그리고 아일랜드의 상황은 성공회(Anglican Church)와 장로교회(Presbyterian Church), 그리고 로마 가톨릭교회(Roman Catholic Church)의 사상과 전통이 혼재하여 있는 형편이었다. 특히 로마 가톨릭교회와 성공회 사이에는 잉글랜드의 민족주의적인 성격 외에는 크게 다르지 않은 신앙과 전통을 공유하고 있었지만, 스코틀랜드의 장로교회는 그러한 성격과 근본적으로 다른 신앙과 전통을 수립하고 있다는 점에서 신앙과 전통의 양상을 크게 두 부류(로마 가톨릭교회와 성공회, 그리고 장로교회)로 나눠 파악해 볼 수가 있다.

　그런데 로마 가톨릭교회와 성공회의 전통 가운데서 금식은 주로 '교회력'과 관련되어 시행되어 왔다. 즉 로마 가톨릭교회의 교회력에 따른 금식의 전통이 거의 그대로 유지되어 온 것이다. 필립 샤프(Philip Schaff, 1819-1893)의 설명에 따르면, 교회력은 예수 그리스도의 인격과 사역에 중심을 두고, 그분의 영광을 높이는 데 목표를 두는 데에 그 독특성을 둔 것으로[84], 복음 역사의 주된 사건

---

84) Philip Schaff, History of the Christian church. 3(New York, 1859), 이길상 역『교회사 접집 vol 3』, (고양: 크리스찬다이제스트, 2004), 357.

들을 한 해의 주기로 표현한 것이다. 그리고 그러한 교회력에 있어서 핵심적인 것이 바로 '부활절'(Pascha)과 '오순절'(Pentecostes)이다. 즉 예수 그리스도의 수난을 기념하는 슬픔의 절기인 부활절과, 예수 그리스도의 부활과 성령의 부어지심을 기념하는 기쁨의 절기인 오순절이 이미 2세기 초부터 유대교의 유월절과 추수절인 초실절, 맥추절, 칠칠절을 바탕으로 주간의 금요일과 일요일에 널리 지켜졌다. 특히 예수 그리스도의 수난을 기념하는 슬픔의 절기인 부활절에 관련하여 금식일이 지정되었는데, 일반적으로 3세기 로마의 히폴리투스(Hippolytus, ?-235)의 작품으로 여겨지는 사도전승(Apostolic Tradition)에는 세례 받을 사람들은 금요일과 토요일에 금식하고, 토요일 저녁에는 철야 기도를 드리도록 기록하고 있다.[85] 이러한 금식일의 시행은 교회력에 근거하여 매해 정기적으로 시행되는데, 4세기 이후로 서방 교회의 특징인 '콰템버'(Quatember, 교회력을 각각 세 달씩 네 부분으로 구분할 때에 각 부분을 지칭) 사이에 사흘간의 금식 기간을 두고 있다.[86]

그러나 장로교회의 웨스트민스터 예배모범에서 언급하는 금식일은 그러한 교회력에 바탕을 두는 금식일 규정과 전혀 상관이 없는 것이다. 이를 단적으로 알 수 있는 언급이 바로 "권위에 의해 엄중히 명해진 일반적인 금식 외에도, 하나님의 거룩하신 섭리로 당국자들에게 특별한 계기를 주시는 때에, 회중들은 금식일로 지킬 수 있다고 본다. 그리고 가정에서도 교회가 금식 혹은, 예배를 위한 다

---

85) James F. White, Introduction to Christian Worship(Abingdon, 1980), 정장복, 『기독교예배학 입문』, (서울: 예배와 설교 아카데미, 2000), 65

86) Philip Schaff, 『교회사 접집 vol 3』, 361.

른 공적 의무들을 준행하는 때를 피해서, 금식하는 것도 가능하다고 본다."는 끝부분의 언급이다. 이는 "어떤 중대하고 주목할 만한 심판이 백성들에게 닥치거나, 혹은 명백하게 임박한, 또는 어떤 특별한 화를 입을 것이 너무도 분명하다면, 또한 마찬가지의 어떤 특별한 은총을 구하여 얻고자 한다면, (하루 종일 계속해서) 엄중히 공적으로 금식하는 의무는 하나님께서 그 나라 혹은 백성들로부터 바라시는 것이다."라는 시작 부분의 문구와 함께, 웨스트민스터 예배모범의 금식일이 교회력에 바탕을 둔 정기적인 성격이 아니라는 사실을 나타내는데, 이에 대해 조선예수교장로회 예배모범은 더욱 명료하게 "성도의 안식일 되는 주일을 제외한 외에는 복음에 거룩히 지키라 명한 일이 없느니라. 그러하나 금식일과 감사일은 하나님의 권고하심을 따라 지키는 것이 성결에 응하며 유리하니라. 금식일과 감사일은 개인의 성도나 혹 한 가족이 사사로이 지키는 일도 있고 혹 한 지교회나 혹 친밀히 교제하는 교회의 교우들끼리 지키는 일도 있고 노회나 대회의 보호 아래에 있는 회집이나 우리 교회의 전부가 지키는 일도 있느니라."는 문구 가운데서 드러내고 있다. 즉 웨스트민스터 예배모범을 비롯한 장로교회의 예배모범에서 다루는 금식일은, 교회력에 따라 정기적으로 행하는 형식화 된 금식의 규례가 아니라 필요한 때에 교회적으로 혹은 개인적인 요구에 따라 행할 수 있는 내적이고도 본질적인 금식의 요소들에 따르는 규례인 것이다.

한편, 레쉬만은 "또 다른 특징, 즉 언약 시대의 특징은 목사와 백성이 주님과 엄숙한 언약 관계로 들어가는 것이다."[87]라고 하여 스코틀랜드의 관습과 아일랜드의 관습 사이의 차이를 설명하고 있다.

이처럼 금식이 언약과 관계되어 있는 맥락을 토마스 보스톤의 『A MEMORIAL concerning PERSONAL AND FAMILY FASTING』[88]에서 살펴볼 수가 있다. 즉 "죄를 고백한 후에는 하나님과 더불어 개인적인(혹은 공적인) 언약을 맺으십시오. 하나님의 은혜 언약을 분명한 말로 받아들임으로써 분명하게 하나님과 더불어 언약을 체결 또는 갱신하십시오. 이것은 개인적인 금식(혹은 공적인 금식) 가운데 우리가 꼭 해야 할 중요한 일입니다."[89]라고 한 것이다. 그런데 그러한 보스톤의 주장은 1645년에 옥스퍼드 대학교의 에드워드 피셔(Edward Fisher, 1627-1656)가 쓴『The Marrow of Modern Divinity』라는 소논문의 내용을 지지함으로써 "마로우 맨"(Marrow men)으로 불리게 된 것의 배경 가운데 있는 것으로, "모든 죄인들은 죄를 버리도록 가르침을 받아야 하며, 죄를 버리지 않고는 어떤 죄인도 그리스도에게 나아올 수 없다."[90]고 하는 주장을 따르는 것이다. 반면에 웨스트민스터 예배모범은 웨스트민스터 신앙고백(1647) 제7장 1항에 언급하는바 "……비록 이성적인 피조물들이 그들의 창조주로서 하나님께 순종을 나타낼 의무가 있을지라도, 그러나 그가 언약의 방식에 의해 나타내시기를 기뻐하신, 오직 하나님 편에서 어떤 자발적인 낮추심 외에는, 그들이 결코 축복과 상급으로써 그에 대한 어떤 기쁨을 소유할 수 없다."고 하는 고백을 따라, 전혀 보편적이거나 조건적인 필연성이 아닌 하나님의 전적

---

87) Thomas Leishman,『웨스트민스터 예배모범』, 136.
88) 금식의 주제와 관련해서는 전반적으로 토마스 보스톤의 이 책을 참고했으며, Thomas Boston,『금식의 영성』, (서울: 지평서원, 2010)이 바로 그 번역서다
89) Thomas Boston,『금식의 영성』, 114-5.
90) 서요한,『언약사상사』, (서울: C·L·C, 1994), 385.

인 선택에 기인하는 주권적인 것이다. 그러므로 공적인 금식은 교회의 회중으로서 하나님과 언약을 맺는 것으로서가 아니라, 그야말로 "저희 심령이 깊이 부끄러워지고 괴롭게 되는 날"로서 "그와 그의 마음을 주님께 드리"며 "하나님께 가까이 나아가, 이전보다도 더욱 친밀하고 신실하게, 그리고 새로운 순종으로서 하나님께로 더욱 가까이 나아가"는 것에 한정될 뿐, 그 자체에 특별함(필연)을 부여하는 것은 아니다.

▬ 적용

웨스트민스터 예배모범의 내용이 막바지에 이르러 가면서, 예배모범이 단순히 공중 예배를 위한 지침만을 다루고 있는 것이 아니라 신앙과 생활의 폭넓은 영역들에 관한 지침이라는 사실을 알 수가 있을 것입니다. 필자가 쓴 또 다른 예배 지침서이자 스코틀랜드 가정예배모범의 해설서인『교회를 세우는 가정예배』, (서울: 고백과 문답, 2017)에서도 파악할 수 있는 바와 같이, 장로교회의 신학과 신앙은 전혀 별개가 아닙니다. 오히려 신자 개인(특별히 어린 자녀들)과 가정, 그리고 공적인 교회는 일련의 예배 가운데 긴밀히 연계되어 있습니다. 그러므로 신자 개인이 은밀히 행하는 예배 없이 가정예배를 유익하게 드리기 어려우며, 그러한 가정예배 없이 교회의 공적인 예배를 유익하고 온전하게 드리기 어려운 것입니다. 그 세 부분들이 긴밀히 연계된 가운데서 비로소 '교회'(congregation)가 설 수 있는 것입니다.

마찬가지로 공적인 금식일의 수행에 있어서도 개인과 가정, 그리고 교회가 긴밀히 연계되어 있다는 사실을 알아야 합니다. 공적인 금식이야말로 예배당에 모여서만이 아니라, 가정과 개인으로 흩어진 가운데 얼마나 적절히 수행하느냐가 중요한 것입니다. 특별히 그러한 모든 일들을 통솔하며 지도하는 목사와 더불어 금식일을 온전히 수행하는 일은, 모든 회중이 힘써야 할 신앙의 중요한 실천 영역입니다.

➕ 여러분이 속한 교회, 혹은 여러분 개인적으로 어떤 때에 금식일을 시행합니까?

➕ 공적인 금식의 의무를 끝마치고 나면, 공적으로 혹은 개인적으로 어떤 유익을 얻습니까?

➕ 교회에 큰 사건이나 분란이 생길 때에 공적인 금식일을 지정하는 경우가 있었다면 그로 말미암은 결과가 어떠했는지, 그리고 문제가 무엇이었는지 정리해 봅니다.

➕ 여러분의 교회에서 목사 안수를 받는 날이나, 청빙 시에 금식하는 일이 있습니까?

XV.
공적인 감사의 날에 관한 모범

웨스트민스터 예배모범(1645):
공적인 감사의 날에 관한 모범

공적인 감사의 날을 지킬 때에는, 앞서 적당한 때에 그 날에 대해 공표하여, 사람들로 하여금 더 나은 준비를 할 수 있도록 한다.

그 날이 오면, 회중은 (개인적인 준비를 한 후) 모이도록 하며, 목사는 권면의 말씀으로 시작하여, 사람들로 그들이 모이는 가운데서의 의무를 일깨우며, 하나님께서 (다른 공중 예배에서처럼) 그들 모임의 특별한 성격에 맞게 도우시며 축복하시도록 짧게 기도한다.

다음으로 그는 구원 받은 것, 혹은 긍휼을 입은 것에 대해, 또는 어떤 것이든 회중으로 모이게 된 계기에 대하여 간략히 언급함으로써, 모두가 이를 더욱 이해하며, 혹은 이를 생각토록 하여, 이에 더불어 더욱 감명을 받도록 한다. 그리고 시편송이 다른 어떤 의식들보다 기쁨과 감사를 표현하기에 적합하기 때문에, 그러한 감사를 위하여 관련된 시편송을 한 곡 혹은 여러 곡을 부르되, 알맞은 하나님의 말씀을 성경 봉독 전이나 후로 부르도록 한다.

말씀을 선포할 목사는 다음으로, 그의 설교에 앞서, 특별히 그 모임과 밀접하게 관련된 권고와 기도를 하도록 하며, 다음으로 적절한 성경 본문으로 설교한다.

설교가 끝나면, 목사는 (설교 전에 그들이 생략했다면) 다른 예배에서 설교 후에 보통으로 하듯이, 교회와, 왕과 국가를 위해 기도하도록 하며, 나아가 이전에 받았던 긍휼과 구원에 대해 마땅히 엄숙한 감사의 기도를 드리도록 한다. 그러나 더욱 특별히 그들이 함께 감사를 드리도록 부르신 것에 대해 감사의 기도로 드리도록 한다. 하나님의 지속적인 긍휼을 베푸시되 새롭게 하심으로 베푸시고, 이를 바르게 사용하도록 거룩한 은혜를 주시기를 겸손히 구한다. 그리고는 긍휼에 적합한, 다른 시편송을 찬송한 뒤에, 축복과 더불어 회중을 해산하도록 하고, 그들이 식사와 휴식을 위한 시간을 가질 수 있도록 한다.

하지만 목사는 (그들이 해산하기 전에) 그들로 엄중히 권하기를, 모든 지나침과 소란을 조심하며, 과식하는 경향 혹은 술취함, 그리고 이보다 훨씬 더 많은 죄들을, 그들의 먹고 휴식함 가운데서 범하지 않도록 주의하게 한다. 그리고 그들의 즐거움과 기쁨이 육적인 것이 아니라, 영적으로, 하나님을 찬양하고 영광스럽게 하고, 그들 스스로를 겸손하고 냉정하게 하도록 권장한다. 아울러 먹고 마시며 즐거워하는 것은 그들의 마음을 더욱 유쾌하고 넓어지게 하여, 그 날의 나머지 부분 가운데서 그들이 다시 돌아왔을 때에, 회중 가운데서 하나님을 더욱 찬양하도록 권장한다.

회중으로 다시 모였을 때, 같은 방식으로 기도와 성경 봉독, 설교, 시편송, 그리고 더 많은 찬양과 감사를 드리되, 아침에 정했던 것과 같이, 새롭게 반복해서, 마치고 떠날 때까지 진행한다.

그날 한두 번의 공중 회집에서, 모은 헌금은 가난한 자들을 위해, (그리고 공적 애도일과 같은 방식으로) 거두어서, 수혜자들로 우리를 축복하고, 우리와 함께 더욱 기뻐하도록 한다. 그리고 두 번째 회집이 끝날 무렵, 이후로 남은 시간들을 그리스도인의 사랑과 구제를 서로에게 베풀도록 하는 거룩한 의무를 다하고, 주님 안에서 더욱 더 기쁨을 누림으로써, 주님의 기쁨을 그들의 힘으로 삼는 사람들로서 합당하게 사용하도록 권장한다.

조선예수교장로회 예배모범(1934): 금식일과 감사일

감사일에도 또한 목사가 이 날 지키는 일에 대한 성경에 허락한 직권과 교우의 특별한 형편을 설명하되 넉넉한 시간을 들이며 시와 찬송하는 노래를 부르며 감사를 돌리되 그 시기에 적당하도록 할지니라.

이와 같은 날에는 거룩하며 쾌락(快樂)한 마음으로 지내는 것이 당연하되 연락(宴樂)하는 가운데에서도 경외하는 마음을 더하여 방탕한 지경에 이르지 않도록 주의할지니라.

이 주제에 대해서는 웨스트민스터 총회 당시에 특별한 논의가 지속되지 않고 상당히 신속하게 마무리 되어 작성되었다고 합니다. 즉 일부 논쟁점이 제기되기도 했었지만, 다른 주제들에 비해 상당히 수월하게 처리되어 작성된 것입니다. 하지만 이에 대해서도 기본적으로는 로마 가톨릭교회와 성공회의 교회력에 근거하는 방식이 아니라, 회중에 의해 자율적으로 정하여 시행할 수 있도록 하는 점에서 차이를 지닙니다. 이는 웨스트민스터 총회가 예배서(service book)를 작성하지 않고 예배모범(directory for worship)을 작성한 것과 맥락을 같이 하는 것으로서, 예배와 그에 관련한 모든 세부적인 사항들을 명시하고 규정하는 것이 아니라는 사실에 바탕을 두고 있는 것입니다. 그러므로 감사일과 같은 주제에 대해서는 본질과 원칙을 제시하는 기준을 큰 틀에서 제시하는 선에서 작성되어 있습니다.

➕ 웨스트민스터 예배모범에서 "앞서 적당한 때에 그 날(공적인 감사의 날)에 대해 공표"하는 이유는 무엇입니까? [60)]

조선예수교장로회의 예배모범(1934)을 보면, 이 주제에 관하여 "목사가 이 날 지키는 일에 대한 성경에 허락한 직권과 교우의 특별한 형편을 설명하되 넉넉한 시간을 들이며 시와 찬송하는 노래를 부르며 감사를 돌리되 그 시기에 적당하도록 할지니라."고 한 것을 볼 수 있습니다. 이는 웨스트민스터 예배모범(1645)이 "앞서 적당한 때에 그 날에 대해 공표하여"라고 명시한 것을 더욱 상세히 언급하는 것이라 하겠습니다. 즉 "앞서 적당한 때"라는 말은 "넉넉한 시간을 들여" 교우들의 특별한 형편을 설명하고, 온 회중이 충분히 공감하고 이를 공유할 수 있도록 하기 위함인 것입니다. 특별히 정기적인 교회력에 따라 시행하는 것이 웨스트민스터 예배모범의 감사일의 취지가 아니기 때문에[91], 온 회중이 공적으로 이 날을 지키는 일에 대해 충분히 공유할 필요가 더욱 요구되는 것입니다.

➕ **교회력에 따른 축일들과 구별되는 웨스트민스터 예배모범의 감사일에 관한 지침은, 한 마디로 감사일을 어떻게 시행하는 것입니까? [61]**

　　로마 가톨릭교회의 교회력에 있어 중심을 이루는 '부활절'이 그리스도의 고난을 기념하여 금식을 동반하는 슬픔의 절기였던 것에 반해, '오순절'은 그리스도의 부활과 성령님의 부으심을 기념하여 기쁨의 절기로서 '축일'로 제정되었습니다.[92] 뿐만 아니라 부활절 가운데 '십자가의 유월절'과 '부활의 유월절'이 구분되면서 특히 부활의 유월절이 기쁨의 절기로 간주되면서 축일로 제정되었습니다. 더욱이 니케아 시대(313-590)를 시작으로 마리아 축일, 사도들의 축일, 순교자들의 축일, 성인들의 축일 등이 덧붙여지면서 교회력의 모든 날들이 특정 순교자나 성인들을 기념하는 축일이 되었습니다.

---

91) 물론 매해 정기적으로 감사일을 정하여 시행할 수 있지만, 그렇다고 해서 교회력과 같이 때와 절기를 철저히 지키도록 하는 방식이 아니라 충분히 유동성이 있는 좀 더 느슨한 정기적 준행이라 할 수 있다.
92) Philip Schaff, 『교회사 접집 vol 3』, 358.

그런데 그처럼 축일들이 남용되면서 화려한 의상을 입은 행렬들과 잔치, 그리고 음주로 채워진 이교의 감각적인 축제들이 교회를 휩쓸었는데, 지금도 과거 로마 가톨릭교회권에 속했던 지역들에 남아 있는 축제일들이 바로 그러한 문화의 잔재들입니다.

그러나 웨스트민스터 예배모범은 로마 가톨릭교회의 축일들과 달리 감사의 날을 특정한 감사의 제목에 부합하는 예배와 영적인 찬양 가운데서 보내도록 하고 있습니다.

➕ 웨스트민스터 예배모범의 감사일에 관한 지침은, 공적인 감사일의 행사 이후의 시간을 어떻게 보내도록 하고 있습니까? [62]

앞서 로마 가톨릭교회의 교회력 가운데 있는 축일들을 살펴보면서, 그것이 사실상 세속적이고 감각적인 축제로 시행되었음을 알 수 있었는데, 웨스트민스터 예배모범이 감사일에 관한 지침에서 철저히 경계하는 것이 바로 그와 같은 자세입니다. 그러므로 "그들의 즐거움과 기쁨이 육적인 것이 아니라, 영적으로, 하나님을 찬양하고 영광스럽게 하고, 그들 스스로를 겸손하고 냉정하게 하도록" 한 것이며, 아울러 적당한 휴식을 취한 후에도 다시 함께 모여 "기도와 성경 봉독, 설교, 시편송, 그리고 더 많은 찬양과 감사를 드리"도록 한 것입니다. 따라서 이러한 신앙의 유익에 대해 온전히 인식(이해)하지 못하는 신자가 없도록, 목회자의 각별한 수고와 역할이 요구되는 것입니다.

➕ 웨스트민스터 예배모범의 감사일에 관한 지침은, 감사일의 기쁨을 다른 사람들(혹은 교회 밖의 사람들)과 나누기 위해 어떤 일을 행하도록 권하고 있습니까? [63]

교회력의 절기들이 수많은 성인들의 축일들로 채워지는 가운데서 로마 가톨릭교회는 성인들에 대한 전설과 성인전(Acta Sanctorum), 그리고 성유물(reliquiae) 숭배로 이어졌습니다. 또한 성유물들을 중심으로 하는 교회당의 헌당, 아울러 축성된 예물들이 교회에 드려지는 등의 방식으로 기념하게 되었습니다. 뿐만 아니라 로마 가톨릭교회의 축일들을 기념하는 가운데서 로마 가톨릭교회는 면죄부(면벌부)의 발행과 더불어 막대한 재산을 형성하게 되는 폐단으로 이어졌습니다. 그러므로 루터(Martin Luther)가 비텐베르크 성당 문에 붙인 95개의 논제 가운데 제50조와 제51조를 통해 그처럼 불의한 재물로 성 베드로 성당을 세우느니, 그것을 팔아서라도 많은 사람들에게 빼앗은 돈을 갚아주는 것이 옳다고 주장했던 것입니다. 바로 그러한 개혁적인 정신을 따라 웨스트민스터 예배모범은 감사일에 모은 헌금을 가난한 자들에게 나누어 주고, 우리(교회의 성도들)와 함께 더욱 기뻐하도록 해야 함을 언급하고 있는 것입니다. 바로 그것이 "고아와 과부를 그 환난중에 돌보고 또 자기를 지켜 세속에 물들지 아니하는"(약 1:27) "하나님 아버지 앞에서 정결하고 더러움이 없는 경건(감사)"인 것입니다.

　이 주제가 예배모범의 다른 주제들보다 신속하게 통과가 되었지만, 레쉬만이 언급하듯이 "감사 주일을 구별하도록 적절히 경고해야 한다."는 문구로 시작하도록 문안을 잡았으나, 그러한 문안이 오히려 그 날을 구별하는 권리가 회중에게 주어져 있는 것처럼 오해할 소지가 있다는 라이트풋(John Lightfoot, 1602–1675)의 동의로 "공적인 감사의 날을 지킬 때에는, 앞서 적당한 때에 그 날에 대해 공표하여, 사람들로 하여금 더 나은 준비를 할 수 있도록 한다."는 문안으로 시작하도록 개정되었다고 한다.[93] 아울러 공적인 감사의 날을 하루 온종일 시행해야 하는지에 대해서도 약간의 논의가 있었는데, 예배모범이 아침과 휴식 후 저녁(혹은 오후)에 다시 모여 예배를 드리도록 권장한 것으로 볼 때에 온종일을 감사일로 시행하는 쪽으로 결론지어진 것 같다.

　그러나 웨스트민스터 총회 당시에 예배모범의 이 주제와 관련하여 주된 논의는, 예배모범이 지나치게 강요처럼 되는 것을 지양하는 입장에서 이뤄진 것으로 보인다. 이미 언급한바 있듯이 웨스트민스터 총회가 예식서나 예배서를 작성하지 않고 예배모범을 작성한 것은, 신앙에 있어 본질적이고 원리적인 틀을 제시하되 그 가운데 충분히 개교회나 개인의 신앙의 자유가 확보되도록 하는 취지였기 때문이다. 이 점에 있어 공중 예배의 문제를 중심으로 두는 예배모범의 한계를 벗어난 주제가 바로 "공적인 감사의 날에 관한 규범"

---

93) Thomas Leishman,『웨스트민스터 예배모범』, 137.

이라는 의견이 개진되었던 것이다. 더구나 예배모범이 규정하는 감사의 날은 소위 교회력이나 예전력을 따른 것이 전혀 아니기 때문에, 이 점에 대해 총회상에서 각별히 유의하여 논의한 것이라 하겠다.

사실 웨스트민스터 예배모범과 같은 신앙 지침서가 작성된 것은 중세 마지막 세기에 특히 독일을 중심으로 일어난 중요한 개혁적 노력이다. 특히 인쇄술의 발달과 함께 다양한 형태의 신앙 지침서들이 출간되어 보급됨으로서, 민중의 신앙으로 널리 보급되도록 했다. 그러나 그 이전까지 주로 성경에는 삽화가 다량 들어가서 성경의 내용을 그림으로 익히도록 하는 '가난한 자들을 위한 성경들'(biblia pauperum)이 많이 보급되었었는데, 이는 그림(성화)이 곧 민중의 성경 교육을 위한 유익한 도구라고 생각했었던 그레고리우스(Gregorius PP. Ⅰ)에게서 유래하는 것이라 할 수 있다.[94] 이처럼 민중의 신앙에 있어서 종교개혁의 세기로 칭하는 16세기 부근으로 널리 보급되었던 신앙 지침서들과 비슷한 맥락에서 예배모범은 신앙과 실천의 원리를 제공하되, 지나치게 인위적이거나 강압적이 되지 않도록 하고자 했던 것이다. 그러한 웨스트민스터 예배모범의 기본적인 취지는 웨스트민스터 신앙고백(1647) 제20장의 "그리스도인의 자유와 양심의 자유"에 대한 언급 2항에서 단적으로 파악할 수 있다. 2항은 고백하기를 "하나님만이 양심의 주인이시고, 신앙이나 예배에 관한 일에 있어서, 그의 말씀에 배치되거나, 혹은 벗어나는 어떤 것 안에 있는, 인간들의 교리들과 계명들로부터 양심을

---

94) Philip Schaff, 『교회사 접집 vol 3』, 683.

자유롭게 하셨다. 그래서 그러한 교훈들을 믿거나, 또는 양심을 벗어나 그러한 계명들에 순종하는 것은, 양심의 참된 자유를 배반하는 것이다. 그리고 무조건적인 신앙과, 절대적이고 맹목적인 순종을 요구하는 것은, 양심과 이성의 자유를 파괴하는 것이다.”라고 했다. 이러한 신앙고백의 신앙 정신 가운데서 로마 가톨릭교회나 성공회와 같이 일방적이고도 맹목적인 신앙의 시행령으로서가 아니라 지침으로서, 예배의 모범들을 제시하는 것이다.

하지만 그렇다고 하여 신앙의 지침에 있어 아무런 제약이나 견책도 없이 전적으로 회중의 자율에 따라서만 예배와 신앙의 실천이 이뤄질 것은 아니다. 특히 공적인 감사의 날을 지정하는 것과 같이 공적인 신앙에 있어서는 회중이 아니라, 정당한 교회의 치리기구인 당회(Consistory)에 의해 구별되어 지정될 수 있도록 해야만 한다. 왜냐하면 웨스트민스터 신앙고백 제20장에서 말하는 “그리스도인의 자유와 양심의 자유”는 2항의 내용 뿐 아니라 4항에 의해 제한되는 내용이 있기 때문인데, 4항은 이르기를 “하나님께서 정하신 권세들과, 그리스도께서 값 주고 사신 자유는, 파괴하도록 하나님에 의해 의도된 것이 아니라, 상호간에 서로 유지하고 보존하도록 의도된 것이므로, 그리스도인의 자유에 대한 구실로, 합법적인 권세나, 그 권세의 행사를 반대하는 사람들은, 그것이 국가적인 것이든, 아니면 교회적인 것이든, 하나님의 명령에 저항하는 것이다. 그리고 그러한 의견에 대한 그들의 공표함, 혹은 그러한 행동들에 대한 그들의 지지하는 것은, 본성의 빛이나, 신앙, 예배, 혹은 생활에 관해서든, 기독교의 알려진 원리들이나, 혹은 경건의 능력에 반대되는 것이므로, 그들 자신의 본성 안에서, 혹은 그것들을 표현하거나 지지하는 방식에 있어서, 그리스도가 교회 안에 세우신 외적 평화와 질서에 해를 끼치는 것이기 때문에, 그들은 법적으로 책임을 추궁당하고, 교회의 견책에 의해, 그리고 국가의 행정관의 권세에 의해, 고소를 당할 것이다."라고 했다. 바로 이 같은 한도 안에서 예배모범은 신앙상 자유를 인정하면서도 무질서 하지 않게 전체 회중을 이끌도록 목사의 역할을 언급하고 있는 것이다.

적용

공적인 감사의 날과 관련해서는 교회가 이웃하는 사회의 구성원들과 교통할 수 있는 중요한 요소가 포함되어 있습니다. 그러므로 그 실제적인 시행과 관련해서 더욱 자유롭고 다양하게 행할 수가 있는 것입니다. 특별히 웨스트민스터 총회에서 예배와 실제적인 신앙의 실천과 관련하여 예배서(service book)가 아닌 예배모범(directory for worship)을 작성한 것에서 알 수 있듯이, 예배모범의 취지는 성도들의 신앙을 제약하며 단속하려는 의도가 아니라 원리적으로 바르게 깨달아 폭넓고 자유롭게 시행하도록 하려는 것입니다. 따라서 공적인 감사와 관련한 이 주제에 대해 다양한 실천적 측면을 생각하고 논의해 보는 것이 반드시 필요하며, 아울러 그러한 자세로 예배모범 전체의 지침들을 적극적으로 이해하고 실천하려는 수고와 노력이 요구되는 것입니다.

➕ 여러분과 여러분 자신이 속한 교회는 주로 어떤 때를 공적인 감사의 날로 지정합니까?

➕ 교회에서 공적인 감사의 날을 시행함에 있어, 여러분들이 속한 회중
들은 주로 어떤 종류의 기쁨과 유익을 누리게 됩니까?

➕ 감사의 날이 주일에 중복되는 경우에, 그러한 중복으로 말미암아 주
일을 성수하는 데에 방해를 초래하는 경우는 없는지, 그런 경우에는
이를 어떻게 해결해야 할 것인지 생각해 봅니다.

➕ 교회의 공적인 감사를 가난한 이웃들과 나누어 함께 기뻐하는 실질
적인 수행방식이 어떻게 이뤄져야 할지를 생각하여, 교회의 모임에
서 함께 논의해 보도록 합니다.

XVI.
시편을 노래하는 것에 관하여

웨스트민스터 예배모범(1645): 시편을 노래하는 것에 관하여

그리스도인들은 교회에서 시편을 함께 부름으로써, 공적으로 하나님을 찬양하고, 또한 가정에서 개인적으로도 찬양해야 할 의무가 있다.

시편송을 부를 때, 목소리는 곡조에 맞추어 엄숙하게 내도록 한다. 그러나 가장 주의하여 살펴야만 하는 것은 가사에 대한 이해와 함께 노래하는 것이니, 마음 가운데 은혜를 더하여, 주님께로 향하는 멜로디를 만드는 것이다.

온 회중이 다 같이, 글을 읽을 수 있는 모두가 시편 찬송을 가지고 있도록 한다. 그리고 연령이나 다른 사정으로 도저히 글 읽기를 배울 수 없는 경우 외에, 모두가 글 읽기를 배우도록 한다. 그러나 회중 가운데 대부분이 글 읽기를 할 수 없는 상황을 위해 목사나, 혹은 다른 당회원이 지명한 적당한 사람이 노래할 시편 가사를, 한 줄 한 줄, 앞서 읽어주도록 한다.

조선예수교장로회 예배모범(1934): 시와 찬송을 부르는 일

예배당에서 공동하여 하던지 혹 한 집안에서 한 가족끼리 하던지 시와 찬미로 하나님을 찬송하는 것은 모든 신자의 마땅한 본분이니라.

하나님을 찬송하는 노래를 부를 때는 정신으로 하며 그 뜻을 깨달으며 곡조를 맞추어 주께 우리 마음을 다할지니 음악의 지식을 연습하여 우리의 마음으로 하나님을 찬양하는 동시에 또한 우리의 음성으로도 상당한 모양으로 하나님을 찬송하는 것이 가하니라.

비공식예배 볼 때에 찬송하는 시간의 다소는 각 목사가 조심하여 정할 것이니 아무쪼록 적당하게 하여 무리로 하여금 찬송하는 힘을 얻게 함이 가하니라.

온 교회는 반드시 찬송책을 준비하여 함께 찬송하는 것이 마땅하니라.

웨스트민스터 예배모범(1645)에서 제시하는 공중 예배의 순서 가운데 있는 찬송은 오직 시편 찬송입니다. 마찬가지로 스코틀랜드 공동 예배 예식서(1564)나 알렉산더 헨더슨의 예식서(1641)에서도 공중 예배의 찬송은 시편 찬송입니다. 이는 구약시대에도 마찬가지로, 구약성경에 기록된 시편은 구약의 모든 예배(혹은 제사)와 관련하여 부르던 찬송이었습니다. 이는 신약시대에도 마찬가지여서 예수 그리스도와 사도들, 그리고 1세기 교회에서도 모두 시편 찬송을 불렀습니다. 그러므로 엡 5:19절의 "시와 찬송과 신령한 노래들"이란 바로 시편 찬송을 말하는 것입니다. "찬송과 신령한 노래"라는 것은 흔히 생각하는 것처럼 찬송가와 복음송을 말하는 것이 아니라, 시편을 부르는 다른 형식의 표현인 것입니다. 그러므로 16세기 종교(교회)개혁의 시대에는 중세 시대에 여러 다양한 형태로 발달되어 있던 찬송곡들 가운데서 공중 예배에 사용할 수 있는 합당한 찬송이 바로 시편 찬송이라는 사실을 확고히 했으며, 웨스트민스터 예배모범에서도 공중 예배에 합당한 찬송으로서 시편 찬송만을 유일하게 소개하고 있습니다.

그러나 웨스트민스터 예배모범이 작성된 이후로 경건주의 풍토와 여러 다양한 교파들이 탄생하는 시기를 통해 공중 예배의 찬송이 다시 여러 다양한 형태로 번창하게 되었고, 그러한 가운데서 조선에 장로교가 들어왔을 때에는 이미 시편 찬송만이 아니라 여러 다양한 찬송곡들이 함께 들어왔습니다. 그러므로 1934년 조선예수교장로회 예배모범에서도 "시와 찬송을 부르는 일"이라고 소개하고 있으나, 차츰 시편 찬송은 사라지고 찬송과 복음송이 공중 예배의 노래로 자리하고 만 것이 현제까지 한국의 장로교회들의 예배 전통으로 고착되어 있습니다.

➕ 예배당에서의 공적인 예배에서, 그리고 가정에서 개인적으로 드리는 예배에 있어 시편 찬송을 부르는 것을 웨스트민스터 예배모범은 무엇이라고 말하고 있습니까? 64)

성경에 기록되어 있는 시편(Psalms)은 구약시대의 예배에서 사용되었던 노래들입니다. 그러므로 시편들 가운데에는 곡조에 대한 명칭들(마스길 곧 기도, 인도자를 따라 부르는 노래, 성전 낙성가, 여두둔 형식으로 부르는 노래 등)이 붙어 있는 것을 볼 수 있습니다. 물론 시편 이외에도 선지서와 같은 몇몇 책들에서도 시와 노래 형식의 글들이 등장합니다. 그러나 시편에는 그 노래를 부르는 법이나 시기에 대한 표제가 붙어 있어서, 예배를 비롯한 이스라엘의 공식 행사에서 사용했었음을 알게 합니다. 이는 신약시대에도 마찬가지여서, 예수 그리스도께서도 제자들과 마지막으로 만찬을 하신 뒤에 감람산으로 가시면서 찬미했을 때에(막 14:26) 시편을 노래하셨습니다. 이처럼 성경에서 시편 찬송은 공적으로나 사적으로 하나님을 찬송하는 노래로서 널리 사용되었으며, 심지어 그러한 시편 찬송 이외에 널리 사용된 노래가 없었던 것입니다. 그러므로 우리들이 공적인 예배 때에나 개인적인 예배 때에 시편을 노래하는 것은 지극히 당연하며 보편적이라 하겠습니다.

➕ 시편 찬송을 부를 때에, 주의할 것에 관해 웨스트민스터 예배모범은
먼저 무엇을 언급합니까? [65]

예배에서 부르는 찬송은 개인의 감정으로 부르는 것이 아니라,
교회로 모이는 회중(congregation)의 일원으로서 부르는 것입니
다.[95] 그러므로 교회의 공적 예배에서 부르는 찬송은 기본적으로
개인주의(individualism)적인 것이 아니라 공동체(community)적
인 것이며, 그러한 공동체성은 단순히 개인들이 모인 집합체로서의
공동체성이 아니라 성경에 근거하는 공통된 신앙으로서의 공동체성
을 말하는 것입니다. 따라서 예배에 합당한 찬송인 시편 찬송은 단
순히 각 개인의 경험이나 감정을 나타내는 것이 아니라, 자기 백성
들을 구원하시고 원수들을 물리치신 여호와 하나님에 대한 찬양과
경배를 담은 신앙 공동체의 애가와 감사의 노래들로 이뤄진 것입니
다. 비록 개인적인 신앙을 고백하는 시로 된 노래들일지라도, 예배
가운데서 부를 때에는 감정적인 데에 머무르는 것이 아니라 공동체
적인 신앙의 고백으로서의 특징을 더욱 담아 부르도록 해야 하는 것
입니다. 그런 점에서 시편 찬송은 개인적인 감정에 치우치지 않고
엄숙하게 부르도록 해야 하는 것입니다.

➕ 시편 찬송을 부를 때에, 가장 주의할 것은 무엇이라고 웨스트민스터
예배모범은 언급합니까? [66]

---

95) 이 해설과 관련해서는 Karel Deddens, 『예배, 하나님만을 향하게 하라』, 139-40을 참조.

시편 찬송에 있어 가장 중요한 부분은 앞서 "목소리는 곡조에 맞추어 엄숙하게 내도록 한다."는 언급과 관련되어 있습니다. 즉 시편 찬송은 개인적인 신앙의 경험이나 감정을 호소하는 것이 아니라 신앙 공동체의 고백적인 성격을 지니는 것이기 때문에, 개인적인 감정에 치우치지 말고 엄숙하게 부르도록 해야 하는 것입니다. 그러므로 교회에서 공동체적으로 부르는 찬송에 있어 객관적인 바탕인 성경의 내용을 숙지하고 동의하는 고백으로서 시편 찬송을 부르는 것이며, 바로 그러한 맥락에서 시편 찬송의 가사와 그 의미를 이해하는 바탕에서 노래하는 것이 중요한 것입니다. 이러한 맥락에서 스코틀랜드 교회에서는 현실적인 제약으로 시편 찬송 외에 다른 찬송을 부르는 예가 있었을지라도, 그것은 적어도 다른 정경에 기록된 말씀을 근거로 번역한 찬송이어야 한다고 했던 것입니다.[96] 이처럼 예배에 합당한 찬송을 부름에 있어서 중요한 요소가 바로 성경의 진리를 바르게 알고 이해하는 가운데서 이뤄져야 한다는 것입니다. 즉 음률이나 곡조에 찬송의 중심이 있는 것이 아니라 가사를 이루는 성경의 진리를 이해하고 동의하는 고백으로서 이뤄지는 것이 예배의 찬송인 것입니다.

➕ 웨스트민스터 예배모범은 시편 찬송을 부르기 위해 어떤 노력을 기울이도록 하고 있습니까? [67]

중세시대에는 대부분의 민중들이 글을 읽거나 쓸 수 없었습니다. 심지어 미사를 집례 하는 사제들 가운데에도 상당수의 문맹자들이 있을 정도로 문맹률이 심각했습니다. 그러나 종교개혁자들은 성경을 읽기 위해 글을 깨우치도록 하는 일에 많은 관심과 노력을 기울였는데, 바로 그러한 바탕 가운데서 성경의 시편으로 노래하는 시편 찬송에 있어서도 글을 읽을 수 있는 능력이 중요했습니다. 그런데 웨스트민스터 예배모범이 작성되던 시기에 잉글랜드와 스코틀랜드, 그리고 아일랜드 지역 또한 여전히 문맹률이 높은 편에 속하는 상황이었기에 이에 대한 지속적인 관심과 대응이 요구되었습니다.

하지만 당장에 공중 예배와 가정에서의 예배 가운데 시편 찬송을 부르는데 따르는 문제에 대한 대책으로 시편 찬송의 가사를 한 줄씩 선창자가 읽어주면, 이에 따라 회중이 다 함께 찬송하는 방식으로 시편 찬송을 부르도록 했습니다. "회중 가운데 대부분이 글 읽기를 할 수 없는 상황을 위해 목사나, 혹은 다른 당회원이 지명한 적당한 사람이 노래할 시편 가사를, 한 줄 한 줄, 앞서 읽어주도록 한다."는 웨스트민스터 예배모범의 문구는 바로 그러한 형편과 대처를 언급한 것입니다. 이처럼 웨스트민스터 예배모범은 시편 찬송을 예배 때에 부르도록 하라고만 한 것이 아니라, 실제적인 대안과 대책을 제시하는 것에도 많은 관심을 기울여 논의한 가운데서 작성된 것이라는 사실을 알 수가 있습니다.

---

96) 1647년 8월에 공표된 스코틀랜드 교회 총회의 법령에 따른 것으로서, "새로운 신앙고백(웨스트민스터 신앙고백)을 승인한 다음 날 스코틀랜드 교회 총회는 공적으로 사용할 목적으로 시편 외 다른 성경 문구를 운문으로 번역한 찬송가를 제작하는 사업에 착수했다. 이 사업은 당시의 난국 정황으로 인해 지연되다가 개정을 거쳐 결국 1781년에 발행된 스코틀랜드 성경번역 찬송가(Scottish Paraphrase)를 통해 완수되었다." Richard A. Muller, Rowland S. Ward,『웨스트민스터 총회의 실천』, 244-5.

　구약시대와 신약시대, 그리고 주후 1세기의 교회들에서 공히 시
편 찬송이 예배 때에 사용되었음에도 불구하고 이미 이른 시기에서
부터 시편 찬송 외에 다른 찬송이 사용되기 시작했다. 대표적으로
이미 암브로시오(St. Ambrosius, 339-397)에 의해 많은 성가들
이 작사, 작곡되었는데, 'Te Deum'('주여 당신을 찬양합니다.'라는
뜻)이 가장 대표적인 곡이다. 그리고 중세 시기에는 그레고리오 성
가곡(그레고리오 성가는 음악이 아니라 노래로서의 기도의 성격이
다.), 다성 음악(Polyphonia, 한 개 이상의 성부가 독립적으로 존
재하는 음악 형태)이 발달하기 시작하여 점차로 음악을 중심으로 하
는 방향으로 변화하게 되었다.

　그러나 점차 중세 시기의 후반으로 갈수록 예배 때에 부르는 찬
송은 사제들이 부를 수 있는 것으로 한정되었고 회중은 부르지 못
하게 되었는데, 이러한 현상이 결국 교회음악의 세속화를 불러오게
되었다.[97] 대부분의 회중이 알아들을 수 없는 라틴어로 사제들이
부르는 예배음악은, 자연스럽게 회중들이 별도로 부르는 무분별한
세속음악의 사용과 찬양으로 이어지게 된 것이다. 그러다가 16세기
종교개혁 시대부터 그러한 예배음악에 큰 변화가 일어나게 되는데,
마틴 루터(Martin Luther, 1483-1546)는 일반 찬송을 발전시켜
총 37곡의 노래를 직접 작곡했다. 그러므로 독일 지역에서는 라틴
어로 된 찬송가가 아니라 모든 회중들이 쉽게 따라 부를 수 있는 독

---

97) Karel Deddens,『예배, 하나님만을 향하게 하라』, 148

일어로 된 코랄(Chorale) 형태의 회중곡으로 부르게 된 것이다.[98]
이후로 독일지역에서는 경건주의 풍토 가운데 독일어로 된 코랄 찬
송가의 보급이 널리 확산되었다.

반면에 칼뱅(John Calvin, 1509-1564)은 일찍부터 시편 찬송
을 다시 살려내는 데에 집중했으니, 1562년에 칼뱅은 제네바 시
편 찬송을 동료들과 함께 최종판으로 완성하여 제네바를 비롯한 여
러 개혁교회들에서 사용하였다.[99] 이것이 존 낙스(John Knox,
1513-1572)에게 영향을 주어 스코틀랜드 장로교회에서 시편 찬송
이 널리 사용되도록 했고, 그러한 배경 가운데서 웨스트민스터 예
배모범에서 시편 찬송을 공중 예배와 가정(혹은 개인) 예배에서 부
를 마땅한 의무로 소개하기에 이른 것이다. 이는 칼뱅과 이후의 장
로교도들의 기본적인 신학에 바탕을 두고 있는 것인데, 장로교회의
예배에서 중요한 것은 하나님의 말씀인 성경이기 때문이다. 그러므
로 성경을 중심으로 둔 장로교회의 예배에 사용되는 노래 또한 하나
님의 말씀인 성경에 근거하여야 한다고 보았으며, 하나님의 말씀인
시편으로 노래하는 시편 찬송이야말로 예배에 합당한 노래로 보는
것이다. 바로 그러한 맥락 가운데서 웨스트민스터 예배모범은 시편
찬송을 부를 때에 "목소리는 곡조에 맞추어 엄숙하게 내도록 한다.
그러나 가장 주의하여 살펴야만 하는 것은 가사에 대한 이해와 함께
노래하는 것이니, 마음 가운데 은혜를 더하여, 주님께로 향하는 멜

---

98) 김영미, 『16세기 종교개혁 이후의 찬송가에 대한 연구』,(고신대학교 논문집 제21호,
     1994), 287-293 참조.
99) 특히 네덜란드의 개혁교회에서는 1566년 이후로 다테누스(Petrus Dathenus, 1531-
     1588)가 만든 각운을 넣은 시편 찬송이 널리 사용되었다.

로디를 만드는 것이다."라고 설명하고 있다.

한편, 웨스트민스터 예배모범에서 시편 찬송에 관련된 언급인 "시편을 노래하는 것에 관하여"라는 소제목은 전체적인 예배의 요소들에 관한 배열 가운데 있지 않고, 전체 예배모범의 순서 마지막에 배열되어 다루고 있는 것을 볼 수 있다. 실제적인 예배의 순서로 보면, 공적인 말씀 낭독과 설교 전 기도의 순서 사이에 위치해야 할 시편 찬송에 관한 언급을 맨 마지막에 다루고 있는 것이다. 레쉬만에 따르면 그렇게 된 것은 결코 우연적인 것이 아니다.[100] "헨더슨의 요구에 따라 위원회는 스코틀랜드 교회 위원들과 루스와 이 문제를 의논하기 위해 10월 2일에 모임을 가졌는데, 이 모임에 참여한 사람들은 테일러(Messrs Taylor), 터크니(Tuckney), 윌슨(Wilson), 콜만(Coleman), 헐(Herle), 레이놀즈(Reynolds), 라이트풋(Lightfoot), 기본(Guibon)등이었다. 예배 모범 앞부분이 의회에 제출되기 전에 최종 개정 작업이 이루어질 때까지는 아무 것도 이루어진 것이 없어 보였다. 라이트풋은 그 때 시편송에 대한 제목은 없었다고 말했다. 여러 번 제청한 뒤에 그가 그것을 삽입했다고 한다."고 설명하는데, 심지어 ""공식적인 성경이 아닌 운율에 맞춘 의역의 시편송은 불법이다."라고 생각한 사람도 있었다."고 당시의 상황을 설명하고 있어서, 왜 시편을 노래하는 것에 관한 주제를 예배모범 마지막에 들어가게 했는지를 유추할 수 있게 한다. 즉 예배에 있어 노래와 같은 음악적 요소는 부수적으로 취급되었던 것이다. 계속해서 레쉬만은 당시 총회의 분위기에 관하여 "그 당시의 찬

---

100) Thomas Leishman,「웨스트민스터 예배모범」, 137-8.

송에 대한 보편적인 감정은 소위 제1훈련서가 말하고 있는 "찬양은 유익하지만, 필수적인 예배 행위는 아니다."라고 한 그것이" 총회의 일반적인 분위기였던 것으로 설명하고 있다.

그러나 예배에 있어 "찬양은 유익하지만, 필수적인 예배 행위는 아니다."라는 입장은 후대에 급속히 희석되어 버렸다. 실제로 웨스트민스터 예배모범을 차용한 1788년 미국 장로교가 채택한 개정판 예배모범에서는 "시편 찬송"의 주제를 성경 봉독과 설교 사이에 배치하여 다룸으로써, 변화된 입장을 확연히 반영하고 있다. 그리고 그 내용에 있어서도 전체적으로는 웨스트민스터 예배모범과 유사하나 "하나님을 찬양할 때 찬양 내용에 대한 이해와 가슴으로 노래할 뿐 아니라 영으로 찬양하야 한다"는 문구가 추가되었으며, 음악적인 요소들도 함양하여 좋은 목소리로도 찬양하도록 하고 있다.[101] 그러므로 웨스트민스터 예배모범에서 시편 찬송에 관한 주제를 나중에 언급하고 있는 것은, 그만큼 예배에 있어 중심적인 요소가 성경의 순수한 본문과 더불어서 설교하는 것, 즉 성경에 충실한 예배에 있으며, 노래나 음악과 같은 요소로 하는 찬양은 필수적이 아니라는 입장에 있음을 알 수 있다.

---

101) "⋯⋯음악의 지식을 연습하여 우리의 마음으로 하나님을 찬양하는 동시에 또한 우리의 음성으로도 하는 것이 옳고, 교우는 반드시 찬송책을 준비하여 함께 찬송하는 것이 옳으니 아무쪼록 적당하게 하여 교인 전체로 찬송하는 실력을 얻게 함이 옳다."고 했는데, 이 것이 1919년 조선예수교장로회 예배모범에 그대로 반영되어 1934년 예배모범에도 그 대로 계승되었으니, "음악의 지식을 연습하여 우리의 마음으로 하나님을 찬양하는 동시에 또한 우리의 음성으로도 상당한 모양으로 하나님을 찬송하는 것이 가하니라."고 기록하게 된 것이다.

우리나라에 장로교가 들어왔을 때에 주로 영향을 끼친 장로교단은 미국의 남장로교와 북장로교인데, 그 가운데서도 예배모범은 미국의 남장로교의 예배모범(1894년)의 영향을 거의 그대로 받았습니다. 즉 웨스트민스터 예배모범에서 "시편을 노래하는 것에 관하여"라는 제목으로 되었던 것이 미국의 남장로교에서는 "시편과 찬송"이라는 제목으로 바뀌었고, 조선에도 미국 남장로교의 제목을 따라 "시와 찬송"이라는 제목으로 예배모범에 소개된 것입니다. 그러므로 조선에 장로교가 들어올 당시부터 이미 공중 예배에서 시편 찬송 뿐 아니라 일반 찬송들이 들어와 있었는데, 일제 강점기를 거치면서 혼란의 와중에 예배 때에 시편 찬송을 부르도록 한 예배모범의 지침은 점차 잊히고 찬송만이 남아 있게 된 것입니다. 특별히 일제 강점기에 조선에 유일한 신학교였던 조선신학교의 신학풍토가 자유주의 신학풍토였고, 박형룡을 비롯한 보수적 신학교수들은 만주 등지로 피신해 있던 상황이었기에, 장로교회의 예배모범이 점차 사장되었을 것으로 짐작해 볼 수 있습니다. 따라서 지금 우리에게는 오히려 시편 찬송을 예배 때에 부르는 것이 낯설게 느껴지는 형편이 되어버린 것입니다.

➕ 여러분과 여러분의 교회에서 시편 찬송을 공중 예배에서 사용하고 있다고 한다면, 어떤 시편 찬송을 사용하고 있습니까? (혹은 여러분과 여러분의 교회에서 시편 찬송을 공중 예배에서 사용하지 못하고 있다면, 어떤 이유에서 사용하지 못하는 것입니까?)

➕ 여러분의 가정에서 혹은 개인적으로 예배를 드릴 때에도 시편 찬송을 사용하고 있다면, 이를 통해 어떤 실제적인 유익을 얻는지 생각하여 나눠보도록 합니다.

➕ 여러분과 여러분의 교회가 시편 찬송을 사용함에 있어 가장 큰 애로점은 무엇입니까? (혹은 앞으로 사용할 계획이라고 한다면 구체적으로 어떻게 실행할 것인지 생각해 봅니다.)

➕ 여러분과 여러분의 교회 회중은 시편을 충분히 숙지하고 있습니까? 만일 그렇지 못하다고 한다면 시편을 충분히 이해하고 숙지하기 위해 어떤 노력을 기울일 것인지 실제적인 계획을 세워봅시다.

쉼(休)글 :
'예배'와 '신앙생활'의 중심에는 무엇이 있을까?

웨스트민스터 예배모범의 가치는 17세기 영국과 이후의 미국에만 한정되는 것이 아니라, 장로교회를 표방하는 모든 교회들이 취할 가장 성경적이며 모범적인 장로교회의 예배와 신앙생활에 관한 모범이라는 사실을 알아야 한다. 그러므로 최소한 장로교회의 신자들이라고 한다면 반드시 웨스트민스터 예배모범의 내용을 숙지하여야 하며, 웨스트민스터 예배모범의 바탕 위에서 더욱 구체적이고 세부적인 실천의 원리를 적용해야 마땅한 것이다. 그런데 웨스트민스터 예배모범은 산발적인 주제들을 각기 다른 맥락으로 소개하고 있는 것이 아니라 한 맥락 가운데서 다양한 주제들이 연결되는 형식으로 되어 있다. 그러므로 웨스트민스터 예배모범의 핵심적인 맥락이 무엇인지를 파악하고, 그 맥락이 전체 주제들과 어떻게 접목되는지를 이해하는 가운데서 예배모범을 숙지할 필요가 있다.

그렇다면 웨스트민스터 예배모범에 담긴 핵심적인 맥락이 무엇일까? 그것은 바로 "오직 성경"(Sola Scriptura)의 원리이다. 로마 가톨릭교회의 미사와 성공회의 예배가 공히 '예식'(ceremony)을 중심으로 하는데 반해, 장로교회의 예배는 하나님의 말씀인 '성경'을 중심으로 한다는데 근본적인 차이가 있는 것이다. 더구나 웨스트민스터 예배모범은 공적인 예배 가운데서 하나님의 말씀인 '성경'과 관련된 순서들을 모두 목사가 담당하도록 했는데, "성경 낭독"의 순서와 "설교"가 바로 그것이다. 뿐만 아니라 그러한 말씀 사역에 근거하여 설교 전과 후로 모두 목사가 기도하도록 하고 있는데, 이는 또한 말씀(성경)의 진리에 바탕을 두어 기도하도록 하는 것이라는 점에서 "오직 성경"의 맥락에 연결되는 것이다.

무엇보다 웨스트민스터 예배모범은 성경 낭독을 설교본문만이 아니라, 정기적으로 구약과 신약을 1장씩 낭독하도록 하고 있다. 현대의 거의 모든 장로교회들에서는 이를 생략하거나 시편을 낭독하는 것으로 대체한 실정이지만, 원래 웨스트민스터 예배모범은 철저히 성경이 예배의 핵심을 이루도록 예배의 중심에 성경본문 자체의 시간을 배정하여 이를 목사가 담당하도록 한 것이다. 아울러 예배의 중심적인 자리가 말씀 사역에 있음을 주지시키기 위해, 시편을 찬송하는 것에 관한 설명을 전체 예배모범의 거의 끝부분에서 다루도록 하고 있다. 원래 시편 찬송은 설교 전에 하는 기도와 성경 낭독 사이에 위치하는데, 웨스트민스터 총회에서는 이를 마지막 부분에 배치하여 간략하게 다루어도 문제가 전혀 되지 않을 만큼 예배 때에 시편 찬송을 부르는 것에 관해서는 충분히 동의되는 부분이었던 것이다. 그러나 이 또한 현대의 거의 모든 교회들에서 제대로 시행되지 못하는 실정이다. 시편 찬송만이 아니라 일반 찬송도 함께 부르는 경우가 대부분이고, 심지어 복음송(gospel)이나 C·C·M(Contemporary Christian Music)까지도 공적인 예배에서 얼마든지 사용하고 있는 것이 현대 예배의 엄연한 모습이다. 하지만 "오직 성경"의 원리를 바탕으로 하는 장로교회의 예배모범인 웨스트민스터 예배모범에서는, 하나님을 찬송하는 합당한 찬송 또한 하나님의 계시로 성경에 주어진 것을 사용하여야 마땅하다는 입장이다. 로마 가톨릭교회나 성공회 예배에 발달한 음악적 요소들이 웨스트민스터 예배모범에서는 언급되지 않는 이유 또한 바로 그러한 것에 있다.

사실 웨스트민스터 예배모범이 철저히 "오직 성경"의 원리를 중심으로 한다는 점은, 예배모범 전체에 확산되어 있다. 그러므로 병자를 심방하는 가운데서도 그 중심적인 주제는 병자의 심령의 상태와 그 심령에 유익과 위로를 줄 수 있는 말씀 사역으로서의 상담을 하도록 목사에게 모범을 제시하고 있는 것이다. 뿐만 아니라 말씀 사역을 중심으로 하는 목사와 교회의 공적인 업무에 너무 부담을 초래하지 않기 위해, 죽은 자를 매장하는 것을 목사와 교회의 본래적인 업무가 아니라 부수적인 업무로서 소개하고 있는 것이 웨스트민스터 예배모범의 특징이다. 로마 가톨릭교회나 성공회에서는 '장례 예식'으로 치러지는 것에 반해, 웨스트민스터 예배모범은 그 주제를 그저 "죽은 자의 매장에 관하여"라고 언급하는 것도 바로 그러한 맥락과 무관한 것이 아니다. 사람의 죽음과 동시에 그의 이를 곳이 이미 확정되는 것이니, 죽음 이후의 일은 매장하는 일과 남은 가족들을 적절히(성경 말씀의 진리로) 위로하는 것 외에 달리 필요할 것이 없기 때문이다.

무엇보다 웨스트민스터 예배모범의 중심적인 원리가 "오직 성경"의 원리에 있다는 사실을 분명하게 드러내는 예배의 요소는 바로 "설교"다. 설교(성경의 진리를 밝히 드러내는 강해)야말로 영(靈)이신 하나님께 "영(靈)과 진리(眞理)로 예배"(요 4:24)하는 가장 중심적인 사역인 것이다. 때문에 웨스트민스터 예배모범에서 가장 많은 분량을 할애하고 있는 것이 바로 설교에 관한 모범이다. 물론 회중이 함께 참여하는 요소들도 포함하고 있지만, 그럼에도 불구하고 모든 예배 순서와 일련의 공적인 행사들이 온통 말씀 사역을 향하도록 구성되어 있는 것이다. 그러므로 웨스트민스터 예배모범을 바탕으로 하는 장로교회의 예배와 신앙에 있어서 말씀의 일꾼인 목사의 중요성은 가히 절대적이다.

그러나 안타깝게도 현대의 수많은 장로교회들이 장로주의(Presbyterianism)의 원리가 아니라 회중주의(Congregationalism)의 원리를 따르고 있는 실정이다. 그러므로 회중인 사람들을 중심으로 예배와 교회의 원리가 세워져 가고 있는 것이다. 기껏 장로주의를 따른다고 해도 그것은 형식상의 장로 제도를 따르는 것으로서, "오직 성경"에 따른 장로들의 통치 방식이 아니라 장로들만의 통치 방식으로 전락하여 버린 것이다. 그러므로 오히려 감독주의자(Episcopalian)에 가깝거나, 심지어는 개혁된 신앙에서 오히려 역행하여 교황주의(caesaropapism)로 되어 버린 것이 아닌가 생각이 들 정도로 혼란스러운 정체성 가운데 있다. 그러므로 최소한 웨스트민스터 총회의 유산인 웨스트민스터 예배모범과 정치모범, 신앙고백과 대·소교리문답의 영향 가운데 형성된 장로교회들에서 만큼이라도, 장로교회의 신앙과 원리에 부응하는 예배와 생활이 무엇인지 다시 한 번 상고하고 숙지할 필요성이 절실한 것이다.

사실 웨스트민스터 예배모범이 말하는 모범을 따르는 예배와 신앙의 생활은 우리의 신앙을 전혀 속박하지 않는다. 로마 가톨릭교회와 성공회가 예배서와 기도서를 통해 예배와 신앙생활의 전반을 고착시켜버리는 것과 달리, 예배모범은 원리와 모범을 제시함으로써 자유롭게(자발적으로) 예배와 신앙생활의 실천으로 이어지도록 하는 상당히 민주적인 형식으로 되어 있는 것이다. 더구나 현대의 교회들이 행하는 것과 같은 온갖 인위적인 행사와 프로그램들을 일체 배제하고 있는(심지어는 성가대의 운영조차도 예배의 필수적인 요소가 아니다) 것이 바로 웨스트민스터 예배모범이니 만큼, 웨스트민스터 예배모범과 스코틀랜드 가정예배모범을 따라 공적인 예배와 사적(개인적 혹은 가정) 예배가 이뤄지는 것을 통해 비로소 건전한 주일성수가 이뤄질 수 있다.

딤전 4:13절에서 사도 바울은 말씀 사역자인 디모데에게 어떻게 "그리스도 예수의 좋은 일꾼"이 되어야 하는지를 말했는데, 그것은 "(말씀을) 읽는 것과 권하는 것과 가르치는 것에 전념하라."는 것이다. 따라서 살후 3:11절에서 지적한 사역자가 "일을 만들기만 하는 자"가 되지 않으려면, 자꾸만 일거리가 되는 행사들을 기획하려고 여기저기를 기웃거릴 것이 아니라 열심히 말씀을 읽고, 말씀의 교훈을 따라 살아가면서 이를 성도들에게 권하며, 아울러 그 권하는 바를 잘 가르치며 지도하는 일에 그야말로 전념(專念)하는 것이 마땅하다. 그럴 때에야 교회는 비로소 할 일들이 잔뜩 쌓여 어느 때보다도 바쁜 주일이 아니라, 그야말로 말씀(강독)을 들으며 그 가운데서 진정한 안식의 주일로 잠잠하고 평안한 교회(敎會)를 이루게 되는 것이다. 주일성수에 관한 웨스트민스터 예배모범의 지침만 보더라도, 주일에 교회당에서 특별히 분주할 만한 일은 없도록 해야 한다고 언급하고 있다. 예컨대 "주의 날은 마땅히 미리 기억하여 둠이 좋으니, 평상시 종사하는 세상의 일들을 규모 있게 정리하여 적절한 때에 마쳐놓음으로써, 주일을 맞이하였을 때에 주일을 거룩하게 하는 데에 방해가 되지 않도록" 해야 하며, "그 날에 하는 식사는 미리 준비해 두어, 어떤 하인이라도 부득이한 일이 아닌 것으로 하나님의 공적 예배에 빠지는 일이 없도록 하고, 어떤 사람이라도 그날을 거룩하게 지키는 데 방해를 받지 않도록 한다."고 언급하고 있다. 그러므로 주일에 교회에서 특별히 분주하게 행해야 하는 일이 없어야 하며, 다만 예배와 관련한 아주 적은 분량의 업무나 선행과 봉사하는 일에 관련한 몇몇 일들만이 필요하도록 해야 한다. 물론 그런 일들에 있어서도 핵심은 바로 "오직 성경"으로서의 말씀의 원리를 따름에 있는 것이다.

The Directory
FOR
The Publick Worship of God

CHARLES I. Parl. 3. Sess. 5.
An ACT of the PARLIAMENT of the KINGDOM of
SCOTLAND, approving and establishing the
DIRECTORY for Publick Worship.

AT EDINBURGH, February 6, 1645.

THE Estates of Parliament now convened, in the second session of this first triennial Parliament, by virtue of the last act of the last Parliament holden by his Majesty and the Three Estates, in anno 1641; after the publick reading and serious consideration of the act under-written of the General Assembly, approving the following Directory for the publick worship of God in the three kingdoms, lately united by the Solemn league and Covenant, together with the ordinance of the Parliament of England establishing the said Directory, and the Directory itself; do heartily and cheerfully agree to the said Directory, according to the act of the General Assembly approving the same. Which act, together with the Directory itself; the Estates of Parliament do, without a contrary voice, ratify and approve in all the Heads and Articles thereof; and do interpone and add the authority of Parliament to the said act of the General Assembly. And do ordain the same to have the strength and force of a law and act of parliament, and execution to pass thereupon, for observing the said Directory, according to the said act of the General Assembly to al points.

ALEX. GIBSON, Cler. Registri.

ASSEMBLY AT EDINBURGH, February 3, 1645, Sess. 10.

ACT of the GENERAL ASSEMBLY of the KIRK of SCOTLAND, for the establishing and putting in Execution of the DIRECTORY for the Publick Worship of God.

WHEREAS an happy unity, and uniformity in religion amongst the kirks of Christ, in these three kingdoms, united under on Sovereign, having been long and earnestly wished for by the godly a well-affected amongst us, was propounded as a main article of the large treaty, without which band and bulwark, no safe, well-grounded, and lasting peace could be expected; and afterward, with greater strength and maturity, revived in the Solemn

League and Covenant of the three kingdoms; whereby they stand straitly obliged to endeavour the nearest uniformity in one form of Church government, Directory of Worship, Confession of Faith, and Form of Catechising; which hath also before, and since our entering into that Covenant, been the matter of many supplications and remonstrances, and sending Commissioners to the King"s Majesty; of declarations to the Honourable Houses of the Parliament of England, and of letters to the Reverend Assembly of Divines, and others of the ministry of the kirk of England; being also the end of our sending Commissioners, as was desired, from this kirk, with commission to treat of uniformity in the four particulars afore-mentioned, with such committees as should be appointed by both Houses of Parliament of England, and by the Assembly of Divines sitting at Westminster; and beside all this, it being, in point of conscience, the chief motive and end of our adventuring upon manifold and great hazards, for quenching the devouring flame of the present unnatural and bloody war in England, thought o the weakening of this kingdom within itself, and the advantage of the enemy which have invaded it; accounting nothing too dear to us, so that this our joy be fulfilled. And now this great work being so far advanced, that a Directory for the Publick Worship of God in all the three kingdoms being agreed upon by the Honourable Houses of the parliament of England, after consultation with the Divines of both kingdoms there assembled, and sent to us for our approbation, that, being also agreed upon by this kirk and kingdom of Scotland, it may be in the name of both kingdoms presented to the King, for his royal consent and ratification; the General Assembly, having most seriously considered, revised, and examined the Directory afore-mentioned, after several publick readings of it, after much deliberation, both publickly and in private committees, after full liberty given to all to object against it, and earnest invitations of all who have any scruples about it, to make known the same, that they might be satisfied; doth unanimously, and without a contrary voice, agree to an approve the following Directory, in all the heads thereof, together with the Preface set before it; and doth require, decern, and ordain, That, according to the plain tenor and meaning thereof, and the intent of the Preface, it be carefully and uniformly observed and practised by all the ministers and others within this kingdom whom it doth concern; which practice shall be begun, upon intimation given to the several presbyteries from the printing of this Directory, that a printed copy of it be provided and kept of or the use of every kirk in this kingdom; also that each presbytery have a printed copy thereof for their use, and take special notice of the observation or neglect thereof in every General Assembly, as there shall b cause. Provided always, That the clause in the Directory, of the administration of the Lord's Supper, which metioneth the communicants sitting about the table, or at it, be not interpreted as if, in the judgment of this kirk, it were indifferent, and free for any of the communicants not to come to, and receive at the table; or as if we did approve the distributing of the elements by the minister to each communicant, and not by the communicants among themselves. It is also provided, That this shall be no prejudice to the order and practise of this kirk, in such particulars as are appointed by the books of discipline, and acts of General Assemblies, an are not otherwise ordered and appointed in the Directory.

Finally, The Assembly doth, with much joy and thankfulness, acknowledge the rich blessing and invaluable mercy of God, in bringing the so much wished for uniformity in religion to such a happy period, that these kingdoms, once at so great uniformity than any other reformed kirks; which is unto us the return of our prayers sorrows and sufferings; a taking away, in great measure, the reproach of the people of God, to the stopping of the mouths of malignant and disaffected persons; and an not of evil, to give us an expected end; in the expectation an confidence whereof we do rejoice; beseeching the Lord to preserve these kingdoms from heresies, schisms, offences, profaneness, and whatsoever is contrary to sound doctrine, and the power of godliness; and to continue with us, and the generations following, these his pure and purged ordinances, together with an increase of the power and life thereof, to the glory of his great name, the enlargement of the kingdom of his Son, the corroboration of peace and love between the kingdoms, the unity and comfort of all his people, and our edifying one another in love.

The Contents

The Preface. Of the Assembling of the Congregation.
Of Publick Reading of the Holy Scriptures. Of Publick
Prayer before the Sermon. Of Preaching of the Word. Of
Prayer after Sermon. Of the Sacrament of Baptism. Of the
Sacrament of the Lord's Supper. Of the Sanctification of
the Lord's Day. Of the Solemnization of Marriage. Of the
Visitation of the Sick. Of the Burial of the Dead. Of Publick
Solemn Fasting. Of the Observation of Days of Publick
Thanksgiving. Of Singing of Psalms. An Appendix touching
Days and Places of Publick Worship.

THE DIRECTORY FOR THE PUBLICK WORSHIP OF GOD.
THE PREFACE.

IN the beginning of the blessed Reformation, our wise and
pious ancestors took care to set forth an order for redress
of many things, which they then, by the word, discovered
to be vain erroneous, superstitious, and idolatrous, in
the publick worship of God. This occasioned many godly
and learned men to rejoice much in the Book of Common
Prayer, at that time set forth; because the mass, and
the rest of the Latin service being removed, the publick
worship was celebrated in our own tongue: many of
the common people also receive benefit by hearing the
scriptures read in their own language, which formerly were
unto them as a book that is sealed.

Howbeit, long and sad experience hath made it manifest,

that the Liturgy used in the Church of England,
(notwithstanding all the pains and religious intentions
of the Compilers of it,) hath proved an offence, not only
to many of the godly at home, but also to the reformed
Churches abroad. For, not to speak of urging the reading
of all the prayers, which very greatly increased the burden
of it, the many unprofitable and burdensome ceremonies
contained in it have occasioned much mischief, as well by
disquieting the consciences of many godly ministers and
people, who could not yield unto them, as by depriving
them of the ordinances of God, which they might not enjoy
without conforming or subscribing to those ceremonies.
Sundry good Christians have been, by means thereof,
kept from the Lord's table; and divers able and faithful
ministers debarred from the exercise of their ministry, (to
the endangering of many thousand souls, in a time of such
scarcity of faithful pastors,) and spoiled of their livelihood,
to the undoing of them and their families. Prelates, and
their faction, have laboured to raise the estimation of it to
such a height, as if there were no other worship, or way of
worship of God, amongst us, but only the Service—book;
to the great hinderance of the preaching of the word, and
(in some places, especially of late) to the justling of it out
as unnecessary, or at best, as far inferior to the reading
of common prayer; which was made no better than an idol
by many ignorant and superstitious people, who, pleasing
themselves in their presence at that service, and their
lip—labour in bearing a part in it, have thereby hardened
themselves in their ignorance and carelessness of saving

knowledge and true piety.

In the meantime, Papists boasted that the book was a compliance with them in a great part of their service; and so were not a little confirmed in their superstition and idolatry, expecting rather our return to them, than endeavouring the reformation of themselves: in which expectation they were of late very much encouraged, when, upon the pretended warrantableness of imposing of the former ceremonies, new ones were daily obtruded upon the Church.

Add hereunto, (which was not foreseen, but since have come to pass,) that the Liturgy hath been a great means, as on the one hand to make and increase an idle and unedifying ministry, which contented itself with set forms made to their hands by others, without putting forth themselves to exercise the gift of prayer, with which our Lord Jesus Christ pleaseth to furnish all his servants whom he calls to that office: so, on the other side, it hath been (and ever would be, if continued) a matter of endless strife and contention in the Church, and a snare both to many godly and faithful ministers, who have been persecuted and silenced upon that occasion, and to others of hopeful parts, many of which have been, and more still would be, diverted from all thoughts of the ministry to other studies; especially in these latter times, wherein God vouchsafeth to his people more and better means for the discovery of error and superstition, and for attaining of knowledge in the mysteries of godliness, and gifts in preaching and prayer.

Upon these, and many the like weighty considerations in reference to the whole book in general, and because of divers particulars contained in it; not from any love to novelty, or intention to disparage our first reformers, (of whom we are persuaded, that, were they now alive, they would join with us in this work, and whom we acknowledge as excellent instruments, raised by God, to begin the purging and building of his house, and desire they may be had of us and posterity in everlasting remembrance, with thankfulness and honour,) but that we may in some measure answer the gracious providence of God, which at this time calleth upon us for further reformation, and may satisfy our own consciences, and answer the expectation of other reformed churches, and the desires of many of the godly among ourselves, and withal give some publick testimony of our endeavours for uniformity in divine worship, which we have promised in our Solemn League and Covenant; we have, after earnest and frequent calling upon the name of God, and after much consultation, not with flesh and blood, but with his holy word, resolved to lay aside the former Liturgy, with the many rites and ceremonies formerly used in the worship of God; and have agreed upon this following Directory for all the parts of publick worship, at ordinary and extraordinary times. Wherein our care hath been to hold forth such things as are of divine institution in every ordinance; and other things we have endeavoured to set forth according to the rules of Christian prudence, agreeable to the general rules of the word of God; our meaning therein being only, that the general heads, the sense and scope of the prayers, and other parts of publick worship, being known to all, there may be a consent of all the churches in those things that contain the substance of the service and worship of God; and the ministers may be hereby directed, in their administrations, to keep like soundness in doctrine and prayer, and may, if need be, have some help and furniture, and yet so as they become not hereby slothful and negligent in stirring up the gifts of Christ in them; but that each one, by meditation, by taking heed to himself, and the flock of God committed to him, and by wise observing the ways of Divine Providence, may be careful to furnish his heart and tongue with further or other materials of prayer and exhortation, as shall be needful upon all occasions.

Of the Assembling of the Congregation, and their Behaviour in the Publick Worship of God.

WHEN the congregation is to meet for publick worship, the people (having before prepared their hearts thereunto) ought all to come and join therein; not absenting themselves from the publick ordinance through negligence, or upon pretence of private meetings.

Let all enter the assembly, not irreverently, but in a grave and seemly manner, taking their seats or places without adoration, or bowing themselves towards one place or other.

The congregation being assembled, the minister, after solemn calling on them to the worshipping of the great name of God, is to begin with prayer.

"In all reverence and humility acknowledging the incomprehensible greatness and majesty of the Lord, (in whose presence they do then in a special manner appear,) and their own vileness and unworthiness to approach so near him, with their utter inability of themselves to so great a work; and humbly beseeching him for pardon, assistance, and acceptance, in the whole service then to be performed; and for a blessing on that particular portion of his word then to be read: And all in the name and mediation of the Lord Jesus Christ."

The publick worship being begun, the people are wholly to attend upon it, forbearing to read any thing, except what the minister is then reading or citing; and abstaining much more from all private whisperings, conferences, salutations, or doing reverence to any person present, or coming in; as also from all gazing, sleeping, and other indecent behaviour, which may disturb the minister or people, or hinder themselves or others in the service of God.

If any, through necessity, be hindered from being present at the beginning, they ought not, when they come into the congregation, to betake themselves to their private devotions, but reverently to compose themselves to join with the assembly in that ordinance of God which is then in hand.

Of Publick Reading of the Holy Scriptures.

READING of the word in the congregation, being part of the publick worship of God, (wherein .i.we; acknowledge our dependence upon him, and subjection to him,) and one mean sanctified by him for the edifying of his people, is to be performed by the pastors and teachers.

Howbeit, such as intend the ministry, may occasionally both read the word, and exercise their gift in preaching in the congregation, if allowed by the presbytery thereunto.

All the canonical books of the Old and New Testament (but none of those which are commonly called Apocrypha) shall be publickly read in the vulgar tongue, out of the best allowed translation, distinctly, that all may hear and understand.

How large a portion shall be read at once, is left to the wisdom of the minister; but it is convenient, that ordinarily one chapter of each Testament be read at every meeting; and sometimes more, where the chapters be short, or the coherence of matter requireth it.

It is requisite that all the canonical books be read over in order, that the people may be better acquainted with the whole body of the scriptures; and ordinarily, where the reading in either Testament endeth on one Lord's day, it is to begin the next.

We commend also the more frequent reading of such scriptures as he that readeth shall think best for edification of his hearers, as the book of Psalms, and such like.

When the minister who readeth shall judge it necessary to expound any part of what is read, let it not be done until the whole chapter or psalm be ended; and regard is always to be had unto the time, that neither preaching, nor other ordinances be straitened, or rendered tedious. Which rule is to be observed in all other publick performances.

Beside publick reading of the holy scriptures, every person that can read, is to be exhorted to read the scriptures privately, (and all others that cannot read, if not disabled by age, or otherwise, are likewise to be exhorted to learn to read,) and to have a Bible.

Of Publick Prayer before the Sermon.

AFTER reading of the word, (and singing of the psalm,) the minister who is to preach, is to endeavour to get his own and his hearers hearts to be rightly affected with their sins, that they, may all mourn in sense thereof before the

Lord, and hunger and thirst after the grace of God in Jesus Christ, by proceeding to a more full confession of sin, with shame and holy confusion of face, and to call upon the Lord to this effect:

"To acknowledge our great sinfulness, First, by reason of original sin, which (beside the guilt that makes us liable to everlasting damnation) is the seed of all other sins, hath depraved and poisoned all the faculties and powers of soul and body, doth defile our best actions, and (were it not restrained, or our hearts renewed by grace) would break forth into innumerable transgressions, and greatest rebellions against the Lord that ever were committed by the vilest of the sons of men; and next, by reason of actual sins, our own sins, the sins of magistrates, of ministers, and of the whole nation, unto which we are many ways accessory: which sins of ours receive many fearful aggravations, we having broken all the commandments of the holy, just, and good law of God, doing that which is forbidden, and leaving undone what is enjoined; and that not only out of ignorance and infirmity, but also more pre sumptuously, against the light of our minds, checks of our consciences, and motions of his own Holy Spirit to the contrary, so that we have no cloak for our sins; yea, not only despising the riches of God's goodness, forbearance, and long-suffering, but standing out against many invitations and offers of grace in the gospel; not endeavouring, as we ought, to receive Christ into our hearts by faith, or to walk worthy of him in our lives.

To bewail our blindness of mind, hardness of heart, unbelief, impenitency, security, lukewarmness, barrenness; or not endeavouring after mortification and newness of life, nor after the exercise of godliness in the power thereof; and that the best of us have not so stedfastly walked with God, kept our garments so unspotted, nor been so zealous of his glory, and the good of others, as we ought: and to mourn over such other sins as the congregation is particularly guilty of, notwithstanding the manifold and great mercies of our God, the love of Christ, the light of the gospel, and reformation of religion, our own purposes, promises, vows, solemn covenant, and other special obligations, to the contrary.

To acknowledge and confess, that, as we are convinced of our guilt, so, out of a deep sense thereof, we judge ourselves unworthy of the smallest benefits, most worthy of God's fiercest wrath, and of all the curses of the law, and heaviest judgments inflicted upon the most rebellious sinners; and that he might most justly take his kingdom and gospel from us, plague us with all sorts of spiritual and temporal judgments in this life, and after cast us into utter darkness, in the lake that burneth with fire and brimstone, where is weeping and gnashing of teeth for evermore.

Notwithstanding all which, to draw near to the throne of grace, encouraging ourselves with hope of a gracious answer of our prayers, in the riches and all-sufficiency of that only one oblation, the satisfaction and intercession of the Lord Jesus Christ, at the right hand of his Father and our Father; and in confidence of the exceeding great and precious promises of mercy and grace in the new covenant, through the same Mediator thereof, to deprecate the heavy wrath and curse of God, which we are not able to avoid, or bear; and humbly and earnestly to supplicate for mercy, in the free and full remission of all our sins, and that only for the bitter sufferings and precious merits of that our only Saviour Jesus Christ.

That the Lord would vouchsafe to shed abroad his love in our hearts by the Holy Ghost; seal unto us, by the same Spirit of adoption, the full assurance of our pardon and reconciliation; comfort all that mourn in Zion, speak peace to the wounded and troubled spirit, and bind up the broken-hearted: and as for secure and presumptuous sinners, that he would open their eyes, convince their consciences, and turn them from darkness unto light, and from the power of Satan unto God, that they also may receive forgiveness of sin, and an inheritance among them that are sanctified by faith in Christ Jesus.

With remission of sins through the blood of Christ, to pray for sanctification by his Spirit; the mortification of sin dwelling in and many times tyrannizing over us; the quickening of our dead spirits with the life of God in Christ; grace to fit and enable us for all duties of conversation and callings towards God and men; strength against temptations; the sanctified use of blessings and crosses; and perseverance in faith and obedience unto the end.

To pray for the propagation of the gospel and kingdom of Christ to all nations; for the conversion of the Jews, the fulness of the Gentiles, the fall of Antichrist, and the hastening of the second coming of our Lord; for the deliverance of the distressed churches abroad from the tyranny of the antichristian faction, and from the cruel oppressions and blasphemies of the Turk; for the blessing of God upon the reformed churches, especially upon the churches and kingdoms of Scotland, England, and Ireland, now more strictly and religiously united in the Solemn National League and Covenant; and for our plantations in the remote parts of the world: more particularly for that church and kingdom whereof we are members, that therein God would establish peace and truth , the purity of all his ordinances, and the power of godliness; prevent and remove heresy, schism, profaneness, superstition, security, and unfruitfulness under the means of grace; heal all our rents and divisions, and preserve us from breach of our Solemn Covenant.

To pray for all in authority, especially for the King's Majesty; that God would make him rich in blessings, both in his person and government; establish his throne in religion and righteousness, save him from evil counsel, and make him a blessed and glorious instrument for the conservation and propagation of the gospel, for the encouragement and protection of them that do well, the terror of all that do evil, and the great good of the whole church, and of all his kingdoms; for the conversion of the Queen, the religious education of the Prince, and the rest of the royal seed; for the comforting of the afflicted Queen of Bohemia, sister to our Sovereign; and for the restitution and establishment of the illustrious Prince Charles, Elector Palatine of the Rhine, to all his dominions and dignities; for a blessing upon the High Court of Parliament, (when sitting in any of these kingdoms respectively,) the nobility, the subordinate judges and magistrates, the gentry, and all the commonality; for all pastors and teachers, that God would fill them with his Spirit, make them exemplarily holy, sober, just, peaceable, and gracious in their lives; sound, faithful, and powerful in their ministry; and follow all their labours with abundance of success and blessing; and give unto all his people pastors according to his own heart; for the universities, and all schools and religious seminaries of church and commonwealth, that they may flourish more and more in learning and piety; for the particular city or congregation, that God would pour out a blessing upon the ministry of the word, sacraments, and discipline, upon the civil government, and all the several families and persons therein; for mercy to the afflicted under any inward or outward distress; for seasonable weather, and fruitful seasons, as the time may require; for averting the judgments that we either feel or fear, or are liable unto as famine, pestilence, the sword, and such like.

And, with confidence of his mercy to his whole church, and the acceptance of our persons, through the merits and mediation of our High Priest, the Lord Jesus, to profess that it is the desire of our souls to have fellowship with God in the reverend and conscionable use of his holy ordinances; and, to that purpose, to pray earnestly for his grace and effectual assistance to the sanctification of his holy sabbath, the Lord's day, in all the duties thereof, publick and private, both to ourselves, and to all other congregations of his people, according to the riches and excellency of the gospel, this day celebrated and enjoyed.

And because we have been unprofitable hearers in times past, and now cannot of ourselves receive, as we should, the deep things of God, the mysteries of Jesus Christ, which require a spiritual discerning; to pray, that the Lord, who teacheth to profit, would graciously please to pour out the Spirit of grace, together with the outward means thereof, causing us to attain such a measure of the excellency of the knowledge of Christ Jesus our Lord, and, in him, of the things which belong to our peace, that we may account all things but as dross in comparison of him; and that we, tasting the first-fruits of the glory that is to be revealed, may long for a more full and perfect communion with him, that where he is, we may be also, and enjoy the fulness of those joys and pleasures which are at his right hand for evermore.

More particularly, that God would in a special manner

furnish his servant (now called to dispense the bread of life unto his household) with wisdom, fidelity, zeal, and utterance, that he may divide the word of God aright, to every one his portion, in evidence and demonstration of the Spirit and power; and that the Lord would circumcise the ears and hearts of the hearers, to hear, love, and receive with meekness the ingrafted word, which is able to save their souls; make them as good ground to receive in the good seed of the word, and strengthen them against the temptations of Satan, the cares of the world, the hardness of their own hearts, and whatsoever else may hinder their profitable and saving hearing; that so Christ may be so formed in them, and live in them, that all their thoughts may be brought into captivity to the obedience of Christ, and their hearts established in every good word and work for ever.

We judge this to be a convenient order, in the ordinary public prayer; yet so, as the minister may defer (as in prudence he shall think meet) some part of these petitions till after his sermon, or offer up to God some of the thanksgivings hereafter appointed, in his prayer before his sermon.

Of the Preaching of the Word.

PREACHING of the word, being the power of God unto salvation, and one of the greatest and most excellent works belonging to the ministry of the gospel, should be so performed, that the workman need not be ashamed, but may save himself, and those that hear him.

It is presupposed, (according to the rules for ordination,) that the minister of Christ is in some good measure gifted for so weighty a service, by his skill in the original languages, and in such arts and sciences as are handmaids unto divinity; by his knowledge in the whole body of theology, but most of all in the holy scriptures, having his senses and heart exercised in them above the common sort of believers; and by the illumination of God's Spirit, and other gifts of edification, which (together with reading and studying of the word) he ought still to seek by prayer, and an humble heart, resolving to admit and receive any truth not yet attained, whenever God shall make it known unto him. All which he is to make use of, and improve, in his private preparations, before he deliver in public what he hath provided.

Ordinarily, the subject of his sermon is to be some text of scripture, holding forth some principle or head of religion, or suitable to some special occasion emergent; or he may go on in some chapter, psalm, or book of the holy scripture, as he shall see fit.

Let the introduction to his text be brief and perspicuous, drawn from the text itself, or context, or some parallel place, or general sentence of scripture.

If the text be long, (as in histories or parables it sometimes must be,) let him give a brief sum of it; if short, a paraphrase thereof, if need be: in both, looking diligently to the scope of the text, and pointing at the chief heads and grounds of doctrine which he is to raise from it.

In analysing and dividing his text, he is to regard more the order of matter than of words; and neither to burden the memory of the hearers in the beginning with too many members of division, nor to trouble their minds with obscure terms of art.

In raising doctrines from the text, his care ought to be, First, That the matter be the truth of God. Secondly, That it be a truth contained in or grounded on that text, that the hearers may discern how God teacheth it from thence. Thirdly, That he chiefly insist upon those doctrines which are principally intended; and make most for the edification of the hearers.

The doctrine is to be expressed in plain terms; or, if any thing in it need explication, it is to be opened, and the consequence also from the text cleared. The parallel places of scripture, confirm□ing the doctrine, are rather to be plain and pertinent, than many, and (it need be) some what insisted upon, and applied to the purpose in hand.

The arguments or reasons are to be solid, and, as much as may be, convincing. The illustrations, of what kind soever, ought to be full of light, and such as may convey the truth into the hearer's heart with spiritual delight.

If any doubt obvious from scripture, reason, or prejudice of the hearers, seem to arise, it is very requisite to remove it, by reconciling the seeming differences, answering the reasons, and discovering and taking away the causes of prejudice and mistake. Otherwise it is not fit to detain the hearers with propounding or answering vain or wicked cavils, which, as they are endless, so the propounding and answering of them doth more hinder than promote edification.

He is not to rest in general doctrine, although never so much cleared and confirmed, but to bring it home to special use, by application to his hearers: which albeit it prove a work of great difficulty to himself, requiring much prudence, zeal, and meditation, and to the natural and corrupt man will be very unpleasant; yet he is to endeavour to perform it in such a manner, that his auditors may feel the word of God to be quick and powerful, and a discerner of the thoughts and intents of the heart; and that, if any unbeliever or ignorant person be present, he may have the secrets of his heart made manifest, and give glory to God.

In the use of instruction or information in the knowledge of some truth , which is a consequence from his doctrine, he may (when convenient) confirm it by a few firm arguments from the text in hand, and other places of scripture, or from the nature of that common-place in divinity, whereof that truth is a branch.

In confutation of false doctrines, he is neither to raise an old heresy from the grave, nor to mention a blasphemous opinion unnecessarily: but, if the people be in danger of an error, he is to confute it soundly, and endeavour to satisfy their judgments and consciences against all objections.

In exhorting to duties, he is, as he seeth cause, to teach also the means that help to the performance of them.

In dehortation, reprehension, and publick admonition, (which require special wisdom,) let him, as there shall be cause, not only discover the nature and greatness of the sin, with the misery attending it, but also shew the danger his hearers are in to be overtaken and surprised by it, together with the remedies and best way to avoid it.

In applying comfort, whether general against all temptations, or particular against some special troubles or terrors, he is carefully to answer such objections as a troubled heart and afflicted spirit may suggest to the contrary. It is also sometimes requisite to give some notes of trial, (which is very profitable, especially when performed by able and experienced ministers, with circumspection and prudence, and the signs clearly grounded on the holy scripture,) whereby the hearers may be able to examine themselves whether they have attained those graces, and performed those duties, to which he exhorteth, or be guilty of the sin reprehended, and in danger of the judgments threatened, or are such to whom the consolations propounded do belong; that accordingly they may be quickened and excited to duty, humbled for their wants and sins, affected with their danger, and strengthened with comfort, as their condition, upon examination, shall require.

And, as he needeth not always to prosecute every doctrine which lies in his text, so is he wisely to make choice of such uses, as, by his residence and conversing with his flock, he findeth most needful and seasonable; and, amongst these, such as may most draw their souls to Christ, the fountain of light, holiness, and comfort.

This method is not prescribed as necessary for every man, or upon every text; but only recommended, as being found by experience to be very much blessed of God, and very helpful for the people's understandings and memories.

But the servant of Christ, whatever his method be, is to perform his whole ministry:

1. Painfully, not doing the work of the Lord negligently.

2. Plainly, that the meanest may understand; delivering the truth not in the enticing words of man's wisdom, but in demonstration of the Spirit and of power, lest the cross of

Christ should be made of none effect; abstaining also from an unprofitable use of unknown tongues, strange phrases, and cadences of sounds and words; sparingly citing sentences of ecclesiastical or other human writers, ancient or modern, be they never so elegant.

3. Faithfully, looking at the honour of Christ, the conversion, edification, and salvation of the people, not at his own gain or glory; keeping nothing back which may promote those holy ends, giving to every one his own portion, and bearing indifferent respect unto all, without neglecting the meanest, or sparing the greatest, in their sins.

4. Wisely, framing all his doctrines, exhortations, and especially his reproofs, in such a manner as may be most likely to prevail; shewing all due respect to each man's person and place, and not mixing his own passion or bitterness.

5. Gravely, as becometh the word of God; shunning all such gesture, voice, and expressions, as may occasion the corruptions of men to despise him and his ministry.

6. With loving affection, that the people may see all coming from his godly zeal, and hearty desire to do them good. And,

7. As taught of God, and persuaded in his own heart, that

all that he teacheth is the truth of Christ; and walking before his flock, as an example to them in it; earnestly, both in private and publick, recommending his labours to the blessing of God, and watchfully looking to himself, and the flock whereof the Lord hath made him overseer: So shall the doctrine of truth be preserved uncorrupt, many souls converted and built up, and himself receive manifold comforts of his labours even in this life, and afterward the crown of glory laid up for him in the world to come.

Where there are more ministers in a congregation than one, and they of different gifts, each may more especially apply himself to doctrine or exhortation, according to the gift wherein he most excelleth, and as they shall agree between themselves.

Of Prayer after Sermon.

THE sermon being ended, the minister is "To give thanks for the great love of God, in sending his Son Jesus Christ unto us; for the communication of his Holy Spirit; for the light and liberty of the glorious gospel, and the rich and heavenly blessings revealed therein; as, namely, election, vocation, adoption, justification, sanctification, and hope of glory; for the admirable goodness of God in freeing the land from antichristian darkness and tyranny, and for all other national deliverances; for the reformation of religion; for the covenant; and for many temporal blessings.

To pray for the continuance of the gospel, and all ordinances thereof, in their purity, power, and liberty: to turn the chief and most useful heads of the sermon into some few petitions; and to pray that it may abide in the heart, and bring forth fruit.

To pray for preparation for death and judgment, and a watching for the coming of our Lord Jesus Christ: to entreat of God the forgiveness of the iniquities of our holy things, and the acceptation of our spiritual sacrifice, through the merit and mediation of our great High Priest and Saviour the Lord Jesus Christ."

And because the prayer which Christ taught his disciples is not only a pattern of prayer, but itself a most comprehensive prayer, we recommend it also to be used in the prayers of the church. And whereas, at the administration of the sacraments, the holding publick fasts and days of thanksgiving, and other special occasions, which may afford matter of special petitions and thanksgivings, it is requisite to express somewhat in our publick prayers, (as at this time it is our duty to pray for a blessing upon the Assembly of Divines, the armies by sea and land, for the defence of the King, Parliament, and Kingdom,) every minister is herein to apply himself in his prayer, before or after sermon, to those occasions: but, for the manner, he is left to his liberty, as God shall direct and enable him in piety and wisdom to discharge his duty.

The prayer ended, let a psalm be sung, if with conveniency it may be done. After which (unless some other ordinance of Christ, that concerneth the congregation at that time, be to follow) let the minister dismiss the congregation with a solemn blessing.

BAPTISM, as it is not unnecessarily to be delayed, so it is not to be administered in any case by any private person, but by a minister of Christ, called to be the steward of the mysteries of God.

Nor is it to be administered in private places, or privately, but in the place of publick worship, and in the face of the congregation, where the people may most conveniently see and hear; and not in the places where fonts, in the time of Popery, were unfitly and superstitiously placed.

The child to be baptized after notice given to the minister the day before, is to be presented by the father, or (in case of his necessary absence) by some Christian friend in his place, professing his earnest desire that the child may be baptized.

Before baptism, the minister is to use some words of instruction, touching the institution, nature, use, and ends of this sacrament, shewing,

"That it is instituted by our Lord Jesus Christ: That it is a seal of the covenant of grace, of our ingrafting into Christ, and of our union with him, of remission of sins, regeneration, adoption, and life eternal: That the water, in baptism, representeth and signifieth both the blood of Christ, which taketh away all guilt of sin, original and actual; and the sanctifying virtue of the Spirit of Christ against the dominion of sin, and the corruption of our sinful nature: That baptizing, or sprinkling and washing with water, signifieth the cleansing from sin by the blood and for the merit of Christ, together with the mortification of sin, and rising from sin to newness of life, by virtue of the death and resurrection of Christ: That the promise is made to believers and their seed; and that the seed and posterity of the faithful, born within the church,

have, by their birth, interest in the covenant, and right to the seal of it, and to the outward privileges of the church, under the gospel, no less than the children of Abraham in the time of the Old Testament; the covenant of grace, for substance, being the same; and the grace of God, and the consolation of believers, more plentiful than before: That the Son of God admitted little children into his presence, embracing and blessing them, saying, For of such is the kingdom of God: That children, by baptism, are solemnly received into the bosom of the visible church, distinguished from the world, and them that are without, and united with believers; and that all who are baptized in the name of Christ, do renounce, and by their baptism are bound to fight against the devil, the world, and the flesh: That they are Christians, and federally holy before baptism, and therefore are they baptized: That the inward grace and virtue of baptism is not tied to that very moment of time wherein it is administered; and that the fruit and power thereof reacheth to the whole course of our life; and that outward baptism is not so necessary, that, through the want thereof, the infant is in danger of damnation, or the parents guilty, if they do not contemn or neglect the ordinance of Christ, when and where it may be had."

In these or the like instructions, the minister is to use his own liberty and godly wisdom, as the ignorance or errors in the doctrine of baptism, and the edification of the people, shall require.

He is also to admonish all that are present,

"To look back to their baptism; to repent of their sins against their covenant with God; to stir up their faith; to improve and make right use of their baptism, and of the covenant sealed thereby betwixt God and their souls."

He is to exhort the parent,

"To consider the great mercy of God to him and his child; to bring up the child in the knowledge of the grounds of the Christian religion, "and in the nurture and admonition of the Lord; and to let him know the danger of God's wrath to himself and child, if he be negligent: requiring his solemn promise for the performance of his duty."

This being done, prayer is also to be joined with the word of institution, for sanctifying the water to this spiritual use; and the minister is to pray to this or the like effect: "That the Lord, who hath not left us as strangers without the covenant of promise, but called us to the privileges of his ordinances, would graciously vouchsafe to sanctify and bless his own ordinance of baptism at this time: That he would join the inward baptism of his Spirit with the outward baptism of water; make this baptism to the infant a seal of adoption, remission of sin, regeneration, and eternal life, and all other promises of the covenant of grace: That the child may be planted into the likeness of the death and resurrection of Christ; and that, the body of sin being destroyed in him, he may serve God in newness of life all his days."

Then the minister is to demand the name of the child; which being told him, he is to say, (calling the child by his name,)

I baptize thee in the name of the Father, and of the Son, and of the Holy Ghost.

As he pronounceth these words, he is to baptize the child with water: which, for the manner of doing of it, is not only lawful but sufficient, and most expedient to be, by pouring or sprinkling of the water on the face of the child, without adding any other ceremony.

This done, he is to give thanks and pray, to this or the like purpose:

"Acknowledging with all thankfulness, that the Lord is true and faithful in keeping covenant and mercy: That he is good and gracious, not only in that he numbereth us among his saints, but is pleased also to bestow upon our children this singular token and badge of his love in Christ: That, in his truth and special providence, he daily bringeth some into the bosom of his church, to be partakers of his inestimable benefits, purchased by the blood of his dear Son, for the continuance and increase of his church.

And praying, That the Lord would still continue, and daily confirm more and more this his unspeakable favour: That he would receive the infant now baptized, and solemnly entered into the household of faith, into his fatherly tuition and defence, and remember him with the favour that he sheweth to his people; that, if he shall be taken out of this life in his infancy, the Lord, who is rich in mercy, would be pleased to receive him up into glory; and if he live, and attain the years of discretion, that the Lord would so teach him by his word and Spirit, and make his baptism effectual to him, and so uphold him by his divine power and grace, that by faith he may prevail against the devil, the world, and the flesh, till in the end he obtain a full and final victory, and so be kept by the power of God through faith unto salvation, through Jesus Christ our Lord."

OF THE CELEBRATION OF THE COMMUNION, OR SACRAMENT OF THE LORD'S SUPPER.

THE communion, or supper of the Lord, is frequently to be celebrated; but how often, may be considered and determined by the ministers, and other church-governors of each congregation, as they shall find most convenient for the comfort and edification of the people committed to their charge. And, when it shall be administered, we judge it convenient to be done after the morning sermon.

The ignorant and the scandalous are not fit to receive the sacrament of the Lord's Supper.

Where this sacrament cannot with convenience be frequently administered, it is requisite that publick warning be given the sabbath-day before the administration thereof: and that either then, or on some day of that week, something concerning that ordinance, and the due preparation thereunto, and participation thereof, be taught; that, by the diligent use of all means sanctified of God to that end, both in publick and private, all may come better prepared to that heavenly feast.

When the day is come for administration, the minister,

having ended his sermon and prayer, shall make a short exhortation:

"Expressing the inestimable benefit we have by this sacrament, together with the ends and use thereof: setting forth the great necessity of having our comforts and strength renewed thereby in this our pilgrimage and warfare: how necessary it is that we come unto it with knowledge, faith, repentance, love, and with hungering and thirsting souls after Christ and his benefits: how great the danger to eat and drink unworthily.

Next, he is, in the name of Christ, on the one part, to warn all such as are ignorant, scandalous, profane, or that live in any sin or offence against their knowledge or conscience, that they presume not to come to that holy table; shewing them, that he that eateth and drinketh unworthily, eateth and drinketh judgment unto himself: and, on the other part, he is in an especial manner to invite and encourage all that labour under the sense of the burden of their sins, and fear of wrath, and desire to reach out unto a greater progress in grace than yet they can attain unto, to come to the Lord's table; assuring them, in the same name, of ease, refreshing, and strength to their weak and wearied souls."

After this exhortation, warning, and invitation, the table being before decently covered, and so conveniently placed, that the communicants may orderly sit about it, or at it, the minister is to begin the action with sanctifying and blessing the elements of bread and wine set before him, (the bread in comely and convenient vessels, so prepared, that, being broken by him, and given, it may be distributed amongst the communicants; the wine also in large cups,) having first, in a few words, shewed that those elements, otherwise common, are now set apart and sanctified to this holy use, by the word of institution and prayer.

Let the words of institution be read out of the Evangelists, or out of the first Epistle of the Apostle Paul to the Corinthians, Chap. 11:23. I have received of the Lord, &c. to the 27th Verse, which the minister may, when he seeth requisite, explain and apply.

Let the prayer, thanksgiving, or blessing of the bread and wine, be to this effect:

"With humble and hearty acknowledgment of the greatness of our misery, from which neither .i.man; nor angel was able to deliver us, and of our great unworthiness of the least of all God's mercies; to give thanks to God for all his benefits, and especially for that great benefit of our redemption, the love of God the Father, the sufferings and merits of the Lord Jesus Christ the Son of God, by which we are delivered; and for all means of grace, the word and sacraments; and for this sacrament in particular, by which Christ, and all his benefits, are applied and sealed up unto us, which, notwithstanding the denial of them unto others, are in great mercy continued unto us, after so much and long abuse of them all.

To profess that there is no other name under heaven by which we can be saved, but the name of Jesus Christ, by whom alone we receive liberty and life, have access to the throne of grace, are admitted to eat and drink at his own table, and are sealed up by his Spirit to an assurance of happiness and everlasting life.

Earnestly to pray to God, the Father of all mercies, and God of all consolation, to vouchsafe his gracious presence, and the effectual working of his Spirit in us; and so to sanctify these elements both of bread and wine, and to bless his own ordinance, that we may receive by faith the body and blood of Jesus Christ, crucified for us, and so to feed upon him, that he may be one with us, and we one with him; that he may live in us, and we in him, and to him who hath loved us, and given himself for us."

All which he is to endeavour to perform with suitable affections, answerable to such an holy action, and to stir up the like in the people.

The elements being now sanctified by the word and prayer, the minister, being at the table, is to take the bread in his hand, and say, in these expressions, (or other the like, used by Christ or his apostle upon this occasion:)

"According to the holy institution, command, and example

of our blessed Saviour Jesus Christ, I take this bread, and, having given thanks, break it, and give it unto you; (there the minister, who is also himself to communicate, is to break the bread, and give it to the communicants;) "Take ye, eat ye; this is the body of Christ which is broken for you: do this in remembrance of him."

In like manner the minister is to take the cup, and say, in these expressions, (or other the like, used by Christ or the apostle upon the same occasion:)

"According to the institution, command, and example of our Lord Jesus Christ, I take this cup, and give it unto you; (here he giveth it to the communicants;) This cup is the new testament in the blood of Christ, which is shed for the remission of the sins of many: drink ye all of it."

After all have communicated, the minister may, in a few words, put them in mind,

"Of the grace of God in Jesus Christ, held forth in this sacrament; and exhort them to walk worthy of it."

The minister is to give solemn thanks to God,

"For his rich mercy, and invaluable goodness, vouchsafed to them in that sacrament; and to entreat for pardon for the defects of the whole service, and for the gracious assistance of his good Spirit, whereby they may be enabled to walk in the strength of that grace, as becometh those who have received so great pledges of salvation."

The collection for the poor is so to be ordered, that no part of the publick worship be thereby hindered.

Of the Sanctification of the Lord's Day

THE Lord's day ought to be so remembered before–hand, as that all worldly business of our ordinary callings may be so ordered, and so timely and seasonably laid aside, as they may not be impediments to the due sanctifying of the day when it comes.

The whole day is to be celebrated as holy to the Lord, both in publick and private, as being the Christian sabbath. To which end, it is requisite, that there be a holy cessation or resting all that day from all unnecessary labours; and an abstaining, not only from all sports and pastimes, but also from all worldly words and thoughts.

That the diet on that day be so ordered, as that neither servants be unnecessarily detained from the publick worship of God, nor any other person hindered from the sanctifying that day. That there be private preparations of every person and family, by prayer for themselves, and for God's assistance of the minister, and for a blessing upon his ministry; and by such other holy exercises, as may further dispose them to a more comfortable communion with God in his public ordinances.

That all the people meet so timely for publick worship, that the whole congregation may be present at the beginning, and with one heart solemnly join together in all parts of the publick worship, and not depart till after the blessing.

That what time is vacant, between or after the solemn meetings of the congregation in publick, be spent in reading, meditation, repetition of sermons; especially by calling their families to an account of what they have heard, and catechising of them, holy conferences, prayer for a blessing upon the publick ordinances, singing of psalms, visiting the sick, relieving the poor, and such like duties of piety, charity, and mercy, accounting the sabbath a delight.

The Solemnization of Marriage.

ALTHOUGH marriage be no sacrament, nor peculiar to the church of God, but common to mankind, and of publick interest in every commonwealth; yet, because such as marry are to marry in the Lord, and have special need of instruction, direction, and exhortation, from the word of God, at their entering into such a new condition, and of the blessing of God upon them therein, we judge it expedient that marriage be solemnized by a lawful minister of the word, that he may accordingly counsel them, and pray for a blessing upon them.

Marriage is to be betwixt one man and one woman only; and they such as are not within the degrees of consanguinity or affinity prohibited by the word of God; and the parties are to be of years of discretion, fit to make their own choice, or, upon good grounds, to give their mutual consent.

Before the solemnizing of marriage between any persons, the purpose of marriage shall be published by the minister three several sabbath—days, in the congregation, at the place or places of their most usual and constant abode, respectively. And of this publication the minister who is to join them in marriage shall have sufficient testimony, before he proceed to solemnize the marriage.

Before that publication of such their purpose, (if the parties be under age,) the consent of the parents, or others under whose power they are, (in case the parents be dead,) is to be made known to the church officers of that congregation, to be recorded.

The like is to be observed in the proceedings of all others, although of age, whose parents are living, for their first marriage.

And, in after marriages of either of those parties, they shall be exhorted not to contract marriage without first acquainting their parents with it, (if with conveniency it may be done,) endeavouring to obtain their consent.

Parents ought not to force their children to marry without their free consent, nor deny their own consent without just cause.

After the purpose or contract of marriage hath been thus published, the marriage is not to be long deferred. Therefore the minister, having had convenient warning, and nothing being objected to hinder it, is publickly to solemnize it in the place appointed by authority for publick worship, before a competent number of credible witnesses, at some convenient hour of the day, at any time of the year, except on a day of publick humiliation. And we advise that it be not on the Lord's day.

And because all relations are sanctified by the word and prayer, the minister is to pray for a blessing upon them, to this effect:

"Acknowledging our sins, whereby we have made ourselves less than the least of all the mercies of God, and provoked him to embitter all our comforts; earnestly, in the name of Christ, to entreat the Lord (whose presence and favour is the happiness of every condition, and sweetens every relation) to be their portion, and to own and accept them in Christ, who are now to be joined in the honourable estate of marriage, the covenant of their God: and that, as he hath brought them together by his providence, he would sanctify them by his Spirit, giving them a new frame of heart fit for their new estate; enriching them with all graces whereby they may perform the duties, enjoy the comforts, undergo the cares, and resist the temptations which accompany that condition, as becometh Christians."

The prayer being ended, it is convenient that the minister do briefly declare unto them, out of the scripture,

"The institution, use, and ends of marriage, with the conjugal duties, which, in all faithfulness, they are to perform each to other; exhorting them to study the holy word of God, that they may learn to live by faith, and to be content in the midst of all marriage cares and troubles, sanctifying God's name, in a thankful, sober, and holy use of all conjugal comforts; praying much with and for one another; watching over and provoking each other to love and good works; and to live together as the heirs of the grace of life."

After solemn charging of the persons to be married, before the great God, who searcheth all hearts, and to whom they must give a strict account at the last day, that if either of them know any cause, by precontract or otherwise, why they may not lawfully proceed to marriage, that they now discover it; the minister (if no impediment be acknowledged) shall cause first the man to take the woman by the right hand, saying these words:

I N. do take thee N. to be my married wife, and do, in the presence of God, and before this congregation, promise and

covenant to be a loving and faithful husband unto thee, until God shall separate us by death.
Then the woman shall take the man by the right hand, and say these words:

I N. do take thee N. to be my married husband, and I do, in the presence of God, and before this congregation, promise and covenant to be a loving, faithful, and obedient wife unto thee, until God shall separate us by death.

Then, without any further ceremony, the minister shall, in the face of the congregation, pronounce them to be husband and wife, according to God's ordinance; and so conclude the action with prayer to this effect:

"That the Lord would be pleased to accompany his own ordinance with his blessing, beseeching him to enrich the persons now married, as with other pledges of his love, so particularly with the comforts and fruits of marriage, to the praise of his abundant mercy, in and through Christ Jesus."

A register is to be carefully kept, wherein the names of the parties so married, with the time of their marriage, are forthwith to be fairly recorded in a book provided for that purpose, for the perusal of all whom it may concern.

IT is the duty of the minister not only to teach the people committed to his charge in publick, but privately; and particularly to admonish, exhort, reprove, and comfort them, upon all seasonable occasions, so far as his time, strength, and personal safety will permit.

He is to admonish them, in time of health, to prepare for death; and, for that purpose, they are often to confer with their minister about the estate of their souls; and, in times of sickness, to desire his advice and help, timely and seasonably, before their strength and understanding fail them.

Times of sickness and affliction are special opportunities put into his hand by God to minister a word in season to weary souls: because then the consciences of men are or should be more awakened to bethink themselves of their spiritual estate for eternity; and Satan also takes advantage then to load them more with sore and heavy temptations: therefore the minister, being sent for, and repairing to the sick, is to apply himself, with all tenderness and love, to administer some spiritual good to his soul, to this effect.

He may, from the consideration of the present sickness, instruct him out of scripture, that diseases come not by chance, or by distempers of body only, but by the wise and orderly guidance of the good hand of God to every particular person smitten by them. And that, whether it be laid upon him out of displeasure for sin, for his correction and amendment, or for trial and exercise of his graces, or for other special and excellent ends, all his sufferings shall turn to his profit, and work together for his good, if he sincerely labour to make a sanctified use of God's visitation, neither despising his chastening, nor waxing weary of his correction.

If he suspect him of ignorance, he shall examine him in the principles of religion, especially touching repentance and faith; and, as he seeth cause, instruct him in the nature, use, excellency, and necessity of those graces; as also touching the covenant of grace; and Christ the Son of God, the Mediator of it; and concerning remission of sins by faith in him.

He shall exhort the sick person to examine himself, to search and try his former ways, and his estate towards God.

And if the sick person shall declare any scruple, doubt, or temptation that are upon him, instructions and resolutions shall be given to satisfy and settle him.

If it appear that he hath not a due sense of his sins, endeavours ought to be used to convince him of his sins, of the guilt and desert of them; of the filth and pollution which the soul contracts by them; and of the curse of the law, and wrath of God, due to them; that he may be truly affected with and humbled for them: and withal make known the danger of deferring repentance, and of neglecting salvation at any time offered; to awaken his conscience, and rouse him up out of a stupid and secure condition, to apprehend the justice and wrath of God, before whom none can stand, but he that, lost in himself, layeth hold upon Christ by faith.

If he hath endeavoured to walk in the ways of holiness, and to serve God in uprightness, although not without many failings and infirmities; or, if his spirit be broken with the sense of sin, or cast down through want of the sense of God's favour; then it will be fit to raise him up, by setting before him the freeness and fulness of God's grace, the sufficiency of righteousness in Christ, the gracious offers in the gospel, that all who repent, and believe with all their heart in God's mercy through Christ, renouncing their own righteousness, shall have life and salvation in him. It may be also useful to shew him, that death hath in it no spiritual evil to be feared by those that are in Christ, because sin, the sting of death, is taken away by Christ, who hath delivered all that are his from the bondage of the fear of death, triumphed over the grave, given us victory, is himself entered into glory to prepare a place for his people: so that neither life nor death shall be able to separate them from God's love in Christ, in whom such are sure, though now they must be laid in the dust, to obtain a joyful and glorious resurrection to eternal life.

Advice also may be given, as to beware of an ill—grounded persuasion on mercy, or on the goodness of his condition for heaven, so to disclaim all merit in himself, and to cast himself wholly upon God for mercy, in the sole merits and mediation of Jesus Christ, who hath engaged himself never to cast off them who in truth and sincerity come unto him. Care also must be taken, that the sick person be not cast down into despair, by such a severe representation of the wrath of God due to him for his sins, as is not mollified by a sensible propounding of Christ and his merit for a door of hope to every penitent believer.

When the sick person is best composed, may be least disturbed, and other necessary offices about him least hindered, the minister, if desired, shall pray with him, and for him, to this effect:

"Confessing and bewailing of sin original and actual; the miserable condition of all by nature, as being children of wrath, and under the curse; acknowledging that all diseases, sicknesses, death, and hell itself, are the proper issues and effects thereof; imploring God's mercy for the sick person, through the blood of Christ; beseeching that God would open his eyes, discover unto him his sins, cause him to see himself lost in himself, make known to him the cause why God smiteth him, reveal Jesus Christ to his soul for righteousness and life, give unto him his Holy Spirit, to create and strengthen faith to lay hold upon Christ, to work in him comfortable evidences of his love, to arm him against temptations, to take off his heart from the world, to sanctify his present visitation, to furnish him with patience and strength to bear it, and to give him perseverance in faith to the end.

That, if God shall please to add to his days, he would vouchsafe to bless and sanctify all means of his recovery; to remove the disease, renew his strength, and enable him to walk worthy of God, by a faithful remembrance, and diligent observing of such vows and promises of holiness and obedience, as men are apt to make in times of sickness, that he may glorify God in the remaining part of his life.

And, if God have determined to finish his days by the present visitation, he may find such evidence of the pardon of all his sins, of his interest in Christ, and eternal life by Christ, as may cause his inward man to be renewed, while his outward man decayeth; that he may behold death without fear, cast himself wholly upon Christ without doubting, desire to be dissolved and to be with Christ, and so receive the end of his faith, the salvation of his soul, through the only merits and intercession of the Lord Jesus Christ, our alone Saviour and all—sufficient Redeemer."

The minister shall admonish him also (as there shall be cause) to set his house in order, thereby to prevent inconveniences; to take care for payment of his debts, and to make restitution or satisfaction where he hath done any wrong; to be reconciled to those with whom he hath been at variance, and fully to forgive all men their trespasses against him, as he expects forgiveness at the hand of God.

Lastly, The minister may improve the present occasion to exhort those about the sick person to consider their own mortality, to return to the Lord, and make peace with him; in health to prepare for sickness, death, and judgment; and all the days of their appointed time so to wait until their change come, that when Christ, who is our life, shall appear, they may appear with him in glory.

Concerning Burial of the Dead.

WHEN any person departeth this life, let the dead body, upon the day of burial, be decently attended from the house to the place appointed for publick burial, and there immediately interred, without any ceremony.

And because the custom of kneeling down, and praying by or towards the dead corpse, and other such usages, in the place where it lies before it be carried to burial, are superstitious; and for that praying, reading, and singing, both in going to and at the grave, have been grossly abused, are no way beneficial to the dead, and have proved many ways hurtful to the living; therefore let all such things be laid aside.

Howbeit, we judge it very convenient, that the Christian friends, which accompany the dead body to the place appointed for publick burial, do apply themselves to meditations and conferences suitable to the occasion and that the minister, as upon other occasions, so at this time, if he be present, may put them in remembrance of their duty.

That this shall not extend to deny any civil respects or deferences at the burial, suitable to the rank and condition of the party deceased, while he was living.

Concerning Publick Solemn Fasting.

WHEN some great and notable judgments are either inflicted upon a people, or apparently imminent, or by some extraordinary provocations notoriously deserved; as also when some special blessing is to be sought and obtained, publick solemn fasting (which is to continue the whole day) is a duty that God expecteth from that nation or people.

A religious fast requires total abstinence, not only from all food, (unless bodily weakness do manifestly disable from holding out till the fast be ended, in which case somewhat may be taken, yet very sparingly, to support nature, when ready to faint,) but also from all worldly labour, discourses, and thoughts, and from all bodily delights, and such like, (although at other times lawful,) rich apparel, ornaments, and such like, during the fast; and much more from whatever is in the nature or use scandalous and offensive, as gaudish attire, lascivious habits and gestures, and other vanities of either sex; which .i.we; recommend to all ministers, in their places, diligently and zealously to reprove, as at other times, so especially at a fast, without respect of persons, as there shall be occasion.

Before the publick meeting, each family and person apart are privately to use all religious care to prepare their hearts to such a solemn work, and to be early at the congregation.

So large a portion of the day as conveniently may be, is to be spent in publick reading and preaching of the word, with singing of psalms, fit to quicken affections suitable to such a duty: but especially in prayer, to this or the like effect:

"Giving glory to the great Majesty of God, the Creator, Preserver, and supreme Ruler of all the world, the better to affect us thereby with an holy reverence and awe of him; acknowledging his manifold, great, and tender mercies, especially to the church and nation, the more effectually to soften and abase our hearts before him; humbly confessing of sins of all sorts, with their several aggravations; justifying God's righteous judgments, as being far less than our sins do deserve; yet humbly and earnestly imploring his mercy and grace for ourselves, the church and nation, for our king, and all in authority, and for all others for whom we are bound to pray, (according as the present exigent requireth,) with more special importunity and enlargement than at other times; applying by faith the promises and goodness of God for pardon, help, and deliverance from the evils felt, feared, or deserved; and for obtaining the blessings which we need and expect; together with a giving up of ourselves wholly and for ever unto the Lord."

In all these, the ministers, who are the mouths of the people unto God, ought so to speak from their hearts, upon serious and thorough premeditation of them, that both themselves and their people may be much affected, and even melted thereby, especially with sorrow for their sins; that it may be indeed a day of deep humiliation and afflicting of the soul.

Special choice is to be made of such scriptures to be read, and of such tests for preaching, as may best work the hearts of the hearers to the special business of the day, and most dispose them to humiliation and repentance: insisting most on those particulars which each minister's observation and experience tells him are most conducing to the edification and reformation of that congregation to which he preacheth.

Before the close of the publick duties, the minister is, in his own and the people's name, to engage his and their hearts to be the Lord's, with professed purpose and resolution to reform whatever is amiss among them, and more particularly such sins as they have been more remarkably guilty of; and to draw near unto God, and to walk more closely and faithfully with him in new obedience, than ever before.

He is also to admonish the people, with all importunity, that the work of that day doth not end with the publick duties of it, but that they are so to improve the remainder of the day, and of their whole life, in reinforcing upon themselves and their families in private all those godly affections and resolutions which they professed in publick, as that they may be settled in their hearts for ever, and themselves may more sensibly find that God hath smelt a sweet savour in Christ from their performances, and is pacified towards them, by answers of grace, in pardoning of sin, in removing of judgments, in averting or preventing of plagues, and in conferring of blessings, suitable to the conditions and prayers of his people, by Jesus Christ.

Besides solemn and general fasts enjoined by authority, we judge that, at other times, congregations may keep days of fasting, as divine providence shall administer unto them special occasion; and also that families may do the same, so it be not on days wherein the congregation to which they do belong is to meet for fasting, or other publick duties of worship.

Concerning the Observation of Days of Publick
Thanksgiving.

WHEN any such day is to be kept, let notice be given

of it, and of the occasion thereof, some convenient time before, that the people may the better prepare themselves thereunto.

The day being come, and the congregation (after private preparations) being assembled, the minister is to begin with a word of exhortation, to stir up the people to the duty for which they are met, and with a short prayer for God's assistance and blessing, (as at other conventions for publick worship,) according to the particular occasion of their meeting.

Let him then make some pithy narration of the deliverance obtained, or mercy received, or of whatever hath occasioned that assembling of the congregation, that all may better understand it, or be minded of it, and more affected with it.

And, because singing of psalms is of all other the most proper ordinance for expressing of joy and thanksgiving, let some pertinent psalm or psalms be sung for that purpose, before or after the reading of some portion of the word suitable to the present business.

Then let the minister, who is to preach, proceed to further exhortation and prayer before his sermon, with special reference to the present work: after which, let him preach upon some text of Scripture pertinent to the occasion.

The sermon ended, let him not only pray, as at other

times after preaching is directed, with remembrance of the necessities of the Church, King, and State, (if before the sermon they were omitted,) but enlarge himself in due and solemn thanksgiving for former mercies and deliverances; but more especially for that which at the present calls them together to give thanks: with humble petition for the continuance and renewing of God's wonted mercies, as need shall be, and for sanctifying grace to make a right use thereof. And so, having sung another psalm, suitable to the mercy, let him dismiss the congregation with a blessing, that they may have some convenient time for their repast and refreshing.

But the minister (before their dismission) is solemnly to admonish them to beware of all excess and riot, tending to gluttony or drunkenness, and much more of these sins themselves, in their eating and refreshing; and to take care that their mirth and rejoicing be not carnal, but spiritual, which may make God's praise to be glorious, and themselves humble and sober; and that both their feeding and rejoicing may render them more cheerful and enlarged, further to celebrate his praises in the midst of the congregation, when they return unto it in the remaining part of that day.

When the congregation shall be again assembled, the like course in praying, reading, preaching, singing of psalms, and offering up of more praise and thanksgiving, that is before directed for the morning, is to be renewed and continued, so far as the time will give leave.

At one or both of the publick meetings that day, a collection is to be made for the poor, (and in the like manner upon the day of publick humiliation,) that their loins may bless us, and rejoice the more with us. And the people are to be exhorted, at the end of the latter meeting, to spend the residue of that day in holy duties, and testifications of Christian love and charity one towards another, and of rejoicing more and more in the Lord; as becometh those who make the joy of the Lord their strength.

Of Singing of Psalms.

IT is the duty of Christians to praise God publickly, by singing of psalms together in the congregation, and also privately in the family.

In singing of psalms, the voice is to be tunably and gravely ordered; but the chief care must be to sing with understanding, and with grace in the heart, making melody unto the Lord.

That the whole congregation may join herein, every one that can read is to have a psalm book; and all others, not disabled by age or otherwise, are to be exhorted to learn to read. But for the present, where many in the congregation cannot read, it is convenient that the minister, or some other fit person appointed by him and the other ruling officers, do read the psalm, line by line, before the singing thereof.

AN APPENDIX

Touching Days and Places for Publick Worship.

There is no day commanded in scripture to be kept holy under the gospel but the Lord's day, which is the Christian Sabbath.

Festival days, vulgarly called Holy—days, having no warrant in the word of God, are not to be continued.

Nevertheless, it is lawful and necessary, upon special emergent occasions, to separate a day or days for publick fasting or thanksgiving, as the several eminent and extraordinary dispensations of God's providence shall administer cause and opportunity to his people.

As no place is capable of any holiness, under pretence of whatsoever dedication or consecration; so neither is it subject to such pollution by any superstition formerly used, and now laid aside, as may render it unlawful or inconvenient for Christians to meet together therein for the publick worship of God. And therefore we hold it requisite, that the places of publick assembling for worship among us should be continued and employed to that use.

해답지

1) 가톨릭교회의 미사에 비해 성공회의 일반예식서의 순서가 확연히 적다는 점과, 로마 가톨릭교회의 미사가 중요한 순서의 진행마다 노래로 시작되는데 반해 성공회 일반예식서는 그렇지 않다는 점입니다. *로마 가톨릭교회의 미사에는 '설교'가 딱히 없습니다.

2) 낭독자(Reader's)와 목사의 순서가 확연히 구별되어 있으며, 낭독자의 성경낭독으로 예배가 시작됩니다. 이후로 목사의 진행부분에 있어서는 회중이 참여하는 순서가 주기도문과 사도신경의 낭독 외에는 없다는 점입니다.

3) 성공회의 일반예식서와 달리 낭독자와 목사의 순서가 구별되어 있지 않으며, 성경낭독 또한 목사가 진행하도록 되어 있습니다. 아울러 회중들의 순서와 목사의 순서가 적절히 조화를 이루고 있습니다.

4) 로마 가톨릭교회의 미사에서는 여러 미사곡들이 사용되고 있는데 반해, 성공회 일반예식서나 웨스트민스터 예배모범에서는 시편 찬송만이 사용되도록 하고 있습니다. 특히 웨스트민스터 예배모범에서는 시편 찬송의 사용에 있어서도 일반예식서와 달리 더욱 제한적으로(3회가 아닌 2회, 경우에 따라서는 1회) 사용되도록 하고 있습니다.

5) 미리 준비하는 태도입니다.

6) 로마 가톨릭의 경우와 같이 '성지'(예루살렘이 있다고 보는 동쪽)

를 향해 머리를 숙이는 일이나, 성상(聖像)이나 성화(聖畵)등에 예의를 표하는 등의 미신적인 행위를 금하는 것입니다. 로마 가톨릭의 경우에는 지금도 마당에 세워진 마리아상에 머리를 조아리거나 기도를 하고서 예배당에 들어가는 것을 볼 수 있습니다.

7) 하나님의 한없는 위엄과 영광에 직면하는 우리의 한없는 비천함과 미약함으로 인해 "주께 겸손하게 용서와 도움과 용납을 간구"하는 것입니다.

8) 예배 중에 있는 다른 사람에게 방해를 초래해서는 안 된다는 점입니다.

9) "하나님께 대한 우리의 의지와 순종을 고백하는 시간이며 하나님의 백성을 훈육하기 위해 하나님께서 거룩하게 하신 것"이라고 했습니다.

10) "모든 사람들이 분명하게 들을 수 있고 이해할 수 있는 대중 언어로 회중 앞에서 낭독되도록 한다."고 했습니다.

11) "회중이 전체적인 성경 말씀에 더욱 익숙해지도록"이라고 했습니다.

12) 그렇습니다. 보통 그러한 직분을 감당하는 직분을 '봉독직'(lector)이라고 하여 예배의 한 부분을 담당하는 중요한 직분이었습니다.

13) "원죄"의 고백입니다.

14) "자범죄"에 해당하는 내용들에 대한 고백입니다.

15) "구주 예수 그리스도의 아버지이시자 우리의 아버지 오른편에서 드리는 구주 예수 그리스도의 속죄와 중보의, 부요하고 충족할 뿐 아니라 유일하며 전적인 봉헌으로 말미암아"서라고 말합니다.

16) "우리의 기도를 응답하시리라는 복된 소망"을 가질 수가 있습니다.

17) 우리의 기도하는 것의 실천이 또한 하나님으로 말미암는다는 사실입니다. 현대의 개신교 안에서 "칭의론"(이신칭의)의 문제를 제기하는 가운데 "실천"이 부재하게 하는 근거가 된다고 하는 비판이 있지만, 사실 웨스트민스터 신앙고백에 담긴 칭의론에 근거하는 웨스트민스터 예배모범의 기도문을 보면, 믿음뿐 아니라 그 실천에 이르기까지 하나님으로 말미암는다는 분명한 확신과 더불어, 이를 구하는 소망이 함축되어 있습니다. 즉 우리의 믿음은 그 실천에 무관심한 것이 결코 아니며, 오히려 그 실천에 이르기까지 하나님을 지향하고 있는 것입니다.

18) 기본적으로 '학자'(學者)의 이미지입니다.

19) 본문 자체에 집중하도록 하고 있습니다.

20) 아닙니다. 오히려 웨스트민스터 예배모범은 철저히 성경본문에서 인출해야 하는 것이 교리임을 시사하고 있으며, 다만 그 전달에 있어 무리가 되거나 효과를 떨어뜨리지 않도록 주의하도록 하고 있을 뿐입니다.

21) 아닙니다. 오히려 웨스트민스터 예배모범은 설교에서 다루는 교리가 너무 일반적인 선에 머무르지 않도록 하고, 실생활에 적용될 수 있는 실제적인 결론을 도출해야 한다고 말하고 있습니다.

22) 이단설에 대한 비판을 하는 것이 오히려 이단설을 소개하는 결과를 초래하지 않도록, 특별히 예배 중에 거짓 가르침과 망령된 말을 경솔하게 인용하여 결과적으로 예배 때에 망령된 말을 하지 않도록 주의하라고 했습니다.

23) "자신들이 은혜를 받고 있는지, 권면하는 의무들을 감당했는지, 또는 비난받을 죄에 빠져 임박한 심판의 위험에 처해 있는지, 혹은 위로받을 자에 포함되는지, 자기 자신을 스스로 살펴볼 수가 있다"고 했습니다.

24) 그러한 유익들을 얻음으로써 "그들은 힘을 얻어 감당할 의무에

열심을 내게 되고, 부족함과 지은 죄로 말미암아 겸손해지고, 위험을 깨닫거나, 위로를 통해 힘을 얻어, 그들의 형편 가운데서 스스로를 살펴보게"되니, 이로써 설교자를 도와 감당할 의무들을 열심히 감당하여 함께 교회를 든든히 세우는 큰 유익을 얻을 수가 있습니다.

25) "사람들도 이해할 수 있도록, 분명하게 전"해야 하며, "그리스도의 십자가가 무익해지도록" 되지 말아야 하기 때문입니다. 물론 회중이 게으르거나 조는 것으로 말미암아 의도적으로 듣지 않는 경우라면 예외이겠지만, 분명하게 이해되지 못하는 말과 행동으로 설교사역을 감당하는 것은 "주님의 일에 소홀"하는 것일 뿐입니다.

26) 그렇지 않습니다. 오히려 예배모범은 그런 요소들도 신경 써서 준비하도록 요구하고 있습니다.

27) 성경의 진리에서 산출되는 기도의 제목들입니다. 그러므로 설교자는 자신의 설교 메시지를 통해 바로 이러한 진리의 내용들을 풍성하게 깨닫도록 해야만 하는 것입니다.

28) "설교에 있어 가장 중요하고 유익한 몇몇을 간구하오니, 그것이 마음에 심기어 열매 맺게 하옵소서."라고 기도하고 있습니다.

29) 가장 모범적인 기도의 제목들과 내용은 성경의 진리를 통해 명확하고 풍성히 알 수가 있으니, 말씀(성경)의 일꾼인 목사들이야말로 성경의 진리에 근거하여 가장 합당하게 고하는 기도를 올릴 수 있는 자임을 짐작케 합니다.

30) 아닙니다. 오히려 "성례전을 집례할 때, 감사의 날이나 공적인 금식을 실시하거나, 기타 특별한 행사 등 특별한 간구와 감사를 해야 할 경우, 우리의 공중 기도에 다소 표현하여야" 한다고 했습니다.

31) 로마 가톨릭과 일부 성공회(영국 국교회)에서 시행하던 방식들

입니다.

32) 아닙니다. 오히려 세례는 그리스도의 구속을 약속하시는 "언약"
에 바탕을 두고 있는데, 이는 곧 말씀(성경의 진리)으로 말미암
아 세례의 모든 근거가 얻어지는 것입니다.

33) 세례예식에 동참한 회중들은 세례예식이 거행되는 것을 보면서
자신의 세례를 기억하고, 그 가운데 담긴 하나님의 언약의 의미
를 다시 점검하여 하나님의 언약에 대한 믿음을 더욱 굳건히 하
는 데에 있습니다.

34) 자녀들을 향한 하나님의 지극히 크신 자비와 동시에 하나님의
지식으로 자녀를 잘 양육하고, 하나님의 진노에 대한 위험을 깨
닫도록 하는 것을 잘 이행하겠다는 엄숙한 약속입니다.

35) 성찬을 시행하는 횟수에 대한 것입니다.

36) 성찬에 참여하기에 부적당한 경우는 무엇인지에 대한 것입니다.

37) 아닙니다. 예배모범은 성찬 집례자가 성찬의 집례 가운데서 참
예하기에 부적당한 사람에 대한 경고와 죄에 대한 일깨움, 그리
고 격려와 권면을 하도록 규정하고 있습니다.

38) 거룩한 주님의 제정과 명령, 그리고 복되신 주 예수 그리스도께
서 보이신 모범에 근거합니다. 그러므로 성찬의 떡과 포도주가
주님의 살과 피로서 실제적으로 임재하는 것도, 오직 주님의 제
정과 약속(언약)에 바탕을 두는 것입니다.

39) 성경(특별히 신약)의 복음에 규정하는 명령에서 찾을 수가 있습
니다.

40) "마땅히 미리 기억하여 둠"입니다.

41) 공적 예배를 드리는 것에 두고 있습니다.

42) 아닙니다. 주일을 거룩하게 하는 것은 주일 하루 온종일로서, 공

적인 예배 후에 어떤 일들을 해야 하는지에 대해서도 자세히 규정하고 있습니다.

43) "결혼은 새로운 상황으로 향하는 시작이기 때문에…………하나님의 말씀에 의한 훈계와 지도, 그리고 권고가 특별히 필요하며, 아울러 그들 안에 하나님의 축복을 받아야 하므로" 주님 안에서 해야만 한다고 했습니다.

44) "결혼은 한 남자와 한 여자 사이에서만 이루어져야 한다. 그리고 그들은 하나님의 말씀에 금한 친족이나 인척관계로 저촉되지 않아야 한다. 아울러 자기를 분별할 수 있는 연령으로, 그들 스스로 선택할 수 있을 뿐 아니라, 건전한 근거로 상호간 동의할 수 있는 능력이 있는 자들이어야 한다."고 했습니다.

45) '언약식'입니다. 결혼예식은 두 사람의 결합을 축하하고 축복하는 의미 이전에, 하나님 앞에서 엄숙히 서약하는 예식입니다.

46) 결혼예식을 끝마칠 때 하는 기도문의 "주께서는 친히 제정하신 이 예식을 기쁨으로 축복해주시고…."라는 문구에서 알수 있듯이, 결혼은 인류의 필요 이전에 하나님께서 제정하신 것(창 2:24, 마19:5절 참조)이기 때문입니다.

47) "하나님께서 곤고한 심령들로 그의 말씀을 전할 특별한 기회를 목사에게 하나님의 손길로서 이끌어 주신 때"라고 했습니다.

48) "사탄도 역시 그러한 이점을 취하여, 그들에게 더욱 괴롭고 무거운 유혹으로, 더욱 짐을 지우는 때"라고 했습니다.

49) 결코 아닙니다. 오히려 그렇게 하는 것은 로마 가톨릭교회에서나 하는 일입니다. 왜냐하면 성례는 오직 말씀에 근거하여 교회의 공적인 예식으로서 시행하는 것이기 때문입니다. 그러므로 목사나 장로 혹은 신자들은 아직 그리스도를 영접치 않은 병자를 심방하더라도, 필연적으로 성례를 시행해야만 구원에 이를 수 있다고 생각하지 않고 오직 하나님의 주권적 선택에 의뢰하

여 그의 구원을 위해 기도하며 권면할 뿐인 것입니다.

50) 병자의 심령이 구원과 관련한 확신 있는 신앙을 깨닫거나 습득
하도록 하는 것입니다.

51) "우리가 살아도 주를 위하여 살고 죽어도 주를 위하여 죽나니 그
러므로 사나 죽으나 우리가 주의 것이로다."라고 했으니, 어떤
형편에서든지 우리의 위로와 소망은 오직 구주 예수 그리스도로
말미암는 것입니다.

52) "장례식 날에, 시신을, 집에서부터 장지에 이르기까지 정중히 운
구한 뒤, 어떤 의식도 행함이 없이, 곧장 매장하도록 한다."는
것입니다.

53) "미신적"인 것인데다가 "아무런 유익도 되지 않는 잘못된 관습
이며, 살아 있는 유족들에게도 여러 면에서 해로운 폐단이 되"
기 때문입니다.

54) "경우에 적당한 묵상과 토론하는 것은 적절하다고" 했습니다.

55) "고인이 생존 시에 지녔던 사회적 지위와 신분에 합당한 그 어
떤 경의나 존경을 표하는 것"은 타당하다는 것입니다.

56) 하루 24시간으로 되어 있습니다.

57) "신앙적인 금식에는 전적인 금욕이 요구되며, 모든 음식뿐만 아
니라, (육체적으로 지탱할 수 없을 정도로 현저히 약해져서 거
의 지탱할 수 없는 경우, 어느 정도는 취할 수 있지만, 아주 조
심스럽게, 기초적인 체력을 유지할 수 있는 매우 적은 양의 음
식을 취하는 경우를 제외하고) 모든 세상적인 노동과, 대화, 사
고, 모든 육체적 향락과, (당연히 평상시라면 합법적인) 화려한
옷차림, 장식품과 같은 것들도 전적으로 금지하도록 한다. 더 나
아가 모든 육감적인 것 혹은 야한 차림, 음탕한 습관이나 행동,
그리고 기타 성적인 허세와 같이 그 성격상 혹은 용도상 눈살을

찌푸리게 하고 선정적인 모든 것들을 금하도록 한다.”고 했습니다.

58) “모든 종교적 주의를 개인적으로도 기울이며, 모임에도 일찍 참여토록” 하며 “공적인 금식일에는 이러한 성격의 의무를 수행하기에 합당하도록 하기 위해, 할 수 있는 대로 많은 시간을 성경 낭독과 말씀의 설교, 그리고 시편을 노래하도록 한다.”고 했습니다.

59) “모든 기도에 있어서 진지하고도 철저하게 회중이 직면한 형편을 헤아림으로써 저희의 마음을 말하여 드러내야 하며, 그처럼 목사와 회중이 저희의 죄로 인한 슬픔 가운데 함께 무너져 내려야 한다.”고 했습니다. 뿐만 아니라 “특별히 택한 성경 본문을 봉독하고, 그 본문으로 설교하여, 청중으로 하여금 그날의 특별한 목적에 적합한 상태가 되도록 하며, 죄책으로 회개할 마음에 최대한 이르도록” 해야 하고, “공적인 금식의 의무들을 끝마치기 전에, 목사는, 그 자신과 사람들의 이름으로, 그들 사이에서 잘못된 것은 무엇이든 간에, 특히 그들 가운데 어떤 죄보다도 명백히 드러나는 죄에 대해서는 개혁하려는 의지와 목적과 결의로, 그와 그의 마음을 주님께 드리는 일에 참여시키도록” 해야 합니다.

60) “사람들로 하여금 더 나은 준비를 할 수 있도록” 하기 위함입니다.

61) 공적인 예배로 시행하고 있습니다. 반면에 교회력에 따른 로마 가톨릭교회의 축일은, 각종 예식과 퍼레이드 등이 어우러져 세속적인 축제의 분위기를 조장하는 경우가 대부분입니다.

62) “모든 지나침과 소란을 조심하며, 과식하는 경향 혹은 술취함, 그리고 이보다 훨씬 더 많은 죄들을, 그들의 먹고 휴식함 가운데서 범하지 않도록 주의하게 한다. 그리고 그들의 즐거움과 기

쁨이 육적인 것이 아니라, 영적으로, 하나님을 찬양하고 영광스럽게 하고, 그들 스스로를 겸손하고 냉정하게 하도록 권장한다. 아울러 먹고 마시며 즐거워하는 것은 그들의 마음을 더욱 유쾌하고 넓어지게 하여, 그 날의 나머지 부분 가운데서 그들이 다시 돌아왔을 때에, 회중 가운데서 하나님을 더욱 찬양하도록" 했습니다.

63) "그날 한두 번의 공중 회집에서, 모은 헌금은 가난한 자들을 위해, (그리고 공적 애도일과 같은 방식으로) 거두어서, 수혜자들로 우리를 축복하고, 우리와 함께 더욱 기뻐하도록 한다. 그리고 두 번째 회집이 끝날 무렵, 이후로 남은 시간들을 그리스도인의 사랑과 구제를 서로에게 베풀도록 하는 거룩한 의무를 다하고, 주님 안에서 더욱 더 기쁨을 누림으로써, 주님의 기쁨을 그들의 힘으로 삼는 사람들로서 합당하게 사용하도록" 했습니다.

64) "의무"(duty)라고 했습니다.

65) "엄숙하게" 부르라고 했습니다.

66) "가사에 대한 이해와 함께 노래하는 것"입니다.

67) "모두가 글 읽기를 배우도록" 하며 "회중 가운데 대부분이 글 읽기를 할 수 없는 상황을 위해 목사나, 혹은 다른 당회원이 지명한 적당한 사람이 노래할 시편 가사를, 한 줄 한 줄, 앞서 읽어주도록" 하라고 했습니다.

웨스트민스터 예배모범 스터디

초판 1쇄 인쇄 _ 2018년 1월 2일
초판 1쇄 발행 _ 2018년 1월 5일

지은이 _ 장대선

펴낸곳 _ 고백과 문답
등   록 _ 제2016-000127호
주   소 _ 서울특별시 영등포구 가마산로65길 15-4 (신길동)
전   화 _ 02-586-5451
이메일 _ largoviva@hanmail.net

편   집 _ 권연숙
인   쇄 _ 이레아트 02-2278-1886
총   판 _ (주)비전북 031-907-3927

ISBN 979-11-958998-3-8